現代日本の議会政と憲法

現代日本の議会政と憲法

高見勝利
Takami Katsutoshi

岩波書店

はしがき

『広辞苑』の「ねじれ」の用例に「衆参の——現象」という記述が登場するのは、一九九一年の第四版からである。この用例は、一九八九年の通常選挙で自民党が大敗し、衆議院の与野党勢力が参議院で逆転したことを指示する言説から採取したものであろう。そして、それが、単なる一過性の「現象」でなく、衆参ともに「選挙された議員でこれを組織する」(憲法四三条)民主的第二院型の両院制を定めた憲法に起因するものであることは、一九九八年の通常選挙、さらには二〇〇七年の通常選挙で、同様の「ねじれ」が生じたことからも明らかである。ただ、〇七年の「ねじれ」は、政府・与党が野党との間でテーマごとの「部分連合」によって凌ぎ、また、小党派との連立により「解消」することのできた従来の「ねじれ」とは本質的に異なる。けだし、次の衆議院議員総選挙で、政権獲得をめざそうとする最大野党が、参議院において、非改選議席を加えてほぼ半数に近い勢力を保持するに至ったからである。ここに、最大与野党が、衆参を分割支配する事態となったのである。

この事態は、日本国憲法のもとでの二院制のあり方、そしてさらに、議院内閣制の運用のあり方について、あらためて、原理的な考察を求めているものと思う。

本書は、これまで発表した一一の論文からなるが、一点(第9章)を除いて、すべて一九九六年から二〇〇七年の間に講座の企画や雑誌の特集、学会・研究会等での報告に合わせて執筆したものである。そのときどきのテーマに即して書いたものであるが、筆者としては、日本国憲法のもとで、いかにして民主主義を実現してゆくべきか、という問題意識で取り組んできた。しかしながら、この間、議論の趨勢は、国民内閣制論に代表される「多数派支配型」の民主主義論であり、憲法上もうひとつの選択肢として想定される「合意形成型」のそれではなかった。それは、「改革の手を弛めるな」との官民あげてのかけ声に象徴される政治・社会・経済等、あらゆる分野の「変革」にとって、「小田原評定」ともなりかねない「討議デモクラシー」でなく、「勝てば官軍」の勇猛果敢な「闘技デモクラシー」がふさわしいと考えられたからであろう。しかし、構造改革の進展に伴う格差拡大のもとで生じた今回の「ねじれ国会」を機に、これからは、少数者(派)の切り捨てではなく、社会的弱者等に「より優しく」対応しうる合意型デモクラシーの方途を真剣に模索してみるべきではなかろうか。

本書に収録した論文の大半は、時評的なものであって、いずれも倉皇として執筆し、辛うじて締め切りに間に合わせたものであり、不十分な点も多く、読み返してみると、不満が募るばかりである。そこで、当初、各論文について全面的に修正を加え、体系的な整理を試みたうえで公刊したいと考えたが、いまの環境ではその作業を行う余裕がないことが判明したので、文中のデータ等に最小限の補正を施し、各部ごとに補論を付加するにとどめた。衆参の「ねじれ」によって新たに脚光をあびるに至った現代日本の議会政や立法のあり方を考えるうえで、何らかの参考になれば幸いである。

目　次

はしがき

Ⅰ　多数派型デモクラシーと合意型デモクラシー …… 1
1　デモクラシーの諸形態 …… 3
2　岐路に立つデモクラシー …… 37
3　「国民内閣制」論の諸前提 …… 53
補論Ⅰ　もうひとつの「ねじれ」――憲法の規範構造とその運用形態 …… 85

Ⅱ　参議院改革を考えるために …… 91
4　並立制併存の意味と無意味 …… 93
5　国会改革の前提と課題 …… 109
6　参議院のあり方 …… 131
補論Ⅱ　両院制の諸相 …… 149

Ⅲ　政権の政治手法と憲法問題……161
7　政治の「大統領化」と小泉政権……163
8　小泉解散の「非立憲」性……193
補論Ⅲ　安倍政権から福田政権へ……207
Ⅳ　より良き立法を求めて……215
9　あるべき立法者像と立法のあり方……217
10　立法の「合理性」もしくは'Legisprudence'の可能性について……237
11　立法の公共性と政治倫理……259
補論Ⅳ　「より良き立法」に向けた法案審査の課題……275
初出一覧……285
あとがき……287
索　引

Ⅰ　多数派型デモクラシーと合意型デモクラシー

1　デモクラシーの諸形態

はじめに

「デモクラシー」という言葉は、人民(demos)の支配(kratia)をさすdemokratiaに由来することはいうまでもない。この古代ギリシアに発する言葉の語源的意味は、きわめて単純であり、しかも、明白である。しかし、実際に、「人民」による「支配」をどのようにして実現するかという問題になると、この言葉のもとで理解しうるものは、にわかに多様化し、また、論争的とすらなる。それは、この語に込められる意味が、論者によって、また、国や時代によって、それぞれに異なるからであろう。

もっとも、西欧近代立憲主義の成立(一七・一八世紀)以来、漸次、デモクラシーを基本原理とする政治形態(Regierungsform)が、各国憲法において採用され、紆余曲折はあるものの、現在に至っている。そうしたなかで、「デモクラシー」として語られる政治形態は、憲法の建前や運用の実際など種々の視点から複数の類型に整理され、定型的に理解されるようになってきた。ここでの課題は、日本国憲法の「政治形態」について、従来試みられてきた類型論の主要なものを概観し、同時に、新たな理論モデルの可能性を模索することにある。

ここで類型論(Typologie)とは、典型的な形態を設定し、その認識モデルによって実在対象の本質理解に努める方法である。類型には、理想型(idealer Typus)、理念型(Idealtypus)、実在型(Realtypus)の三つのものがある[1]。理想型とは、ある実在対象と対比して理想としての意味を有するもの、すなわち、あるところの類型ではなく、あるべきところの類型である。したがって、それは、実在に対する評価基準であり、この基準に合致するものは、良きもの、実現せられるべきものとされ、合致しないものは、悪しきもの、退けられ克服せられるべきものとされる[2]。理念型とは、いわゆる「イデアル・ティプス」(マックス・ヴェーバー)であり、それは、方法論的操作によって、「対象に内在する文化的意義を特(殊)更に取り出して、これを浮彫りの如く現前せしめる」概念構成を試みるものである[3]。したがって、それは、「理想」としての意味を持たず、評価の立場とは関係のない「型」であり、対象の内在理解に資するものである。実在型とは、対象を「社会的・歴史的世界のなかで現実に活動する」形態(ゲシュタルト)において捉えようとするものである[4]。したがって、それは、同様に、実在の把握を意図しながらも、少なからず主観的に構成される「理念型」と区分され、また、実在対象の形態的理解である点で、先に述べた理想型とも区別される。

デモクラシーの諸形態について、類型的理解を行おうとする場合、そのモデルが上述の理想型、理念型、実在型のいずれに属するものであるかを十分に意識する必要がある。というのは、「デモクラシー」は、現実の政治形態であると同時に、実現せられるべき理念・価値としても語られるからである。実定憲法上の政治形態を考察しようとする場合、その現実の形態の把握が基本に据えられることはいうまでもない。しかし、その場合でも、その形態の特質を捉えるためには、なんらかの類型的な比較に頼らざるをえない。歴史的な実在型の把握や理念型的構成による理解が有効性を発揮するのは、多分に、その場面においてであろう。ただ、そうした把握ないし理解にあたって、認識者の保持する「理想型」としてのデモクラシーが少なからぬ役割を演じることも否定しえないであろう。いわば理想型が理念型の構成、実在型の把握、さらには、憲法規定の理解・解釈に影響を与えることも、大いにありうるのである。

本章では、上述の点に留意しながら、日本国憲法の「政治形態」について、とくに議論の多い「国会と内閣との関係」を中心に、従来試みられてきた主要な類型論を概観し（一）、そのうえで、新たな類型的理解の可能性を探ってみることにする（二）。

一　日本国憲法と議院内閣制の類型論

（1）ポツダム宣言の受諾（一九四五年八月）は明治憲法体制の崩壊をもたらしたが、その際、新たに政治形態を構築する手がかりとなったのは、ポツダム宣言に盛られた「民主主義的傾向」の「復活強化」（第一〇項）、「責任アル政府」の「樹立」（第一二項）という概念であった。これら鍵となる概念のもとで、当時、政党や国民の有識者は、大正デモクラシーの実績を踏まえ、議院内閣制から大統領制に至る種々の構想を提示した[5]。内閣のもとに設置された憲法問題調査委員会でも、従来の天皇制（立憲君主制）の大枠を維持したうえで、議会と内閣の構成の仕方については議院内閣制を採用する案（多数意見）のほかに、国民が首席および次席の国務大臣を選挙する案（野村淳治）も構想されていた[6]。

他方、ポツダム宣言に基づく新たな政治形態の構築に際して大きな役割を果たした米国政府の指針「日本の統治体制の改革（ＳＷＮＣＣ〔国務・陸軍・海軍三省調整委員会〕-228）」には、「①選挙権を広い範囲で認め、政府は選挙民に対して責任を負う、②政府の行政府の権威は、選挙民に由来するものとし、行政府は、選挙民または国民を完全に代表する立法府に対し責任を負う、③内閣は、国民を代表する立法府の信任を失ったときは、辞職するか選挙民に訴えるかのいずれかをとらなければならない」といった条規を憲法に加えることで、「国民に責任を負う真の代議政治の発達が保障されるであろう」と記されていた[7]。これをうけて、日本国憲法の立案に主導的な役割を果たした連合国総司令部民政局もまた、内部に「弱い行政府」案と「強い行政府」案の対立はあったものの、ＳＷＮＣＣ-228に示された議院内閣制の枠組みを維持すべきものと考えた[8]。

このように、政治形態に関する日米当局の構想は大枠において一致していたことから、総司令部案における国会と内閣の関係の部分は、ほとんど抵抗なく日本政府に受容された。

憲法改正草案の議会審議を前に法制局で起草された想定問答には、国民と国会および内閣の関係について、大要、次のように記されている。

① 国会は両院とも、国民の選挙による、国民代表機関である。憲法上国民に最も緊密に直結している機関は国会であり、これが国の最高機関とされている所以もここに在る。

② その国会が総理大臣を指名する。しかして、国会は、国民の総意を反映して、法律、条約、予算その他の財政案件を審議し、行政を監督する。内閣は国会に対して責任を負う。従って、内閣の組成および行動は、国会を仲介として国民の総意につながる。

③ 国会において内閣を信任せざるにいたるときは、衆議院の不信任決議により、これを総辞職せしめることができる。他面、内閣は、国会が国民の総意を代表しないと認めるような場合には、その解散を、天皇に対する助言と承認を通じて「奏請」することもできる。

④ 以上の仕組みは、いわゆる議院内閣制を採ったものであって、国民の総意と国政の運営の間に、つねに連係あらしめ、民意に基づく国政の運営を確保するものであって、内閣と国会とが完全に分立する制度に比し、国民の総意と連係しつつ、しかも国政の運営を円滑ならしめる点において、大いなる長所を有するものと思う。(9)

また、憲法の公布と同時に公刊された法制局閲『新憲法の解説』には、「この憲法は、いわゆる議院内閣制の主義に則つて、内閣の組織及び運営の方法を定めている」としたうえで、次のように記述されていた。

議院内閣制とは、内閣が国会の基礎の上に存立してゐることをいふ。国会は国民の代表であるから、結局において内閣の行なふ政治は民意による政治となる、といふことをその基本とするものである。

　この制度は英国において模範的に発達を遂げてゐる。すなはち英国では、下院に多数を占める政党が内閣を組織するから、閣員は原則として政党員であり、又、下院もしくは上院の議員である。わが新憲法においては、総理大臣と、閣員の過半数とは国会議員たることを必要としてゐるから、これとほゞ軌を一にしてゐるのである。たゞ英国の場合は、不文律であるが、わが新憲法は明文をもつてこれを規定した。(10)

かくして、日本国憲法で成文化された議院内閣制をどう理解し、どのように運営すべきか、そしてまた、どう改善すべきかが、以後、六十余年を経た現在まで、争われるところとなった。

(2)　日本国憲法のもとにおける政治形態の類型論は、憲法制定直後、宮沢俊義によって試みられ、それが、現在まで基本的に継承されている。その類型論は、「イギリス型」「アメリカ型」「ドイツ型」という三つの実在型を鼎立し、そのもとで、日本国憲法はイギリス型を採用すると説くものである。(11)

まず第一に、イギリス型とは、イギリスで行われている典型的なパーラメンタリー・ガヴァメントの制度である。そこでは、政府は下院の信任をその在職要件とし、政府は下院の解散権を持っている。下院は、いつでも、不信任決議によって政府を倒すことができるし、これに対して、政府は下院を解散して国民に訴えることができる。その結果、下院の多数を占める政党の党首が内閣の首班となるという慣例が必然に生ずる。

　これに対して、アメリカ型とは、厳格な権力分立主義に基づき、政府と議会とをできるだけ相互に独立ならしめようとするものである。アメリカ合衆国がその代表例であり、大統領制とも呼ばれる。そこでは次のような諸原則が認められている。

①　政府職員は、議会の議員を兼ねることができない。

②　政府職員は、議会に出席・発言することができない。但し、大統領は、議会に報告・希望を提出することができる。

③ 政府は、法律案の提出権を持たない。
④ 法律の裁可権も政府には与えられておらず、大統領が停止的拒否権を持つにとどまる。
⑤ 議会の解散権は、政府に与えられていない。
⑥ 一般に、法律事項を政府の命令に委任することは許されない。緊急命令の制度もない。
⑦ 議会は政府に対して質問をなし、また、その不信任決議をなすこともできない。ただ、弾劾制度(impeachment)は認められている。

第三に、ドイツ型とは、一九世紀を通じてドイツ系諸国で行われていた制度である。この型は、現在では存在しないが、明治憲法および当時の日本憲法学に対して強い影響を与えた点で、注目される。この型は、ドイツ的意味における立憲制(Konstitutionalismus)と呼ばれる。

ドイツ型は、アメリカ型と同様、権力分立主義に立脚するが、その主義は、アメリカ型におけるように徹底したものではなかった。ドイツ型の権力分立主義の核心は、政府の議会からの独立を強調することにあり、しかも、その政府は、君主のもとにある政府であったから、その主義は、実は、民主的な議会が反民主的な君主の権力をコントロールすることを排斥し、君主の権力を擁護することを目的とするものであった。したがって、同じく権力分立主義を根本としながら、アメリカ型は、政府が議会に対して責任を負わない代わりに、その政府の首長(大統領)が人民から選ばれ、直接に民主的統制に服している点で、民主的な性格を備えているが、ドイツ型は、政府は君主に対してのみ責任を有し、議会に対して責任を有するものではなく、もとより、国民とは何らの連接もないという点で、反民主的な性格を備えていた。(12)

宮沢は、このように三つの実在型を示したうえで、「新憲法は、イギリス型を採用した」とし、その理由を次のように語る。「ここでは、民主主義の徹底的実行が目標であるから、反民主的なドイツ型は、もちろん、問題にならない。問題は、イギリス型がいいか、アメリカ型がいいかであるが、アメリカ的な権力分立主義者は日本にはあまりなじみが少ない上に、明治憲法時代において、すでに、多くの実際政治家たちによって、イギリス型が理想と考えられたことなどからいって、日本では、イギリス型がいいと考えたのであろう」[13]。

ところが、第一回の衆議院解散(一九四八年一二月二三日)をめぐって、憲法は、イギリス型の議院内閣制を採用したものか否かが問題となった。当時、政権担当時代の汚職で不評を買い、解散・総選挙に消極的であった社会党は、「衆議院の解散は、憲法第六九条によってのみ可能である。すなわち、衆議院で不信任の決議案が可決されたときでなくては、解散を行うことはできない。憲法第七条によっていつでも解散できるという解釈は、明治憲法の考え方である」との見解を示した[14]。この見解は、「新憲法は、イギリスの議院内閣制と、アメリカ大統領制との折衷案である。内閣の解散権は、きわめて重大な権能だから、もしそれを認めるとすれば、憲法制定の際、当然どこかにそのための規定が設けられていたはずである。……衆議院の解散は、憲法第六九条によってのみ行われるべきである。憲法第七条に規定する解散権は、単に儀礼的なもので、国政に関する権能については〝天皇は国事に関する行為のみを行い、国政に関する権能を有しない〟という第四条の規定が先行しなければならない。第七条が乱用されると旧天皇制の復活となる危険がある」とする総司令部の有力幹部の考え方でもあった[15]。

そのため、第一回解散は、政府と野党との話し合いに基づいて、衆議院で内閣不信任案が可決され、内閣はその可決をまって衆議院を解散した。そして、学説上、これを支持し、衆議院の解散を憲法第六九条所定の場合に限定する解釈(六九条説)もあらわれた。これに対して、第二回の衆議院解散(一九五二年八月二八日)は、イギリス型をモデルに、憲法上、内閣は自由な解散権を保持し、第七条によりそれを行使しうるとする宮沢説(七条説)に基づいて行われた。このように、二度の衆議院解散を通じて、論争が誘発されたのである。

右の解散権論争は多岐の論点に及ぶが、本章との関連での争点は、日本国憲法はイギリス型の議院内閣制をとるものと解する七条説[16]に対して、六九条説が、――フランス第三共和制のもとで習律化した――内閣による解散権行使に制約の課せられた議会優位型(フランス型)を成文化したものと解したことにあった[17]。第二回の衆議院解散以降、七条説に基づく運用が定着するが、解散権に関する上記の論争を通じて、あらためて、議院内閣制の類型的特質をどう理解するか、という問題が提起されたのである[18]。

(3) 一九五五年の左右社会党の統一による日本社会党の結成と民主・自由両党の「保守合同」による自由民主党の発足は、イギリス型二大政党制による議院内閣制の実現を期待させたが、実際には、自民党一党優位の保守長期政権をもたらした。いわゆる五五年体制の成立である。しかして、政権交代のない一党長期支配は、政権党内に派閥を生み、首相の座と大臣ポストをめぐって、派閥抗争にあけくれる。一九六〇年代初頭、自民党議員で、当時、内閣に設置されていた憲法調査会の委員でもあった中曾根康弘は、その原因は「イギリスを手本にした……議院内閣制が行きづまりをきたしているところにある」とし、憲法改正によって、アメリカ型の三権分立を導入し、強力な政治指導を発揮しうるよう首相の権限を強化するとともに、国民が、直接、投票により首相を選ぶ制度を提唱(首相公選論)した[19]。

もとより、アメリカ型大統領制の採用が提唱されたのは、これが初めてではない。敗戦直後、明治憲法の改正が論議されたとき、松本委員会内部で野村淳治が類似の案を提示していた((1)参照)。また、当時、民間でも、高野岩三郎が、「天皇制ニ代ヘテ大統領ヲ元首トスル共和制」を採用すべきだとした「改正憲法私案要綱」のなかで、「日本国ノ元首ハ国民ノ選挙スル大統領トス」といった構想を示していた[20]。さらに、憲法施行後、その立法上の問題点を総合的に検討した東京大学憲法研究会の報告書のなかでも、イギリス型の議院内閣主義よりは、むしろアメリカ型の大統領(首長)主義をとり、首相を直接公選する方式が望ましいとする意見(少数意見)が述べられていた。その主たる理由は、①直接公選の方法をとることが、より民主的であること、②首相に一定の任期を保障することで、その間、政局の安定が期待できること、③地方自治制において首長主義をとっているのに鑑み、主義の統一を図るべきことなどである。

これに対する反対理由(多数意見)は、[1]直接公選が必ずしもより民主的とはいいえないこと、[2]単に一定期間の任期を法律上保障するだけで政局の安定を期待しうるかどうか疑問であり、客観的な条件の変遷が激しい場合には、むしろその変遷に伴い、担当者が交替する方がかえって民主的で妥当であるとも考えられること、[3]中央と地方の間で主義の統一を図るということは格別理由がないことなどであった[21]。

ところで、上述の首相公選論(中曾根康弘)に対して、①もし選挙権者の政治への参加の機会を、量的に高めることが、同時にその成熟への質的な高まりを保障するという見方が成り立つならば、首相公選制のように、その絶好の舞台を提供すべき機会を、臆病に避けて通るべきではない、②イギリス型の議院内閣制が日本政治の本来のあり方といえるかどうかは疑問であり、むしろ問題は、なぜアメリカ型の大統領制が、日本人の意識に定着しえなかったのかにあるなどとして、これに賛意を表する有力な見解もあった[22]。しかし、多くの論者は、[1]公選による首相の統合力に過度の期待をかけることは危険である、[2]首相の地位の安定性に対する過信にも危険が潜んでおり、地位の安定化は、変転する内外情勢への適応や民意の吸収に、自在な弾力性を発揮できない恐れを内在させている、[3]日本の政治の弊害の原因は、議院内閣制にあるのではなく、政党・選挙制度にあるのであるから、大統領制の採用よりも、これらの弊害を改めることが必要であるなどとして、首相公選論に消極的であった[23]。

(4)　ただ、留意すべきは、首相公選論について、当時、上述の大統領制・議院内閣制の枠組みではなく、現代デモクラシーの新たな理論的枠組みのもとでこれを理解しようとする試みがあったことである。それは、一九五〇年代後半からフランスで論議されていた議院制(régime parlementaire)改革論として主張されたデュヴェルジェの大統領制案の理論的前提に注目するものであった[24]。

①　デュヴェルジェは、二〇世紀の混合経済体制のもとでは、強い執行権が技術的に必要とされるが、それは、民主的な強い執行権か、それとも、テクノクラシー的な強い執行権か、のどちらかを選ぶほかに道はないとする。現代

では、また、地域的・個別的利益の代弁ではなく、国民的（ナショナル）な代表の必要性が感じられ、さらに、多くの西欧民主制では、全国的権力の人化（personnalisation du pouvoir）が実現されている。

②そうした状況のもとで、デモクラシーの分類として、今日重要なのは、古典的な議院制（議院内閣制）と大統領制の別ではなくて、直接民主制（démocratie directe）と「媒介」民主制（démocratie《médiatisée》）の別である。ここで、デュヴェルジェが理念型もしくは理想型として定立する「直接民主制」とは、市民全員が集まって討議・決定した古代ギリシアの民会のような総会制度ではなく、政府の首長を国民が普通選挙により指名する制度や、国民が代表者（議員）を選び、その代表者が、自由に政府の首長を指名する制度が、理念型または理想型としての「媒介民主制」である。

③議院制の発達は、イギリス型と大陸型（フランス型）の二つのバリエーションを生んだ。両者の違いは、時とともに大きくなり、前者は、ある点で、大統領制に近づいてきた。今日では、前者と大統領制との間の距離は、前者とフランスや北欧の議院制との間の距離よりも、短くなっている。これは、イギリスの政党の構造が変わり、その内部規律が強化されたからである。イギリスの議院制は、もはや、立法権と執行権との間の均衡を本質とするものではない。紀律された多数党に支持される政府は強い安定性を有し、解散の脅威によって議会を動かす必要はない。多数党政府は、十分にその政策を実行でき、また、議会によって倒されることもない。

大陸型は、これと違う。そこでは、政党の数が多く、その上に、政党の紀律が弱い。議会は、もっぱら、連合政府を作ることや、それができると、それを替えることに追われる。これは、イギリスの制度をまねたといわれるが、実は、イギリスで行われているものとは全く違う。

④イギリス型と大統領制とは、議会の役割の点で違うが、政府の首長の選任という本質的な点で、たがいに似ている。もちろん、その法的手続は同じではない。しかし、実体において、首長が市民の全体によって選任される点で

は同じである。

フランス・イタリアや北欧諸国では、事情が違う。そこでは、市民は議員を選ぶだけである。政府の首長は、議員が自由に選任する。イギリス・アメリカでは、権力の過程は、「市民・政府」の二つの項だけだが、大陸型では、それは、「市民・議員・政府」の三項になっている。

⑤ 直接民主制と媒介民主制との間のこの違いは、根本的である。直接民主制では、市民は、政府の首長の指名に干与し、したがって、その行動に責任を感ずる。これに反して、媒介民主制では、市民は、政府の選任という重要な権利を奪われたように感ずる。西欧民主制がうまく行っている大国では、政府の首長は、実際において、市民の普通選挙によって指名される。これによって、二〇世紀国家の根本的な政治的要求である執行権の強化、国民の総体的代表、および、権力の人化が確保される。それが認められない大国では、執行権の不安定化と弱体化が生じ、テクノクラシーが発達し、市民の心の中に政治的疎外の感情が生まれ、そのために、市民の独裁制に対する抵抗力が弱くなる。

このように、二〇世紀後半の西欧諸国は、フランスなど、若干の例外を除き、すべて、市民が普通選挙で政府の首長を選任するという直接民主制を実行している。その方式には、イギリス型とアメリカ型の二つがある。

しかして、一九五六年以来、フランスの首長公選論は、二つに割れ、一方では、ヴデルがアメリカ型の大統領制を主張し、他方で、イギリス型に近い、議院内閣制を維持しつつ、政府のリーダーシップと権威を高めようとする「「新議院」制」(système《néo-parlementaire》)が、デュヴェルジェにより、上記のごとく主張された[25]。

芦部信喜は、一九六四年、上記・中曾根の首相公選論の批判的検討を試みた際、右のデュヴェルジェの新類型に注目し、これを評価しながらも、「わが国のように保守・革新の抗争がはなはだしく、政治過程に不可欠な妥協の行われる基盤に乏しく、しかも保守永久政権の観すら呈し、さらに保守も革新も、その内部に派閥ないしイデオロギーの対立をかかえている状況においては、〔首相公選制や新議院制よりも〕むしろ選挙制度を改め、選挙の重点を、政府形成よりも代表の正確性の確保という要件におき、政府形成なり政治指導は、議会における各政党・政派の妥協に委ねるという方向、すなわちデュヴェルジェのいう媒介民主制——スウェーデン型の妥協による政治——の構想を検討してみる必要はないか」と指摘している。[26]

(5) 一九九〇年代初頭における自民党一党優位の五五年体制の崩壊と選挙制度の改革は、既成政党の分裂・新党結成等による政党の再編をもたらし、現在に至っている。この新たな状況のもとで、デュヴェルジェのアイデアを積極的に継承し、現代日本にとってあるべきデモクラシーの理想型を描こうとする試みがなされている。高橋和之の「国民内閣制論」がそれである。[27] それは、次のようなものである。

① 現代国家の根本問題は「行政国家」といわれる現実にあるが、従来の「議会制民主主義」論は、議会さえ民主化すれば、行政権も当然に民主化されるはずだとするものである。しかし、その前提にある「議会が決定し、行政権が執行する」というイメージは、現代国家にとっては余りに楽観的過ぎる。現代では、「行政国家」の現実に即した、「新たな民主政の構想」が必要である。

② 現代国家では、「行政権が立案し、議会が同意する」というのが政治の現状であり、したがって、議会はもはや政策決定の中枢にはなく、議会へ民意を忠実に反映させても、それが民意の国政への反映には直ちに結びつかない。国政において最終的に実現される政策は、内容的に一貫した一つの体系のみであり、現代における民主政の要請は、そうした政策体系の最終的な選択を議会に委ねるのではなく、国民が直接に行うことを求める。すなわち、現代代表制の課題は、選挙を通じて、国民の多数派が支持する政策体系を「国政」に反映させることにある。

③ 議院内閣制のもとで、右の理念を実現する方法としては、選挙で示された多様な民意の統合を、代表者の多数派形成に委ねる「議会中心」型の構想ではなく、国政の中心を内閣にみて、選挙を通して選挙民の多数派に支持された内閣の形成を実現しようとする「内閣中心」の構想が望ましい。

④内閣中心構想からすると、選挙の目的は、国政の基本政策とその遂行責任者(首相)を直接選択することにある。イギリスが小選挙区制を採用していることから、小選挙区制がこの目的に最適だと思われやすいが、イギリスが成功しているのは、基本的には二大政党制によるものであり、政党状況を抜きにして、選挙制度の性格自体から判断するのは危険である。

⑤イギリスは、いわゆる二党制を基礎に議院内閣制を運営し、内閣中心構想の民主政治を実現してきた。「議院内閣制―小選挙区制―二大政党制」の三位一体構造が、現代民主政治の一つの「理想型」であるが、イギリスをモデルに民主政治を展望する場合、その政党制の構造が二党制的でないところで、直ちに小選挙区制を導入してもイギリス的政治運営は期待できない。そこでは、ⓐイデオロギー的ではない、実現可能な政策を掲げるプラグマティックな政党をつくり出すといった政党の体質改善、ⓑ政党間の政策協定に基づく連立・連合の形成といった、小選挙区制以外の方法で時間をかけて政党状況の二極化を実現することが要請される。

⑥こうして、諸政党が、相互間の競争と提携のなかから、国民の多数の支持を受ける一貫した一つの政策体系を提示することに成功するとき、国民は、初めて、選挙によって事実上直接的に内閣(その首長としての首相)を選出することが可能となり、「国民内閣制」が成立する。その理念は、国民が首相の直接的な選定・罷免権を持つこと、それによって、内閣が直接国民に政治責任を負うことにある。もとより、日本国憲法は、そのような制度を定めているわけではない。また、憲法改正によって、そうした制度を実現すべきだというのでもない。その趣旨は、従来の議院内閣制を、選挙制度や政党制などの組み合わせのなかから、国民内閣制的に機能させることを考えてみようということにある。

以上が、国民内閣制論の要点である。それは、中選挙区制の改革が議論されていたときに提唱されたものであり、現行の小選挙区比例代表並立制に移行する前に提起されたものであった。とはいえ、現行の並立制は小選挙区制に傾斜した選挙制度であること、したがって、その下での政党再編が——比例代表制分による多党制の要素を残しつつも——基本的に二党制に収斂する傾向にあることからして、将来、二大政党化が実現し、総選挙が政党の政策ないし党首選択の様相を示すようになれば、国民内閣制論が期待する理想型に近づくことになるであろう。

しかし、日本国憲法の定める政治形態・統治構造は、果たして、「国民内閣制」的運用を目途《もくと》とするものであろうか。憲法の下で、それとは異なる型のデモクラシーの方途はありえないのか。

二　デモクラシーの型と日本国憲法の規範構造

(1)「デモクラシー」の最も単純で明快な定義は、冒頭で述べた「人民による支配」であることはいうまでもない。そして、現実には、国民の多数意思に基づく支配が、右の定義に最もかなうものであることもまた多言を要しない。この意味で、国民多数派の意思を、直接、「国政」に反映させようとする「国民内閣制」は、まさに、デモクラシーの理念に忠実に従うものである。
デモクラシーの類型論からすると、しかし、「国民内閣制」は、レイプハルトが「多数派」モデルとして描いたデモクラシーの「理念型」に属する。レイプハルトは、イギリスとニュージーランドの形態をもとにデモクラシーの「多数派支配型」(以下「多数派型」と略記)(なお、ニュージーランドは、一九九六年、比例代表制に移行し、多数派型から離脱した)を構成し、これに、スイスとベルギーの形態をもとに理念型的に構成した「合意形成型」(以下「合意型」と略記)を対比し、これら二つの理念型に基づいて、日本を含む先進二一カ国二二のデモクラシーの分析を試みている。[28] ここでは、その分析を概観したうえで、右の理念型に照らして、日本の政治形態の位置づけを試論的に行うことにする。
(2) レイプハルトによれば、「人民による支配」として定義づけられるデモクラシーは、近・現代の大規模な国民国家においては、人民の選挙を基礎とする代表民主政の形態をとらざるをえない。この代表民主政は、権力が集中しているか、それとも分散しているかによって、多数派型と合意型の二つの理念型に分けられる。前者は、基本的に、権力ないし権威が選挙民多数派に集中される型であり、後者は、選挙により勝利した政党ないし議員の権力(多数派)を多かれ少なかれ制限または抑制する型である。前者は、人民の「多数派」意思に基づく統治は、その少数派の意思に基づく統治よりも、デモクラシーの理念により近いとするものである。これに対して、後者は、できるだけ多くの人々の合意に基づく統治を実現することが、デモクラシーの理念に合致すると解するものである。前者は、イギリスとニュージーランド(一九九六年以前)をモデルにして構成された理念型であるが、イギリスの経験が主たる素材とされていることから、ウェストミンスター型とも呼ばれる。それは、つぎの八つの相互に関連する要素からなるものである。

①　多数派政党(一党)が組織する内閣への執行権力の集中　　これは、国民をほぼ二分する二つの大政党のうち、選挙で多数派を獲得した政党が内閣を組織し、国政を運営する一方、政権から締め出された少数派は、議会で反対党の役割を演ずるものである。

②　権力の融合と内閣統治　　これは、厳格な権力分立原理を基礎とするアメリカの大統領制とは対照的に、議会(立法権)と内閣(行政権)の「緊密な結合、そのほとんど完全な融合」(バジョット)によって特徴づけられる議院内閣制である。それは、理論的には、内閣の存在は下院の信任に依拠するがゆえに、下院優位であるが、現実には、内閣が下院多数派の指導者によって組織されるがゆえに、内閣優位の統治である。

③　一院制に限りなく近い二院制　　これは、立法権のすべてが下院に帰属し、上院には立法を引き延ばす権力しか存在しない形式的な二院制であり、実質的には下院多数派の意思が支配する一院制である。

④　二党制　　これは、二つの拮抗する大きな政党が、主として、社会・経済的争点について相互に政治的に対抗

するシステムである。

⑤ 争点が二者択一的に収斂する同質的社会　これは、――④の二党制が成り立ちうる前提としての――政治的争点が、複雑に分岐することなく、社会・経済的な問題の次元でのみ、その政策について二者択一的に体系的に分かれる高度の同質性を持つ社会である。

⑥ 多数代表制　これは、小選挙区制等の選挙制度に基づいて、各選挙区で選挙民多数派の支持をえた候補者が議員に選出されることで、多数派への権力の集積を図るものである。

⑦ 単一国家の集権化された中央政府　これは、伝統的に地方政府は一連の重要な作用を営むものであるとしても、中央政府によって創設されたものであり、その権力は――連邦制にみられるように――憲法上保障されたものでなく、財政上も中央に依存することから、理念的には、集権的な中央政府(議会多数派・内閣)の意向が地方の末端まで及ぶとするものである。

⑧ 不文憲法と議会主権　これは、議会は、統治の機構・作用に関する法律や慣習法からなる「不文」憲法のもとに服するものの、法的には、これらのルールに拘束されず、通常の法律と同様、それらを自由に改廃する主権的権力を保持し、したがって、裁判所は議会を統制する権力(司法審査権)を持たず、また、理念的には、レファレンダムといった直接制的要素を容れる余地はないとするものである。(29)

(3) これに対して、合意型は、同質性を欠く多元的政治社会たるスイスとベルギーをモデルとして構成されたものであり、多数派支配を抑制する次の八つの要素によって特徴づけられる。

[1] 幅広い連立による執行権力の分有　これは、執行権力が議会多数派の構成する内閣に集中する多数派型とは対照的に、議会に選ばれた主要政党が広汎な連立内閣を組織し、執行権力の分有を図るものである。

[2] 権力の公式・非公式な分立　これは、㋐イギリスの内閣よりもアメリカ大統領に近いスイスの連邦参事会(内

閣)のように、執行権が立法権から公式に分立しているもの、もしくは、㋑憲法上、議院内閣制を採用しながらも、緩やかな幅広い連立内閣のゆえに、実際には、議会多数派のみが内閣と一体となって支配するイギリスのようにはなりえないベルギーにみられるように、執行府と立法府との間に公式・非公式の分立が認められるというものである。

3 上院にマイノリティ・グループが代表される両院対等の二院制　これは、多数派型の「下院優位の二院制」に対して、㋐いわゆるマイノリティ・グループに対して特別の代表を認めるような、下院とその選出基盤を異にし、しかも、㋑下院と対等の権力を持つ上院を理想型とするものである。

4 多党制　これは、社会・経済問題だけではなく、他の諸々の政治上の争点について、各々その政策に異同のある三つ以上の有力政党が存在し、相互に対抗・連携しあうシステムである。

5 争点が多様に分岐する多元的社会　これは、――政党間の対抗・連携によって特徴づけられる4の前提としての――宗教・経済・言語・民族・人種といった種々の問題について、複雑に亀裂した社会である。

6 比例代表制　これは、多数代表制とは対照的に、社会の多元的な政治状況を政党本位の選挙を通じて議会にも忠実に反映させようとするものである。

7 連邦制と分権化　これは、連邦制度や地方分権または社会集団の広汎な自治権の保障により、権力をできるだけ地方や周縁に分散しようとするものである。

8 成文憲法と司法審査制　これは、多数派型とは対照的に、成文の硬性憲法によって、少数者の権利・自由が保護され、議会多数派の立法が「人権」侵害等を理由に、裁判所により、無効とされることもありうるとするものである。

以上が、多数派型(2)および合意型(3)を構成する対照的な諸要素である。[30]

(4)　レイプハルトが描いた理念型は、デュヴェルジェが直接民主制として捉えたイギリスの議院内閣制(議院制)を

「多数派型」のもとで理解し、媒介民主制に属するとした北欧諸国の議院内閣制を「合意型」のもとで理解しようとするものである。では、デュヴェルジェがイギリスの議院内閣制とならんで直接民主制型として捉えたアメリカの大統領制は、レイプハルトの理念型ではどのように理解されるのであろうか。

レイプハルトによれば、たとえば、イギリスの場合、一九五〇年代の方が七〇年代と比べてより多数派型の理念に近く、また、ベルギーの場合、国民の間の言語、文化の相違を考慮して、国家組織の構造改革を試みる（一九六七－七一年の憲法改正）までは、十分には合意型とは言えなかった。このように、デモクラシーの現実態は、上述の二つの理念型に照らして、たえずその距離が問題となりうる。換言すれば、ある国のデモクラシーの現実態は、固定的なものではなく、多数派型と合意型の間を変動するものである。したがって、アメリカの大統領制についても、二つの型の間のどこに位置づけるかが問題となるのである。その場合に、アメリカ合衆国は、人種的に多元的な社会であること、南北の間に地域的な分割が存在する社会であることに留意し、その上で、上述の八つの相違点に照らして検証しなければならない。

アメリカは、ⓐ二大政党の一方のリーダーである大統領に執行権力が集中し（①）、ⓑルーズな連合体ではあるが二党制であり（④）、ⓒ多数代表制の選挙制度を原則とし（⑥）、ⓓ似通った綱領を持ち、おもに、社会・経済的および文化・人種的争点に関して、その違いを示してきた（⑤）点では、多数派型に近い。しかし、ⓔ執行権力と立法権力が厳格に分離され（2⃞）、ⓕ下院と上院はほぼ対等の権力を保持し（3⃞）、ⓖ連邦制を採り（7⃞）、ⓗ硬性の成文憲法を持ち、司法審査制が確立している（8⃞）点では、合意型に近いといえる。それゆえ、アメリカは、二つの理念型の「混合型」として特徴づけられる。[31]

(5) ところで、レイプハルトは、「民主的政治システム」と題する一九八九年の論文で、上述の類型論の「精密化」を試みている。[32] 図1は、レイプハルトが、上述のデモクラシーの諸要素を二つの次元にまとめ、図示したものである

（なお、図示に際して、若干表記を変えた）。図の次元Ⅰは、政党制・選挙制および議会と政府の関係にかかわる相互に密接に関連する五つの要素（①[1]②[2]④[4]⑤[5]⑥[6]）をひとまとめにしたものであり、次元Ⅱは、上院と下院の関係・中央と地方との間の権力分配および憲法の硬性度にかかわる三つの要素（③[3]⑦[7]⑧[8]）をまとめたものである。このように、各次元が五つまたは三つの要素からなる二つの束にまとめられることから、デモクラシーは、類型的に、図1に表示された四つの型に分けられる。

レイプハルトは、上述の図1上に、第二次大戦後における二一カ国二二のデモクラシー（フランスについては、第四共和制と第五共和制の二形態）を配置する。その際、各次元について、実際に、多数派型とも合意型とも分類できない中間型がありうることから、それぞれを三つに区分し、総計九つのシェルをもつマトリックスが描かれる。しかして、これらのシェルのなかに、二二のデモクラシーが、デモクラシーの形態を特徴づける八つの諸要素の分析結果に基づいて按配される。図2がそれである。[33] 以下、本章の叙述に必要な限りで、各次元を構成する諸要素とイギリス・ニュージーランド（一九九六年以前）・スイス・ベルギー等の諸国と日本のマトリックス上の位置づけをみておくことにする。

(i)　次元Ⅰ　この次元では、政党・選挙・議会と政府の関係にかかる上述の五要素が取り上げられる。

(a)　執行権力の集中 vs. 執行権力の共有　多数派型の典型例はイギリスであり、レイプハルトが分析対象とした一九四五年から八〇年までのイギリスのすべての内閣は一党による多数派内閣である。他方、合意型の典型例はスイスであり、そこでは議会に議席を持つすべての主要政党が政権に加わっている。少数党内閣や二つ以上の政党が連合しても、議会で過半数議席を安定的に確保しえないいわゆる「過小規模連合政権」[34] は中間型に属する。レイプハルトによれば、日本の内閣は、四五年から八〇年の間、一党多数派内閣（連合政権論の用語ではいわゆる「最小限勝利内閣」）の時期が全体の八三％を占めるものとされる（ちなみに、これに対応する数値はニュージーランド一〇〇％、イ

		次元Ⅱ 多数派型	次元Ⅱ 合 意 型
次元Ⅰ	多数派型	純粋多数派型	多数派型ー連邦国家型（混合型）
	合意型	合意型ー単一国家型（混合型）	純粋合意型

（*Journal of Theoretical Politics*, vol. 1, p. 34, Figure 1 より作成）

図 1　民主的システムの四類型

		次元Ⅱ 多数派型	次元Ⅱ 中 間 型	次元Ⅱ 合 意 型
次元Ⅰ	多数派型	ニュージーランド イギリス	アイルランド	オーストラリア オーストリア カナダ ドイツ アメリカ
	中間型	アイスランド ルクセンブルグ	フランスⅤ ノルウェー スウェーデン	イタリア 日　本
	合意型	デンマーク イスラエル	ベルギー フィンランド フランスⅣ オランダ	スイス

（*Journal of Theoretical Politics*, vol. 1, p. 35, Figure 2 より作成）

図 2　二次元図式（図 1）に基づく各国の位置づけ

ギリス九五%、ベルギー七六%、スイス〇%である[35]。

(b) 立法府に対する執行府の優越 vs. 立法府と執行府の均衡　この優越・均衡の対比は明瞭であるが、実際にいずれの側に帰属するかを判定することは容易ではない。レイプハルトは、分析対象とした二二の内閣の平均政権維持日数を判定基準とし、(イ)五年以上、(ロ)五年以下二・五年以上、(ハ)二・五年以下の三つのカテゴリーに分け、この間の内閣の平均寿命が五八カ月の日本を(ロ)の中間型に分類している(なお、イギリスは八一カ月、ニュージーランドは六四カ月でそれぞれ(イ)型、ベルギーは二六カ月で(ハ)型に属するが、執行府の独立性が強いスイスは、アメリカの大統領と同様、分類の枠外とされている[36])。

(c) 二党制 vs. 多党制　通常、二党制では、二つの大政党が議席をほぼ分有し、第三党以下は政治勢力としてさほど意味を持たないが、多党制の場合、第三党以下も相当の勢力を持ち、一つの政党が議会で過半数の議席を占めるということはないものとされる。したがって、複数ある政党のうちで二大政党による議席の寡占度によって二党制と多党制の「形状」が類型的に区分されることになる[37]。ただ、二党制・多党制といっても、政党が実際に議席を占有している割合によってその形状にゆがみがあり、場合によっては、一党が突出した勢力を持つ一党優位の政党制となることもありうる。そこで、レイプハルトは、実際の政党状況を数値化した「有効政党数」(effective number of parties)に着目し、二党制もしくは多党制のもとでの政党の実勢を問題にする。たとえば、二つの政党が完全に議席を等分する二党制にあっては、有効政党数は二・〇であるが、この場合、もし一党が他党に比して強力で、その議席占有率がそれぞれ七〇%と三〇%であるならば、その指数は一・七と算定され、それが典型的な二党制から一党優位制にシフトしたものであることが示される。同様に、三つの政党が均等に議席を三分する政党制では、有効政党数は三・〇であるが、もし、それぞれの議席占有率が四五、四〇、一五%の割合であるならば、その指数は二・六となり、$2\frac{1}{2}$政党であることが示される[38]。こうして、一九四五−八〇年の統計から、イギリスにおける有効政党数は二・一、ニュージーランド二・〇、スイス五・〇、ベルギー三・七、アメリカ一・九そして日本三・一と算定されている。[39]

(d) 単一争点型 vs. 多争点型　これは、政党の間の争点数に着目したものである。一般に、多数派型モデルでは、二大政党が社会・経済政策という一つの次元においてのみ、相互に明瞭な対立関係にあり、これに対して、合意型モデルでは、主要政党の間に、右の争点のみならず、宗教、文化−民族、都市−農村、体制支持(regime support)、外交、環境問題等、多元的な争点について複雑で多様な見解の相違のあることが前提とされる。レイプハルトは、政党間の争点数について、イギリス一・五、ニュージーランド一・〇、スイス三・〇、ベルギー三・〇、アメリカ一・〇、日本三・〇という数値を引き出している。[40]

(e) 多数代表制 vs. 比例代表制　これは、選挙の方法という制度上の相違を基準とするものであるが、しかし、これだけでは数値として示すことができない。そこで、レイプハルトは、比例代表制が必ずしもすべて、実際に平等な代表を実現しているものでもなければ、多数代表制がすべて不平等な代表でもないとして、選挙における上位二政党間の得票と議席の間の標準偏差を割り出す方法(average vote-seat share deviation of the two largest parties)で数値化している。しかして、その数値は、イギリス六・二、ニュージーランド六・三、スイス一・五、ベルギー二・二、アメリカ五・六、日本四・二とされる。[41]

(ii) 次元Ⅱ　この次元では、次の三つの要素が取り扱われる。

(f) 単一国家・集権制 vs. 連邦国家・分権制　連邦国家は、定義上、分権的構造によって特徴づけられる。これに対して、単一国家は、一般に、連邦国家に比して集権的構造を有するが、その集権または分権の程度は、中央と地方のあり方によって多様であり、実定制度上、強度の分権制が認められているものもないわけではない。そこでレイプハルトは、各国の租税収入において国税が占める割合を算出し、分権度の指標とする。それによれば、連邦国家のスイスは四一％、アメリカ五七％であり、分権度が高いのに対して、単一国家のイギリスは八七％、ニュージーランド九三％、ベルギー（連邦制移行前）九三％であり、分権度は低く、日本は六五％とされ、その中間に位置づけられている。[42]

(g)　一院制 vs. 二院制　議会の構成について、多数派型は、理念的には、一院制を指向し、同様に、合意型は各院対等な権力をもつ対称形の二院制を指向する。前者の型に合致するのが、一九五〇年、二院制を廃して一院制に移行したニュージーランド議会であり（移行の経緯につき、補論Ⅱ2参照）、後者のそれにあたるのがスイス議会とアメリカ連邦議会である。イギリスとベルギーの二院制は、多かれ少なかれ、右の理念型からは乖離する。すなわち、イギリス議会は二院制を採用するが、しかし、貴族院はほとんど権力を有しないがゆえに、それは、すぐれて非対称な二院制である。ベルギーの二院制は、実質上、ほぼ対等の権力を保持する対称形の議院によって構成されている。この点で「跛行的」とされる日本の二院制は非対称的な二院制に位置づけられる。より厳密に言うと、レイプハルトは、上院の権力の強弱によって、(ア)上院が下院と対等もしくは、ほぼ対等の立法権力を有する「強い二院制」（スイス・アメリカ）、(イ)上院の立法権力が下院に劣る「弱い二院制」（イギリス・ベルギー）および(ウ)上院にはその権力がなく、限りなく一院制に近い「無意味な二院制」（オーストリア・アイルランド）に区分し、日本の二院制を中間の(イ)に分類している。[43]

(h)　不文憲法 vs. 成文・硬性憲法　多数派型に最も適した憲法は、不文憲法である。けだし、それは、議会の権力主体、すなわち、議会多数派に対して、一般に、いかなる制限をも課すものではないからである。これに対して、合意型に最適の憲法は、改正のために議会の特別多数が要件とされ、また、司法審査制を具備した硬性の成文憲法である。憲法改正が比較的容易な軟性の成文憲法や司法審査制を有しない成文憲法は、右の二つの型の中間に位置するものとされる。[44]

不文憲法国イギリスの対極には、スイスではなく、厳格な憲法改正手続と司法審査制を有する成文憲法国アメリカと日本が置かれる。けだし、スイスは、比較的硬性度の高い成文憲法をもつが、しかし、連邦の法律に対する司法審査権を欠くからである[45]。表1は、レイプハルトが分析対象とした二一カ国、二二のデモクラシーについて、少数派の拒否権の有無(憲法改正手続の硬軟)を縦軸に、司法審査制の有無を横軸に、その分類を試みたものである[46]。

表1　少数派の拒否権・司法審査制の有無による分類

		司法審査制	
		無	有
少数派 拒否権	無	フランスⅣ イスラエル ニュージーランド イギリス	デンマーク フランスⅤ アイスランド アイルランド イタリア スウェーデン
	有	ベルギー フィンランド ルクセンブルグ オランダ スイス	オーストラリア オーストリア カナダ ドイツ 日　本 ノルウェー アメリカ

(A. Lijphart, *Democracies*, p. 193, Table 11.2 より作成)

(iii) 以上が、レイプハルトが試みた二二のデモクラシーの位置づけの大要である。そのうち、多数派型および合意型の典型例とされた四カ国のうち、イギリス・ニュージーランド・スイスの三カ国は、図2のように、左端上・純粋多数派型と右端下・純粋合意型の対極の位置にあるシェルに分類されている。これは期待されたとおりの位置づけである。ところが、なぜか、ベルギーは、スイスと同じシェルにおさまっていない。レイプハルトによれば、それは、分析対象とした一九四五年から八〇年の全期間を反映したものであり、国家組織構造の改革の試みが開始された六〇年代末からの動向を数値化すれば当然に右端下・純粋合意型のシェルに位置づけられるものとされる[47]。

形式上、連邦憲法を保持する六カ国——オーストラリア・オーストリア・カナダ・ドイツ・アメリカおよびスイス——は、予想どおり、すべて、図2の次元Ⅱの右端・合意型のカテゴリー(前五カ国は混合型、後者のスイスは純粋合意型)に位置づけられている。ところが、同じ合意型カテゴリーの中間型に、単一国家の日本とイタリアが位置づけられている。これはなぜか。レイプハルトによれば、「日本については決して分類間違いではない。日本は、——オーストラリアやオーストリアと比較しても——それら以上に、全く分権化された政府を持ち、また、硬性憲法・司法審査制・二院制を備えているからである」。これに対して、イタリアの位置づけは若干疑わしい。というのは、イタリアは、硬性憲法・司法審査制・二院制の点では日本と共通しているが、しかし、「分権化されてはいないからである」と。(48)

日本が「まったく分権化された政府」(a quite decentralized government)を持つといった理解には、もとより異論もありえようが、こうした位置づけに落ち着いたのは、レイプハルトが、日本について、イタリアと同様、多分に、次元Ⅱを構成する憲法制度的な諸要素に比重を置いて判定した結果であろう。(49)

(6) 以上が、レイプハルトの分析とその結果に基づく日本の政治形態の位置づけである。その位置づけは妥当か。日本は、上述の「多数派」型に属するか、それとも、「合意」型に属するか。

いずれの型に属するかについて、ここでは、㋐憲法の定める議院内閣制と、㋑ひろく憲法そのものの枠組みの二つのレベルに分け、レイプハルトが摘示した諸要素について、憲法的な視点から若干の指摘を試みておくことにする。

㋐ 日本国憲法の規定する議院内閣制が、ⓐ内閣の解散権に制約が付された議会優位のフランス型と、ⓑ内閣が自由な解散権を保持し、二党制の政党政治の下で内閣優位に機能するイギリス型のいずれの型に属するかについて、初期の衆議院解散をめぐって、争いのあったこと、そして、第二回解散以来、内閣は自由な解散権を行使し、また、左右社会党および保守合同による五五年体制の成立当初、イギリス型の内閣政治を指向したものであったことは、あらためて指摘するまでもない。とはいえ、現実には、自民党一党優位体制が確立してしまい、イギリス型が前提とする二大政党制・政権交代による議院内閣制の運用は望むべくもなかった。

問題は、五五年体制崩壊後の現在、議院内閣制をどのように運用すべきかにある。

これについては、理念的に、上述の選挙制度(⑥[6])と政党のあり方(④⑤[4][5])の組み合わせにより、多数派型と合意型の二つの方途が考えられる。前者は、多数代表制(小選挙区制)を採用し、二党制を確立することで、選挙民の多数派による政党選択を首相の指名、政策の選択と直結させ、強力な内閣政治を実行しようとする途である。それは、イギリス型を理念的に純化し、「国民内閣制」をめざすものである。後者は、比例代表制を採用し、多様な民意を議会(衆議院)に反映させ、議会での政党間の協議ないし妥協を通じてひろく合意を形成し、内閣を組織して政局の安定を図るとともに、政権交代のルールを確立しようとする途である。前者の途は、内閣ないし首相への執行権力の集中(①)、議会に対する内閣優位の確保(②)に通じ、後者の途は、執行権力の分有([1])、議会と内閣との緊張関係の保持([2])に通ずるであろう。

しかし、実定憲法の枠組みからすると、次の諸点において、合意型の要素が認められる。第一に、権能上、衆議院の優位を認め、参議院を補充的な地位に置いているとはいえ、参議院は相当に大きな権能を保持し、ことに、衆参両院の間で与野党勢力にねじれが生じているような場合には、衆議院多数派および内閣に対して参議院が強い抑制機能を発揮しうることである([3])。第二に、憲法は、法律をもってしても廃絶しえない地方自治制を保障し、中央への権力集中を抑制する構造をとっていること、また、中央と地方の権限分配の仕方いかんによっては連邦制に近い分権構造をとりうる余地もないわけではないことである([7])。第三に、憲法改正について、国会の発議には、各議院の総議員の三分の二以上の多数の賛成を必要とし、しかも、その場合、法律等の議決とちがって、参議院は衆議院と対等の地位に置かれ、また、国民による承認には、国民投票で、その過半数の賛成を要するものとされる硬性度のきわめて高い憲法であること、さらに、司法審査権を制度化することで、多数派意思の貫徹に大きな歯止めをかけていることである([8])。なお、改正公選法で、小選挙区(多数代表)制に重点を置きつつも、比例代表制を加え少数代表の余地を残した並立制が採用されていることも看過しえないであろう([6])。

このように考えると、選挙制度と政党制のあり方いかんによっては、議院内閣制の運用のレベルで「多数派」型を実現することも可能であるが、しかし、日本国憲法そのものの規範構造は、むしろ、「合意」型の理念型に属するものといえよう。混合型とされるアメリカについて、レデュークは「本質的に多数派型の選挙制度と合意型の統治過程」を併せ持つものとする。[50]この表現に倣うならば、日本は、仮に、選挙・政党制度の改革を通じて、上述の次元Ⅰで多数派型を実現しえたとしても、次元Ⅱ、すなわち、憲法の定める統治過程そのものは合意型を要請しているということになろう。

かつて、憲法上の「合意」原理について綿密な分析を試みたショイナーが、「合意は、あらゆる国家形態において、とくに、支配の消極的な受容と承認という役割を果たすものであるが、とりわけ、それは民主的な政治社会に根づいている」とし、大要、次のように論じているのも、上述の理解と軌を一にするものである。

デモクラシーは、すべての市民の同意と参加を基礎とするのであるから、合意は、デモクラシーにとって構成的意味を持つ。それは、市民の間で――転変する政治的諸潮流の彼方に、国家目的の定立と秩序の形成に必要な共通の基盤を造りだし、それによって、その時々の政治的多数派の支配のなかに、他の少数派諸力を組み入れることを可能ならしめる――基本的合意の形成において、重要な役割を果たす。この意味で、合意は、一回限りの行為ではなく、国家的統一に向けられた絶えず更新される継続的要素である。

しかし、合意はまた、まさに、多数決原則を適用する場面で、少数派の保護、共通の法的基礎の尊重、多数派形成の手続保障の役割を果たす。それは、支配的多数派内部における合意の達成を越えて、対立と決定および決定の受容過程に、国家の他の諸力を取り込むものである。この意味で、合意観念の基底には、多数派支配に対する限定が存する。[51]

むすび

レイプハルトは、一方で、同質性の高い社会を前提として多数派型の理念型を構成し、他方で、種々の対立・対抗関係が認められる多元的社会を前提に合意型を構成している。この点で、日本におけるデモクラシーの社会的基盤は、合意型よりも、むしろ、多数派型の条件を具備しているのではないか、という問題がある。

この問題には、日本社会の特質をどう捉えるかという難問が含まれており、にわかには解きえない。ただ、ここで指摘しうることは、日本社会は、もとより、レイプハルトが合意型のモデルとしたスイス・ベルギーのような硬質の多極構造社会ではない。しかし、東西冷戦の終結・五五年体制の崩壊後にあっては、内外に山積する複雑多岐にわたる種々の政治的争点を二者択一的に収斂しうるほど単純な社会でないことは明白である。この複雑性を前提にすれば、「二党制」よりも、むしろ、「穏健な多党制」(サルトーリ)を基礎に、変化する状況に対して柔軟に対応しうる「合意形成」型のデモクラシーを模索する方がより現実的であるといえるのではなかろうか(52)。もちろん、社会のなかで多数・少数の対決図式をつくり出す選挙制度を採用することで、「二党制」を実現し、「多数派支配」型デモクラシーを実現する途を選ぶことも可能ではある。ただ、社会的・政治的価値がきわめて多様化し、しかも、内外ともに目まぐるしく状況が変化するなかで、二つの大政党が明確な対抗軸に基づいて体系的に首尾一貫した択一的な政策を形成すること――それは多数派型の前提要件でもある――は必ずしも容易ではないように思われる。

もとより、いかにして、現代の「行政国家」を民主的に統制するかは重要な課題であり、そのために、議院内閣制を「国民内閣制」として機能させるべきだとする提唱は、大いに傾聴に値するものがある。ただ、行政に対する民主的統制は、国民が選挙という数年に一度の行為を通じて事実上内閣(首相)と結びつくだけで実現しうるほど容易なものではない。立法権・財政統制権・国政調査権等、憲法上、広汎な権能を保持する国会が、世論を背景に、その活動を通じて、行政に対して絶えず厳しい批判・監視をなすのでなければ、とうてい十分に果たしえないであろう。政党とともに、国民と議会・内閣という主要アクター間の適切な役割分担が考えられなくてはならぬであろう。

ともあれ、政党制の再編期にある現在、多数派型・合意型のいずれの途に歩を進めることも可能である。[53] しかし、いずれの途を歩むにしても、議院内閣制の枠組みだけではなく、ひろく実定憲法構造のなかで、どのようにデモクラシーを実現すべきかを考えることが望まれる。

（1） 芦部信喜『国法学講義』（一九五八年度講義筆記録）、東京大学出版会教材部、六―七頁参照。なお、芦部は、実在型ではなく、イェリネクの「経験型」をあげているが、ここではヘラーの用法に従って「実在型」の概念を用いる。経験型については、注（2）参照。

（2） G. Jellinek, *Allgemeine Staatslehre*, 3 Aufl., Verlag Dr. Max Gehlen, Berlin, 1928, S. 34f. イェリネクは、本文であげた理想型に、対象のなかから帰納的にその共通性を平均して得られる経験型（empirischer Typus）を対置し、これを一般国家学の基礎にすべきものとする（ヘラーの「実在型」とは少なからず異なる点に注意）。したがって、理想型は、イェリネクの国家学においては否定せられるべきものであるが、デモクラシーの類型を考察する本章では、三類型の一角を構成するものとして取り扱うことにする。

（3） 尾高朝雄『国家構造論』岩波書店、一九三六年、一五頁。

（4） H. Heller, *Gesammelte Schriften*, Bd. 3, A. W. Sijthoff, Leiden, 1971, S. 161.

（5） 法制局『新聞等に表はれた各政党その他の憲法改正案』部内資料、一九四六年参照。

（6） 芦部信喜他編著『日本国憲法制定資料全集 1』信山社出版、一九九七年、一六七頁以下参照。

（7） 高柳賢三他編著『日本国憲法制定の過程 I原文と翻訳』有斐閣、一九七二年、四三一頁。

（8） 田中英夫『憲法制定過程覚え書』有斐閣、一九七九年、一五三―一五四頁。

（9） 「憲法改正草案に於ける機関相互の関係に付いて」国立国会図書館憲政資料室『入江俊郎関係文書』所収。

(10) 内閣『新憲法の解説』高山書院、一九四六年、四五―四六頁。総司令部民政局もまた、同様の理解を示していたことにつき、連合国最高司令部民政局「日本の新憲法」『国家学会雑誌』六五巻一号、一九五一年、六五頁参照。
(11) 宮沢俊義『憲法大意』有斐閣、一九四九年、一一頁以下、三三三頁以下参照。
(12) 宮沢俊義「内閣と国会」憲法普及会編『新憲法講話』政界通信社、一九四七年、二四九頁以下、同『憲法大意』有斐閣、一九四九年、三三三頁以下。なお、高見「イギリス型議院内閣制の「慣行」から「成文化」へ」『法学教室』二〇一号、一九九七年、四五頁(『宮沢俊義の憲法学史的研究』有斐閣、二〇〇〇年、二四一頁)参照。
(13) 宮沢・前出注(11)、『憲法大意』三三六頁。なお、宮沢俊義『新憲法と国会』国立書院、一九四八年、二〇二頁参照。
(14) 宮沢俊義「解散の法理」『憲法と政治制度』岩波書店、一九六八年、八三頁参照。
(15) 佐藤達夫「解散権論議の回想」『ジュリスト』二二七号、一九六一年、一四―一五頁。
(16) 宮沢俊義「議院内閣制のイギリス型とフランス型」『憲法と政治制度』岩波書店、一九六八年、五七頁以下参照。
(17) 小嶋和司「憲法の規定する政治機構」『憲法と政治機構』木鐸社、一九八八年、三六一頁。
(18) 解散権論争後、議院内閣制について、その本質は、内閣の議会に対する「責任」にあるのか、それとも、議会と内閣の「均衡」にあるのかが学説上争われることになる。前者の責任本質説の場合、議会と政府が一応分立していること、政府が議会に対して連帯責任を負うことの二点が議院内閣制の要件とされる。後者の均衡本質説の場合、右の二つの要件に加えて、さらに、内閣が自由な議会解散権を保持していることがその要件とされる。
(19) 中曾根康弘「首相公選論の提唱」吉村正編『首相公選論』弘文堂、一九六二年、七頁以下。
(20) 高野岩三郎「改正憲法私案要綱」法制局『新聞等に表はれた各政党その他の憲法改正案』一九四六年、三六頁。
(21) 東京大学憲法研究会「憲法改正の諸問題」『法学協会雑誌』六七巻一号、一九四九年、五六頁以下(田中二郎執筆)。
(22) 鵜飼信成「「首相公選論」の擁護」前出注(19)、一九九頁以下。
(23) 辻清明「「首相公選論」批判」前出注(19)、一一一頁以下、憲法調査会事務局『憲法調査会報告書の概要』日本評論社、一九六四年、一一一頁等参照。
(24) **M. Duverger, *La IVᵉ République et le Régime présidentiel*, A. Fayard**, 1961. 本書は、宮沢俊義「フランスにおける大統領制の効用」(初出『立教法学』五号、一九六三年、『憲法と政治制度』岩波書店、一九六八年所収)で要約紹介された。以下、デュヴェルジェの論旨は宮沢論文による。

(25) 宮沢・前出注(24)二三四―二四三頁。
(26) 芦部信喜「首相公選論」『憲法と議会政』東京大学出版会、一九七一年、三六一頁。
(27) 高橋和之『国民内閣制の理念と運用』有斐閣、一九九四年、一七頁以下。
(28) A. Lijphart, *Democracies—Patterns of Majoritarian and Consensus Government in Twenty-One Countries*, Yale U. P., 1984. 一九四五年から八〇年までの期間が分析対象とされたため、フランスについては、第四共和制および第五共和制の二つが取り上げられている。なお、レイプハルトは、一九九九年、分析対象を三六カ国に拡大した本書の新版に当たる *Patterns of Democracy—Government Forms and Peformance in Thirty-Six Countries*, Yale U.P. を公刊している。この新版については、補論Iを見よ。
(29) Lijphart, *supra* note 28 at 1-9.
(30) なお、レファレンダムについて、レイプハルトは、それが多数派型・合意型のいずれのタイプにおいても実施しうる制度であることから、本文で述べた構成要素の枠外とする。すなわち、多数派型にとって、レファレンダムは、一般に、議会多数派の優位を脅かすものではあるが(2)⑧参照)、しかし、議会多数派に抗して、選挙民多数派の意思を現実化する手段でもある。また、この選挙民多数派の意思を貫徹するレファレンダムの制度は、一般に、合意型モデルと相容れないものと解されるが、しかし、それが、たとえば、イニシアティヴの制度と結合して実施されるような場合には、議会多数派の意思に抗して、社会的少数派の意思を実現する道具ともなりうる。このように制度の機能が一様でないことから型を決める要素とはなりえないものとされるのである。Lijphart, *supra* note 28 at 197ff.
(31) Lijphart, *supra* note 28 at 32-36.
(32) A. Lijphart, "Democratic Political System—Types, Cases, Causes, and Consequences", in: *Journal of Theoretical Politics*, vol. 1, 1989, p. 33f.
(33) Lijphart, *supra* note 32 at 35. なお、レイプハルトは、八四年の *Democracies* のなかで、二つの基本類型を構成する諸要素の数値化を試みており、図2はそこで得られた数値を基にしている。その数値については、*cf.* Lijphart, *supra* note 28 at 211-220.
(34) 篠原一『連合時代の政治理論』現代の理論社、一九七七年、二七頁。なお、岡沢憲芙『連合政治とは何か』日本放送出版協会、一九九七年、一二〇頁以下参照。

(35) Lijphart, *supra* note 28 at 61.

(36) Lijphart, *supra* note 28 at 83. 内閣の長短は政権安定度の一つの目安とはなりうるにしても、それだけで、内閣の議会に対する優越性の指標となりうるかは疑問である。*cf.* G. Sartori, "Neither Presidentialism nor Parliamentarism", in: J. J. Linz & A. Valenzuela (ed.), *The Failure of Presidential Democracy—Comparative Perspective*, vol. 1, The Johns Hopkins U. P., 1994, p. 112.

(37) 的場敏博『戦後の政党システム』有斐閣、一九九〇年、七四頁以下。

(38) Lijphart, *supra* note 28 at 120-121. なお、その算定方式は、

$$\frac{1}{\sum_{i=1}^{n} P_i^2}$$

である。

詳しくは、see M. Laakso & R. Taagepera, "The 'Effective' Number of Parties", in: *Comparative Political Studies*, vol. 12, no. 1, 1979 p. 3f.

(39) Lijphart, *supra* note 28 at 122. なお、A. Stepan & C. Skach, "Presidentialism and Parliamentarism in Comparative Perspective", in: J. J. Linz & A. Valenzuela (ed.), *The Failure of Presidential Democracy—Comparative Perspective*, vol. 1, The Johns Hopkins U. P., 1994, p. 122, Table 4.1は、一九七九―八九年の期間について、注(38)の数式を用い、イギリスの有効政党数を二・一、ニュージーランド二・〇、スイス五・四、ベルギー七・〇、アメリカ一・九、日本二・九と算定している。

(40) Lijphart, *supra* note 28 at 130.

(41) Lijphart, *supra* note 28 at 160. しかし、類型的位置づけに際して、そこまで数値にこだわる必要があるのか、疑問である。

(42) Lijphart, *supra* note 28 at 178. なお、ベルギーは九〇年代になって、連邦制に移行しているので、その数値には注意を要する。

(43) Lijphart, *supra* note 28 at 90ff. なお、本書第4章参照。

(44) Lijphart, *supra* note 32 at 37.

(45) Lijphart, *supra* note 32 at 37. マウロ・カペレッティは、スイスにおける通常裁判所の一般的審査権(general right of review, richterliches Prüfungsrecht)がアメリカ型の付随審査制と一定の類似性を持つとしたうえで、ただ、スイスの場合には、

「連邦法は州法を破る」との原則のもとに、その審査は、州の法律が連邦憲法に違反するか否かに限定され、連邦法の合憲性審査には及ばないとする。M. Cappeletti, *The Judicial Process in Comparative Perspective*, Clarendon Press, 1989, pp. 133-134. レイプハルトが、スイスに司法審査制が欠けているとしたのは、裁判所の審査権が連邦法に及ばないこと、つまり、連邦議会多数派に対する歯止めとはなっていないことを念頭に置いたことによるものであろう。なお、スイスの審査制について、小林武『現代スイス憲法』法律文化社、一九八九年、二〇二頁以下参照。

(46) Lijphart, *supra* note 28 at 193. なお、ここでは、大陸型の憲法裁判所やフランスの事前審査型の憲法院も、「司法審査制」に分類されている。

(47) Lijphart, *supra* note 32 at 41.

(48) Lijphart, *supra* note 32 at 42.

(49) L. LeDuc, "Election and Democratic Governance", in: L. LeDuc et al. (ed.), *Comparing Democracie—Election and Voting in Global Perspective*, SAGE Publications, 1996, p. 347, Figure 14.1 もまた、九〇年代の選挙結果を基礎に、日本を合意型に分類している。

(50) LeDuc, *supra* note 49 at 346.

(51) U. Scheuner, "Konsens und Pluralismus als verfassungsrechtliches Problem", in: *Staatstheorie und Staatsrecht*, Duncker & Humblot, 1978, S. 169. なお、合意原理と多数決原則および憲法の関係について、vgl., H. Hattenhauer & W. Kaltefleiter (hrsg.), *Mehrheitsprinzip, Konsens und Verfassung*, C. F. Müller, 1986.

(52) 岡沢・前出注(34)二四六頁は、「多様な利益を強引に二つの鋳型に嵌め込んでしまう二大政党制よりも、多彩な利益を自由に議会過程に噴出させて、動態的な安定をめざすほうが、価値観の多様化・流動化の時代には望ましいし、市民の政治的関心を引き付けることもできよう」とする。

(53) 本書第2章参照。

2　岐路に立つデモクラシー

「政府といふものは制度の上に立つてゐるのではなく、結局それは人心の上に立つてゐる極めてデリケートなものなのである」（蠟山政道「政黨政治の過去・現在及將來」中央公論別冊『議會政治讀本』一九三四年、二〇一頁）

はじめに

冷戦終結に伴うイデオロギー対立の消滅は、いわゆる「五五年体制」をささえてきた政党政治の枠組みに亀裂をうみだし、頻発する政治腐敗に対する国民の政治不信と相俟って、三八年間つづいた自民党一党優位体制の崩壊に導いた。その後、日本の政治は一挙に流動化し、細川・羽田・村山・橋本と二年あまりの間に四つの連立内閣が相ついで組織される異常な状況となっている。こうした状況は、新しく導入される小選挙区比例代表並立制の下で何度か選挙を重ね、その結果に基づいて政党が離散・集合を繰り返し、再編されることで新たな政党政治の枠組みが構築されることによってしか、本来的には解消しえないものと思われる。

ところが、総選挙の足音が高まるとともに、新制度の下で、自民・新進両党の間に埋没してしまうことをおそれる社民・さきがけの中から小選挙区制の見直し論が浮上してきた。また、自民・新進の中にも、これに共鳴する考えをもつ議員が少なからず存在し、「本音をたたけば、与野党の七、八割は新制度を好ましいとは考えていない」とも喧伝されている。(1)このことは、国会における選挙制度の改革をめぐる論議がいかにずさんなものであったかを露呈するものであるが、しかし、いったん導入した制度を一度も実施せずに変えてしまうことは、あまりにも御都合主義的であり、朝令暮改の謗りを免れず、実際には困難であろう。そこで、本章では、新制度が実施に移されることで、どのような政党システムが新たに構築されうるのか、それが日本国憲法で定められた議会政(Parliamentary Government)をどのような方向へ導こうとしているのか、について若干の検討を試みることにする。

一 「二大政党制」vs.「穏健な多党制」

新たな選挙制度の採用によって、これからのわが国の政治のあり方が大きく変わろうとしている。それは、新制度の下で新たに形成される政党システムが、「二大政党制」となるのか、それとも「穏健な多党制」となるのか、という形で選挙法改正を審議した国会の場でも議論されてきた周知の問題である。そして、小選挙区の区割りを定めた第一三一回国会(一九九四年九月三〇日―一二月九日)における政府・与党側の答弁だけとってみても、この問題に対する回答には径庭がみとめられる。すなわち、一方の極に、小選挙区制の採用によって二大政党化は避けられないとする次のような論があった。(2)

小選挙区制というのは、……選挙民にとって判断の基準が明確に示される、また政治の側も政党として責任を負う基本政策を明示する、そして同時に、総選挙において審判を受けた結果として多数党を得たものが四年間にわたり政治の責任を基本政策に基づいて果たしていく、こういうことになる仕組みであります。そういたしますと、結果的に二大政党に収れんされていくことだけは間違いなかろう、こう思います。〔もっとも、二〇〇議席(二〇〇〇年の公職選挙法改正により現行一八〇議席）の比例代表制が加味されたことで、二大政党に吸収されない社会の多様な価値を国会に反映するグループが形成され、国会内で二大政党が激突したときには、その緩和剤として働くことが期待される。しかし）結論的に言えば、二つ〔二大政党化〕の潮流はよけて通れない大きな流れになることは間違いなかろう。

また、他方の極には、「穏健な多党制」の方向に進むべきだとする次のような論があった(3)。

> 私は、これだけ国民の価値観が多様化しているときに、政党が上から二つの枠組みを決めて、これしか選択の幅はないんだ、どっちを選びますかと、こういう問い方はある意味では今の価値観の多様化した時代におけることを考えた場合には民主主義の原則に反するのではないか。そうではなくて、やっぱりいろんな考え方を持っている方々、それが政党を通じて政治に反映されていくというのが民主主義の前提として大事なことだというふうに思っております。……
>
> これ〔から〕は連立政権の時代に入っていくというふうに思いますから、いろんな意見が政党を通じて反映される、その反映される役割を持った政党はお互いに合意できる政策を中心にして連立政権を組んで、そして多様な国民の意見がその政党を通じて政治に反映されていくと。こういう仕組みというものを連立政権は持っていると私は思いますから、その連立政権のよさが十分に政治に生かされていくというようなことになれば、何もあえて二つの政党に収れんする必要はないのではないか、むしろ穏健な多党制の方が国民のニードにこたえ得る民主主義の制度としてあり得る正しい姿ではないか、私はそう思うんです。

そこでは、これから日本が歩むべき政治の方途、すなわち、二大政党制を実現し、強力な単独過半数政権の確立をめざす方向に進むべきか、穏健な多党制を実現し、安定した連立政権の運営に習熟する方向に進むべきかが問われている。前者は、多数派の意向に従って決定が行われる「多数派型デモクラシー」の途であり、後者は、広汎な合意の形成をめざし、少数派にも統治に参加する機会を与える「合意型デモクラシー」の途である。現在、日本のデモクラシーは、どちらの途を歩むかの岐路に立っているといえよう。

二 「多党制」と政治的安定性

ところで、多党制のもとでは、構造的に政治が不安定となることを免れえず、したがって、「二大政党制」による「多数派型デモクラシー」の途に対抗する選択肢として、「穏健な多党制」による「合意型デモクラシー」の途など、そもそも描きえないのではないか、という疑問が生じうる。もとより、デモクラシーのあり方は、その国をとりまく環境や政治文化、社会・経済構造や歴史といった諸要因によって規定され、とりわけ、それは、憲法の定める統治組織、法律等で具体化された選挙制度のもとで、現実に形成される政党システムによって大きく規定されることは言うまでもない。政党論の権威者たるデュヴェルジェは、政党の数に着目し、一党制、二党制、多党制の三つに区分して、現代の統治体制を分類したが、(4)ベルリンの壁が崩壊した後では、共産党による一党独裁を指す一党制は、実際上、民主的統治体制の問題とはなりえない。したがって、ここでは、政党システムを二大政党制と多党制とに大別した上で、「穏健な」多党制による合意型デモクラシーの方途に関する政党論の展開を、ごく簡単に跡づけておくことにする。

現在、政党システムについて、様々な角度から多様な分類がなされているが、(5)ここで、「二大政党制」とは、同一規模の二つの大政党が国会議員や大統領等の公職を競い合うシステムであり、多数の選挙民による支持をえて政権を獲得する機会がいずれの大政党についても等しく開かれているものである。イギリスとアメリカがその典型例として挙げられる。これに対して、「多党制」とは、二党を超える数の政党が相互に競い合うシステムであり、そこでは、通常、複数の政党が連立を組み、内閣を組織する。イタリアがその典型例である。もっとも、このシステムにおいても、競争する諸政党のうちの一党が、ときとして単独で政権を維持するに十分な支持を選挙民から獲得して一党単独の内閣を組織し、他の諸党派による連立内閣との間で政権交代がなされることもありうる。ノルウェー、スウェーデン、アイルランドなどがその例である。(6)

上述の二つのシステムのうち、従来、二大政党制には次の三つのメリットがあるとされてきた。それは、第一に、いずれの政党が内閣ないし政府を組織すべきかについて、選挙民が明確な選択をなし、彼らに責任を負わせうるシステムであること。第二に、政権交代を促し、一党が長期にわたって政権を独占することを阻止しうる公正なシステムであること。第三に、そこでは、二大政党のいずれも、両者の支持基盤層の中間に位置する選挙民の獲得を競うことから、極端な政策が切り捨てられ、政策の中庸化が促進されること。(7)

他方で、多党制は、こうしたメリットを有するものでないとされてきた。すなわち、第一に、選挙民は、どの政党または誰が内閣を組織すべきかについて、直接、選択権を保持するわけではなく、むしろ、その決定は、選挙後の議会における諸政党間の——しばしば難航する——交渉過程の中から生ずること。第二に、政権交代が必然的に促されるわけではなく、そこでは、連立の基軸となる小政党が内閣の形成・維持に際して重要な地位を占め、しかも、そうした政党が議員数に全く相応しない多大の影響力を享受しうること。第三に、諸政党間の勢力の僅差が、かえって激しいイデオロギー競争を促し、政策的に中庸を求める競争が阻害されること。要するに、多党制は総じて連立内閣を伴うがゆえに、政治的安定性を欠くシステムであること。(8)

このように、二大政党制を政治的安定、多党制を政治的不安定と単純に結びつける伝統的な理解は、しかしながら、政治的に安定し、穏健な政策が実施されている北欧諸国やスイス等における多党制・連立政権の存在によって不十分であることが経験上明らかとなり、単に政党数のみを基準とするものでない政党システムないしデモクラシーの分類が試みられることとなる。たとえば、レイプハルトは、政治文化の特質と安定度を基準に、①イタリアや第三・第四共和制フランスおよびワイマール・ドイツのように、分断された政治文化のもとで、多数の政党が非協調的に競争し、政治的に不安定な「遠心型デモクラシー」、②同様の分断された政治文化のもとで、しかしながら、オーストリアやベルギー・オランダおよびスイスのように、政党間の協調によって政治的安定性を保持する「多極共存型デモクラシー」、③イギリスや北欧諸国および戦後の(旧西)ドイツなどのように、同質の政治文化のもとで、二大政党ないし多数の政党が協調し、単独政権または連立政権を組織することで高度の政治的安定を保持している「求心型デモクラシー」の三つに区分する。[9] また、サルトーリは、政党間のイデオロギー的な遠近と相互に競い合う政党の数に着目して、従来の多党制を「分極多党制」と「穏健多党制」に区分する。[10] これは、レイプハルトの①の型と②(および③)の型にそれぞれ対応するものであるが、前者は、イデオロギー的に鋭く対立する六つ以上の政党が競争する不安定な政治システムであり、後者はイデオロギー的にさしたる懸隔のない三つないし五つの政党が競争する安定した政治システムである。レイプハルトにしろサルトーリにしろ、多党制が常に不安的な政治状況をもたらすものではなく、政治文化の性格や政党の配置状況の如何によっては、多党制のもとでも安定した政治が招来せられうることを類型的に示している点に留意すべきである。

多数政党間の協調・合意のうえに成り立つものとされる「穏健な多党制」による「合意型デモクラシー」への方途の主張(一参照)は、上述の理論展開を踏まえたものであるといえよう。

三 「国民」―内閣制 vs.「議院」―内閣制

このように、多党制には、類型的に、遠心ないし分極傾向を示す型と求心もしくは多極共存または穏健傾向を示す型とがありうることから、一般に、多党制に比して、二大政党制の方が政治的にヨリ安定したシステムであるとすることはできない。しかし、「安定」のほかにも、「責任」と「公正」が、多党制に対する二大政党制優位の論拠とされてきた。すなわち、議会政のもとでの二大政党制は、選挙民が、政権党の実績に対する評価を踏まえて、再度、当該政党に政権を委ねるか、または、野党に政権を託すかを、選挙によって直接、決しうるシステムであることから、――国会における政党間の「談合」によって連立政権の枠組みが決まる多党制に比して――国民に直接「責任」を負う政治、国民の多数派意思の変動が政権交代に直結する「公正」な政治を実現しうるものとされる(二参照)。ここでは、「穏健な」多党制と比較して、二大政党制が「責任」「公正」という点でその優位性を主張しうるものか否かを考えてみよう。

高橋和之の「国民内閣制」論は、小選挙区制を基盤に、政党状況を二極化し、プラグマティックな性格の二大政党制化をはかることで、選挙を通じて国民多数派が事実上直接に内閣(その首長としての首相)を選出する「国民」‐内閣制として、憲法の定める議会政を機能させ、それによって内閣が直接、国民に責任を負う政治を実現し、国会における――政権交代可能な――強い野党の監視の下での強力な内閣の政策遂行の実現が可能となるとするものである[11]。これは、五五年体制後の政党再編を通じて、わが国も、「イギリスをモデルとした「議院内閣制－小選挙区制－二大政党制」の三位一体構造[12]」による「多数派型デモクラシー」の理念の実現をめざすべきだとするものである。それは、現代の行政国家的現実に対抗しうる憲法のデモクラシーを実現する方途として傾聴に値するものである。

問題は、「穏健な」多党制の下でも、国民に対して責任を負いうる公正な政治を実現することができないかどうかである。もし、それができるとすれば、多様な民意を選挙制度の改変によって無理やり二極化することなく、その多様な存在をまず国会の構成にほぼ忠実に反映させたうえで、国会の場における政党間の合意形成を通して内閣を組織し、議会政を再生する方途も選択肢となりうるであろう。芦部信喜は、「現在の政治状況のもとで小選挙区比例代表並立制という制度によって政界の再編成を強いることが、はたして議会政を再生させる切り札と言えるのかどうか疑わしく」「とくに最近の各党の動きには、小選挙区制の採用によって二党制の方向に政界が再編されてゆく場合、国民意思のかなりの部分が切り捨てられる可能性が大きい」として、「国民」－内閣制の方途に対して疑問を投じ、次のように述べる(13)。

選挙に期待される最も重要な機能は国民を統合し次期政権を担当する政府を形成することではなく、国民意思を公正に国会に反映させることだと考え、国民意思の統合は政党間の妥協に委ねるべきだとし、価値観の多元化している現代国家では比例代表に重点をおく制度が望ましいとする見解には、批判も少なくないが、改めてその意義を見直し、選挙の機能と議会政との関連について広く日本および諸国の実態分析を踏まえた原理からの検討を試みることが、今後も強くもとめられているように思われてならない。

慎重な口ぶりであるが、そこでは、比例代表に重点を置く選挙制度の導入→穏健な多党制の形成→国会における政党間の協議→内閣の組織という段階的な道筋、――「国民」－内閣制とは対照的な――国会、とくに衆議院を中心とする「議院」－内閣制の方途が示されていると言えよう。

では、「国民」－内閣制の方が、「議院」－内閣制に比較して、国民に対してヨリ「責任」を負いうるシステムと言えるであろうか。たしかに、選挙における国民の政党ないし党首の選択が国会における首相の指名、内閣の構成に直結する点で、「国民」－内閣制は、国民に対して責任が求められるシステムである。しかしながら、レイプハルトが指摘するように、「ヨリ多くの責任(greater accountability)が市民に対するヨリ多くの応答(greater responsiveness)に直接、転換するわけではない。多党制のもとでの連立内閣が一党多数派内閣に比して応答において劣るとする何らの証拠もない。それどころか、左右いずれか一方の勢力を代表する一党が組織する内閣と比較して、連立内閣の方が、通常、政治的スペクトルの中央にヨリ近く位置し、それゆえ、その政策的見地は一般市民にヨリ近いものである」と言うこともできる(14)。これは、二大政党制に比して、多党制は、一律に、政党間に非協調的・遠心的な力が働き、政治が先鋭化・不安定化するものとみるべきではなく、多極共存的もしくは求心的な力が働き、穏健化・安定化する型もありうるとの理解を前提とするものである。このような型のデモクラシーの存在も一概に無視しえないとすれば、「国民」‐内閣制の方が「議院」‐内閣制よりも国民に対してヨリ多く「責任」を負いうるシステムであるとは必ずしも言えないであろう。

また、二大政党による「国民」‐内閣制の方が、多党化状況を基礎とする「議院」‐内閣制よりも「公正」なシステムだと言えるであろうか。これは「公正」の意味・理解ともかかわる難問であり、ここでは、この問題に深く立ち入るだけの余裕はない。ただ、二大政党制の方が多党制にまさるとする上述の伝統的理解のもとでは、①二大政党制によって政権交替が促され、一党長期支配が避けられること、②多党制においては連立の要となる小政党が当該政党を支える民意以上の力を有することの二点が、両システムの「公正さ」を分かつものとされる(二参照)。そこでは、民意の変化ないし政党を支える民意の力が政権または国政に直接あるいは応分に反映する度合いが「公正さ」の指標とされている。つまり、多数派にせよ、少数派にせよ、その勢力に応じた国民の意思が政権ないし国政の基盤となるのが「公正」なシステムだというのである。

たしかに、多党制下の連立内閣では、左右諸党派の中間に位置する政党が政策協定の核(core)となり、「ポリシー・ディクテーター」として過分の政治力を保持しうることからして、[15]それが上述の意味での「公正」なシステムであるとは言えない。しかしながら、小選挙区制によって二大政党制化を実現し、選挙区において少数派を切り捨てるとともに、いわゆる三乗比の法則により、民意の微妙な変化を議席に誇張して反映させ、政権交代をもたらすシステムの方がヨリ「公正」であるとも言えないであろう。とすれば、上述の「公正さ」という基準で、いずれのシステムが優位かを速断することはできないと言えよう。

「国民」‐内閣制による多数派型デモクラシーの途を歩むべきか、それとも、「議院」‐内閣制による合意型デモクラシーの途を歩むべきかは、憲法の枠組みからはもとより、理論的にも一義的に決しうる問題ではなく、レイプハルトの誇張的表現を借りるならば、いずれの途をよしとするかは、基本的には「個人の規範的な好み」ないし「個人的な趣味」の問題であり、おそらくは、たぶんに「文化的背景」の問題であると言えるのではなかろうか。[16]

四　首相の統率力と官僚統制の条件

もっとも、高橋によれば、「国民」-内閣制論の最大の課題は、選挙制度・政党制の改革や解散制度の利用等を通じて、「国民が首相を直接的に選出しうるような制度運用」を実現することにある。[17] それによって、日本における「民主政の深化」がはかられるとするのであるが、その際、「議院」-内閣制について、それは「国民は選挙により政策についてのイデオロギー的な好みを表明するにすぎず、現実に実行可能な政策体系の形成と首相の選出を代表者に委ねてしまう」システムであるとの評価が加えられている。[18] たしかに、前者は国民の多数意思を代弁する首相が強い統率力を発揮し、国政をリードする型のデモクラシーをその理念とし、後者が国民の多様な意思を代弁するものとして国会に現れた諸政党間の協議によって国政を運営する型のデモクラシーを理念とするものであることから、両者の特性を踏まえて、上述のような対比も描きえないわけではない。しかし、議会政が前者のように機能するためには、現在解決を迫られている経済・社会・教育・宗教・外交等のすべての政策が二元的な対立関係にあること、しかも、二大政党が対立する一方の政策のみを首尾一貫して保持していることが、選挙の際、国民が政党の政策(もしくは、それを体現する党首)を選択しうる必要条件となる。果たして、このような条件が現在の日本において存在しうるであろうか。また、後者のシステムについても、上述のような消極的評価ではなく、ヨーロッパ諸国における連立政権の実証研究をもとに、政権に参加する政党が選挙の際に示した政策と連立政府の財政支出との間に高い相関関係のあることが明らかにされ、その関連性から、「政党は選挙綱領を選挙民によって支持された公約として真剣に受けとめているか、または、少なくとも、政党は、一旦政権に参加した以上は、選挙で示した政策的立場を戦略的に保持しているかのいずれかである」ことが示されるとの評価も存在する。(19) このように考えると、前者の途のみが、「日本の民主政の深化」につながると解する必要もないのではなかろうか。

なお、「国民」‐内閣制について、岡田信弘は、このシステムのもとでは「民意に直接的に基礎を置いた内閣が官僚に対抗して重要な政策決定を行い、そして決定した政策(体系)がもし間違っていたり、また民意からズレてしまったような場合には国民に対して責任をとる」ことが可能となり、「官僚政治」と政策形成における「無責任の体系」の弊害を克服しうるとし、したがって、その理念は「わが国で少なくとも一度はその実現が追求されるべき意義を有している」とする。すでに指摘したように、「議院」‐内閣制、すなわち多党制を前提に国会における政党間の政策協定に基づいて形成される連立政権のシステムが必ずしも不安定で無責任な政治となるわけではないので(二・三参照)、ここでは、「国民」‐内閣制が「議院」‐内閣制よりも官僚統制の点でヨリ有効なシステムと言えるかどうかについて、一言しておくことにする。

「国民」‐内閣制の論理は、選挙民の多数派を獲得し、その信任をえた党首が首相として内閣を組織し、選挙で示した公約を実現すべく、官僚を統制・指導するというものである。これに対して、「議院」‐内閣制の論理は、選挙民の多様な政治意思を政党を通じてまずは国会(とくに衆議院)の場に反映し、各党の政策綱領を中心に内閣として実現すべき政策協議を行い、その結果、原則として多数派を形成しえた諸党派が連立政権を組織し、官僚組織を動員してその政策を実施してゆくというものである。システム自体の論理からすると、たしかに、前者の方が、後者のように国会における多数派工作を媒介にしない分、国民の多数意思をストレートに国政に反映し、ヨリ民主的であるかのようにみえる。しかし、選挙の際に国民の多数が選択した一回限りの公約が、選挙後における民意の動向や政治状況の変化を見極めながら政党間でまとめた政策協定よりも、ヨリ強く民意を反映し、行政官僚に対してヨリ強い規範的拘束力を有するとは必ずしも言えないのではなかろうか。「国民」－内閣制と「議院」－内閣制のいずれのシステムをとるにせよ、内閣がその政策をどれだけ実現しうるかは、政党政治家たる首相ないし大臣が行政官僚機構をいかに統制し、指導しうるかにかかっているのではないか。それは、基本的には、ステーツマンとしての彼らの信望・資質と力量に依存するものと言えよう。官僚は、おおよそ、大臣を「よそ者とみて彼に敵対するか、または、いずれにしろ、不信の目で迎え、それゆえ、彼の政策ではなく彼ら固有のそれを貫徹しようと努める」[20]ものであることからして、そのシステムの如何にかかわらず、どのように官僚を説き伏せ、大臣の政策課題を実現させるかが問題とならざるをえないからである。

むすび

現行の小選挙区比例代表並立制のもとで、衆議院議員の総選挙が施行され、そうした選挙が将来、繰り返し実施されるならば、定数二〇〇(現行一八〇)の比例選挙区が全国一区ではなく、一一ブロックに細分化されているため、比例代表的機能が減殺され、定数三〇〇の小選挙区制の機能が全面に現れるであろうことから、二大政党化への傾斜が強まり、憲法の議会政は、「国民」－内閣制に向かうことが予測される。それは、小選挙区を基礎単位とする多数派と少数派の対決による多数派型デモクラシーへの途である。もとより、政党の再編の成り行き、とくに、いわゆる「第三の極」の成否如何によっては、この制度のもとでも、穏健な多党化状況が現出し、「議院」－内閣制に向かう可能性もまったくないわけではない。それは、国会における協議・協調による多数派形成に基づく合意型デモクラシーへの途である。しかし、新制度を前提とする限り、後者の途を歩む確率はきわめて低く、制度の論理とその機能からすれば、長期的には、おそらく、前者の途を歩むことになろう。

衆議院の解散・総選挙の足音が近づくにつれ、その選択で果たしてよかったのかどうかが、改めて問われつつある。二つのデモクラシーがいずれも長短あわせもつものである以上、レイプハルトの指摘するように、どの途が望ましいかは、「個人的な趣味」ないし「文化的背景」の問題だと言えるかもしれない。しかし、いま、われわれに問われているのは、五五年体制が崩壊した現在、二一世紀に向けて、憲法の議会政の下で、実際に、どのようなデモクラシーを実現してゆくべきか、選挙制度等の改革を通じて、対決型と協調型のいずれのデモクラシーを実現してゆくかということである。とすれば、その一方の途に歩を進める前に、それがわが国の政治文化にかなうものであるのかどうか、それが「人心」のうえに立つものであるかどうか、いま一度、真剣に考えてみる必要があるのではなかろうか。(21)

(1)　村上栄忠「疑問なら新選挙制再考を」(『朝日新聞』一九九六年一月二三日)。見直し推進論者は「小選挙区による選挙は死に票が多く少数意見が封殺されかねない」といったことを根拠に、「総定数四百五十－四百七十程、一選挙区二－三の定数とする中選挙区制の導入を軸」とするものを考えているようである(『日本経済新聞』一九九六年二月一八日)。なお、村山富市元首相も、「小選挙区になれば二つの大きな政党に収れんされる。国民の価値観が多様になっている時に二つの選択肢しかないのは不幸だ。多様な価値観が国政に反映できる仕組みが必要ではないか」と語り、間接的ながらも新制度の見直しの必要性を指摘している(『毎日新聞』一九九六年二月二五日)。小選挙区制の導入にそもそも問題があったと指摘するものとして、多田実「小選挙区制――改むるに憚ることなかれ」『世界』六二一号、一九九六年参照。

(2)　三塚博衆議院議員「第一三一回国会・参議院政治改革に関する特別委員会会議録」第三号三頁、一九九四年一一月一四日。

(3)　村山富市国務大臣、前出注(2)第五号一一頁。もっとも、「穏健な多党制」について、それは「願望」に過ぎず、小選挙区比例代表並立制の下では、「現実、客観的な動きは次第に二つ(二大政党)に収れんされていく」ことになるのではないか、との疑義も(旧)社会党議員から表明されている。小森龍邦委員「第一三一回国会・衆議院政治改革に関する調査特別委員会会議録」第六号一二頁、一九九四年一一月二日。

(4)　M. Duverger, *Les Partis Politiques*, Armand Colin, 1951, p. 431.

(5)　的場敏博『戦後の政党システム』有斐閣、一九九〇年、小平修『政党制の比較政治学』ミネルヴァ書房、一九九一年等参照。

(6) P. Mair, "Types of Party System", in: V. Bogdanor (ed.), *The Blackwell Encyclopaedia of Political Institutions*, Blackwell, 1987, p. 420.

(7) もっとも、厳格な権力分立制を採用する合衆国憲法のような場合、国民の政治選択いかんによっては、二大政党の各々が連邦議会の少なくとも一院の多数派と大統領職を別々に保持し、互いに譲らない「分割政府」(divided government)が現出することにもなる。分割政府について、武田興欣「分割政府論をめぐって」『思想』八二二号、一九九二年参照。

(8) Mair, *supra* note 6 at 421.

(9) A. Lijphart, "Typologies of Democratic Systems", *Comparative Political Studies*, no. 1, 1968, p. 30f. レイプハルトは、その後、デモクラシーを、「ウェストミンスター・モデル」(イギリス・ニュージーランド)と「コンセンサス・モデル」(スイス・ベルギー)の二つの型に整理し、この理念型のもとに、日本を含む欧米諸国の統治形態の分類を試みている。*cf.* A. Lijphart, *Democracies*, Yale U. P., 1984. 第1章二参照。

(10) G・サルトーリ、岡沢憲芙他訳『現代政党学Ⅰ』早稲田大学出版部、一九八〇年、二〇七頁以下参照。

(11) 高橋和之『国民内閣制の理念と運用』有斐閣、一九九四年、一七頁以下。

(12) 高橋・前出注(11)三七頁。

(13) 芦部信喜「日本の議会政と選挙の機能」『憲法叢説1 憲法と憲法学』信山社出版、一九九四年、二五七頁。

(14) A. Lijphart, *Electoral Systems and Party Systems*, Oxford U. P., 1995, p. 144. もっとも、そこでの連立工作が、首相や大臣のポスト欲しさに、政党の基本政策を足蹴にするようなものであってはならず、政党が国民に提示した政策を基礎とするものでなくてはならないことは言うまでもない。ヨーロッパ諸国における連立政権の基盤が、政党の〈Policy Blind〉なものから〈Policy-Based〉なものへと変化していることの実証研究として、see M. J. Laver & I. Budge (ed.), *Party Policy and Government Coalitions*, St. Martin's Press, 1992.

(15) Laver & Budge, *supra* note 14 at 3. ただ、政策協議においては、各党の政策綱領が基礎とされ、調整・妥協がはかられるので、核となった政党の政策が過分に実現されるというわけでは必ずしもない。連立政府の政策綱領は、一般に、それに参加した政党の顔ぶれから読みとりうるものとされる(at 409f.)。

(16) Lijphart, *supra* note 14 at 144.

(17)　高橋・前出注(11)四三頁。

(18)　高橋・前出注(11)三一頁。

(19)　Laver & Budge, *supra* note 14 at 410.

(20)　R. Herzog, *Allgemeine Staatslehre*, Athenaum, 1971, S. 262.

(21)　対決型の途を歩む場合でも、現代社会の価値の多様性、多党化状況を前提にすれば、小選挙区制選挙について、その当選要件を有効投票の過半数とし、過半数に達しないときには、決選投票を行うことで候補者間の調整を促進し、二大ブロックの形成をうながすフランス型の二回投票制を採用する方法もありえよう。また、協調型の途に進む場合でも、政治家の人柄、指導者の人格が現代政治においてもつ意味を考えるならば、比例代表制一本の選挙制度よりも、比例代表に人格的要素を加味したドイツ型の小選挙区比例代表併用制の方が望ましいように思われる。

3 「国民内閣制」論の諸前提

はじめに

「国民内閣制」論とは、選挙制度改革が論議されていた一九九〇年代初頭、高橋和之により、日本国憲法の下における「議院内閣制」のあるべき姿ないし運用のあり方として提起されたものである[(1)]。高橋の問題提起に対して、これを積極的に評価するものから消極的なものまで種々の見解が表明された。私も、これに関連して若干感想めいたことを述べる機会があった(本書第1章、第2章参照)。

高橋は、こうした見解のなかから、とくにその主張に対して批判的なコメントに触れながら、あらためて自らの「国民内閣制」の意図するところを「再論」の形で詳細に論じている[(2)]。そのなかで私見にも言及されているが、それらは、繰り言になるが、そもそもは、雑誌の特集・講座の企画で割り当てられたテーマに関連して最低限必要な範囲で「国民内閣制」に言及したに過ぎず、これを正面から論じたものではない。そこで、「再論」が出た機会に、「国民内閣制」論について日ごろから疑問と考える点を思いつくままに摘記してみることにする。

一　「国民内閣」という言葉

(1)「再論」冒頭で、高橋は、「国民内閣制とは、私の造語であり、従来の政治学や憲法学には存在しない」という。[3]たしかに、「国民内閣制」という語は、これまで、政治学・憲法学の概念として使用されたものではない（傍点は筆者）。しかし、「国民内閣」という言葉そのものは、戦前のある時期、広く人口に膾炙したものである。そのことは、諸橋轍次『大漢和辞典巻三』に、この語が「政治的党派を超越して組織せられた、挙国一致の内閣。挙国内閣」を意味するものとして採録されていることからも明らかである。[4]

もとより、ここで「挙国一致内閣」「挙国内閣」とは、国家的危機の事態に直面して国内の政治的諸勢力の代表を網羅した内閣を指す。この語のもとで一般に理解されるのは、一九三〇年代のイギリスで、世界恐慌に対処するために組織された"National Government"である。[5]日本では、経済不況、とくに農村の危機と政党不信を背景に、五・一五事件の後、政友会・民政党だけでなく官僚・軍部・財界からも入閣した斎藤実内閣がその例とされる。当時、労農勢力が政治的に未熟であったことを考えれば、斎藤内閣は、文字どおりの挙国一致内閣であり、岡田啓介内閣以後の内閣も同様の構成をとる場合が多かった。[6]

(2) "National Government"の先駆は、第一次世界大戦勃発の翌年、アスキス首相のもとに組織された戦時連立内閣であるが、その本格的な形態は、大恐慌による未曾有の財政危機に直面した一九三一年、マクドナルドのもとに組織された内閣である。それは、「通常の意味の〔政党間の〕連立内閣ではなく、〔政党の垣根を超えた有為な〕人々の協力による内閣」、いわゆる「人材協力内閣」であった。[7]

美濃部達吉は、周知のごとく、明治末期から政党内閣を憲法論として擁護し、大正デモクラシーのオピニオン・リーダーの一人として活躍したが、昭和の大恐慌後の彼の議論には、しかしながら、上記マクドナルドの「人材協力内閣」の影響が色濃く反映している。それは、一九三四年一月、朝日新聞に寄せた「政党政治の将来」と題する論稿からも明らかである。[8] そのなかで、美濃部は、「憲法政治は政党の存立を基礎としなければならないとしつつも、「明治維新にも匹敵すべき程の重大な社会改革を要する」転換期にあっては、政党内閣は余りにも無力であるが、しかし、これに代わるファッショ政治(兵力独裁政治)もまた、否定されなくてはならないとして、次のように述べている。[9]

政党内閣も不適当であり、兵力による独裁政治も否定せねばならぬとすれば、残るところは、唯議会の多数を制する政党の支援を得て組織される人材内閣あるのみである。

それは必ずしも政党人を排斥するものではないが、唯政党それ自身が内閣組織の原動力たることを否定し、国民の信頼を博するに足るだけの有力な人材であることを主眼となし、而して政党は己を空しうしてこれを支援するの地位に立つことを要求するものである。

この「国民の信頼を博するに足るだけの有力な人材」からなる「挙国一致内閣」(国民内閣)は、平時においてこれを実現することは甚だ困難であるが、戦時や経済危機にあっては、その実現は比較的容易である。したがって、現在のような未曾有の難局に際して、政党は「自ら政権の衝に当たるの欲望を去り、国政の監督者であり批判者であることを以て満足し」、「人材内閣」を支援する立場に立つことこそ「もっとも能く憲法を擁護する所以であろう」とされる。[10]

(3) もとより、高橋の「国民内閣」は、国民の選挙で政党(多数派政党)に対して表明された民意(多数者意思)を直接の基礎とする内閣を意味するものであり、その限りで、国家危機に際して、党派を超え、広く国民の信頼を得るに足るだけの有為の人材を糾合しようとした一九三〇年代の"National Ministry"[11] とは根本的に異なるものである。とはいえ、九〇年代の「国民内閣」制は、三〇年代の国民内閣制(National Government)と同様に、それが「内閣」中心の発想であって、「議会」を基軸とする従来の議会政もしくは議院内閣制(parliamentary government)の考え方とは少なからず緊張関係に立つものである。[12] その点では、新旧二つの「国民内閣」は六〇年の歳月を隔てて共通する。

二 「直接民主政」と「媒介民主政」

(1) 九〇年代に入り、新たに、高橋の展開した「国民内閣制」は、モーリス・デュヴェルジェの「直接民主政」(démocratie directe)と「媒介民主政」(démocratie médiatisée)の峻別論(本書一一二頁以下参照)をその基礎とするものである。デュヴェルジェは、現代の代表民主政のもとで、国民が選挙を通じて統治者(gouvernant)の選任にどのように関わっているかとの問題関心から、一方で、イギリスの下院選挙やアメリカ合衆国・フランス第五共和制の大統領選挙などを素材に「直接民主政」のモデルを、他方、ワイマール共和制・フランス第四共和制やイタリアなどの議会政の実態(連立内閣)を素材に「媒介民主政」のモデルを理念的に構成する。前者の型の場合、もちろん、イギリスとアメリカ・フランスでは、議会の役割や選挙の法的手続は異なるが、しかし、政府の首長が国民によって選任される点では実質的に同じである。これに対して、後者の型では、国民は議員を選ぶだけであり、政府の首長は議員が自由に選任する。権力の移転は、前者の型では国民→統治者(政府)であるのに対して、後者のそれは国民→議員(議会)→統治者(政府)の形をとる。すなわち、前者の型にあっては、国民が選挙によって直接に(directement)、現代国家の駆動機関たる政府の首長を指名し、その政策を選択するが、後者の型では、議員・議会という媒介者(médiateur)によって、国民は陪臣に格下げされ(médiatisé)、その権力は剝奪されてしまう(médiatisé)のである。[13]

(2) デュヴェルジェが理念型として構成した上記の民主政モデルについては、次の点に留意する必要がある。まず第一に、「直接民主政」のモデルである。それは、デュヴェルジェが自ら語るごとく、古代アテネの民会やスイスの小さなカントンに現存する州民総会に見られるような、構成体の全員が一堂に集会する型の「伝統的な意味」での直接民主政ではない。(14) そこでの議論の前提とされている現代民主政とは、統治者が国民の選挙に由来する代表制(représentative)であるが、普通選挙によって国民が自ら政府の首長を選択するとき、それが「直接」民主政と名称されるのである。(15) したがって、それは、類型的には代表民主政に属する大統領制や首相公選制を新たな「直接民主政」のカテゴリーに帰属させ、また、代表民主政の典型例たる議会政(議院内閣制)であっても、そこでの総選挙が実質的に首相の「選択」として機能している場合には、「直接民主政」に当たるものとされるのである。それゆえ、議会政を採用するある国が、この意味での「直接民主政」に当たるか否かは、実際の選挙の結果と首相の任命・内閣の構成に即して実体的に判断されることになる。もとより、この「直接民主政」を現実のデモクラシー理解のための「理念型」ではなく、あるべき民主政の「理想型」として措定し、その実現のための政党や選挙制度のあり方を模索し、提唱する試みも、それが自覚的になされている限り、認識・評価に混同を生ずることはないであろう。ただ、そうした論者のあるべき政党制や選挙制度が少なからず現実のものとなった場合には注意を要する。けだし、それによって、直ちに「直接民主政」が実現したことには必ずしもならず、そこでは、なお、実際の総選挙の結果と首相の任命(指名)との「直接」的な関連性の有無が問題となり得るからである。

(3) 第二に、「媒介民主政」モデルについて、「直接的」(direct)とは対照的に、「媒介的」(médiat)の概念に込められた議員・議会の地位の格下げ(médiatiser)には注意を要する。そもそも、デュヴェルジェによれば、「最も簡潔で最も現実的な民主政(démocratie)の定義は、統治者が、誠実かつ自由な選挙に基づいて、被治者によって選択される体制である」。(16) それは、選挙という手段を用いて、国民が自らの代表者を選定し、一定期間、国政の行使を委ねる「代表」民主政である。それは、現実の政治形態としては、大統領制たると議院内閣制(議会政)たるを問わない。ただ、デュヴェルジェは、この「代表」民主政に属するある特定の議会政(ワイマール共和制・フランス第四共和制等)を指して

「媒介」民主政と呼ぶ。それは、そうした議会政のもとでは、国民が、選挙を通じて、「統治者の選択または一つの政策の選択[17]」を行うのではなく、議会がそうした選択を実際に行い、国民は選択権を奪われ、政治的疎外感に囚われるからである[18]。つまり、そこでは、国民は、選挙を通じて代表の選出に参加したにもかかわらず、「自己の代表者によって代表されている」との実感が得られないというのである[19]。

この種のすぐれて主観的な代表観念は、一般には、「実存的代表」(existential representation)として語られているものである[20]。それは、「誰かが信ずる(または信じた)がゆえに存在するのであり、もし、誰も信じないならば、それは存在しない」という素朴な代表の観念であり、国旗がその例である[21]。それは、また、ジュヴネルが、ある国とその構成員の統一性を象徴するものとして示した「全体の代表」(representation in toto)の観念であり[22]、デュヴェルジェにおいて、フランスの統一性は君主に体現されているとみた近世の人々の心性でもあった[23]。

高橋は、右の「感覚の重視は、非合理なものの重視につながり、その結果、代表の基礎を破壊しかねない」とし、実感‐疎外といったデュヴェルジェの主観的な代表観念に問題があることを指摘する[24]。しかし、デュヴェルジェの「代表されているとの実感」を基礎に、その疎外形態としての「媒介民主政」のカテゴリーを受容している点で、高橋の「代表」観念もまた、自らの意に反して、少なからず主観的たらざるを得ないのである。そして、「直接」「媒介」の前提をなす「代表」観念が、このように主観的なものと解される限り、国民が大統領もしくは首相によって「代表されているとの実感」の有無、すなわち国民がクリントンやブレアを身近な存在と感ずるか否かによって、アメリカ・イギリスがいずれの民主政に属するかが決まることになる。同様に、ワイマール共和制やフランス第四共和制等の議会政が「媒介」「直接」いずれの民主政に帰属するか否かもまた、国民の「議会との距離感覚」によって左右されるはずであり、一義的に決まるわけではない、ということになろう。

三 政党の役割

(1) このように、「直接」「媒介」の概念が、国民と政治権力(議会・首相など)とのいわば「距離感」を示すものであるとすれば、「国民意思を統合しつつ政治に反映させていくために不可欠の存在」としての政党[25]についても、国民との間で同様のことが言えるはずである。そして、それは、基本法制定初期のドイツにおいて、政党の果たすべき役割をめぐり論議を呼んだ点でもある。ここでは、ドイツにおけるゲルハルト・ライプホルツとヴェルナー・ヴェーバーの所説をごく簡単にみておくことにしよう。

周知のごとく、「二〇世紀民主政の形態変化」と題した講演のなかで、ライプホルツは、現代における民主化の進展は「政党の強大な権力強化を導く」として、いわゆる政党国家の特質を次のように述べる[26]。「政党が、何百万もの政治的に成熟した国民をはじめて組織し、活動能力のあるものに仕立てるのである。政党は、選挙民を、はじめて政治的に活動しうる団体に統合するので、それは、あたかも成熟した国民が自らを明瞭に表現するために用いるメガフォンのようなものである。……この中間回路がなければ、国民は、今日、国家的事象に政治的影響力を行使し、かくして、政治の領域で自己を実現する状況には、まったく立ち至らなかったであろう」。

ライプホルツによれば、現代の政党は、政治の場に、国民自らの意思を明瞭に伝えるメガフォンであり、政党国家とは、政府と議会多数派を形成する政党の意思が「一般意思」(ルソー)と同一視される国民投票的民主政(plebiszitäre Demokratie)である[27]。これは、現代国家は代表民主政でしかあり得ず、「日々の国民投票なんか決して国家形態であるものか[28]」(カール・シュミットの言葉)とする民主政観を強く意識したものであろう。

(2) ヴェーバーは、「ワイマール憲法とボン基本法」と題する論文(一九四九年)のなかで、国民と政党の関係について、ライプホルツとは対照的な理解を、基本法の規定に即して次のように示す。そもそも、基本法の制定者は、ワイマール憲法体制を崩壊に導いた「危険なもの」「悪魔的なもの」の放逐を試みた。その努力は、①国民の陪臣化(Mediatisierung des Volkes)、②大統領の非常権限の廃止、③執行部の脱権力化の三つに集約できるが、国民と政党との関係では、とくに①が問題である。

ワイマール憲法は、国民に対して大きな権力を認め、その国民投票的な決定権力は、まず何よりも大統領選挙で発揮され、次いで議会の解散・選挙において示され、また、潜在的には、国民請求・国民投票の形で示される可能性もあった。そこでは、国民の直接的な(無媒介の)意思表明は、政党とその統制能力を超え、その抗しがたさ、気まぐれさ、そして、危険きわまりない荒々しさを解き放った。基本法の制定者は、こうした原始的な荒々しさが憲法生活に侵入し、諸政党の優位を絶えず低下させる事態を招いてはならないと考え、国民から大統領の選定罷免権を剝奪し、議会を解散して国民に訴える要件を厳しく限定し、そして、国民請求・国民投票の制度を完全に取り除いてしまったのである。ボン基本法にあっては、特定の政治家や政策に対して、世論が無媒介(直接)に表明される制度的な可能性はもはや存在しない。国民が保持するのは、連邦議会議員を選挙する権能のみである。この選挙は、堅固に組織された諸政党と政党推薦の諸候補の選択以外の何ものでもなく、しかも、その選択に基づいて、諸政党に議会での勢力が割り当てられるに過ぎない。これらのことから、諸政党によって、国民が、完全に、例外なく陪臣化されることは明白である。[29]

このように、ヴェーバーは、ライプホルツとは異なり、基本法二一条に示される「政党国家」体制を、戦前の反省に基づく政党による国民の「陪臣化」と見るのである。

(3) 政党は、国民の「メガフォン」か、それとも国民を「陪臣化」するものか。デュヴェルジェが、政党は、一方で選挙人、すなわち、代表される者を支えて立ち(上手に御し encadrer)、他方で選挙された人、すなわち、代表者を制御する(支える encadrer)として、政治的代表における二重の役割(double rôle)を指摘し、政党が選挙人と議員との間の仲介者(médiateur)であると語るとき、[30] そこには、上述の「メガフォン」「陪臣化」の両面が明確に表明されているように思われる。

これに対して、高橋は、政党そのものの役割・機能ではなく、政党数に着目した分析を行い、二党制か穏健多党制かの違いによって、基本的に、直接民主政的状況もしくは媒介民主政的状況のいずれかがつくり出されうるとする。すなわち、二党制の場合、選挙の際、国民は、政党の提示する政治プログラム(政権公約)を自ら直接、選択することが可能であり、したがって、そこでは直接民主政的な運用となる。他方、三ないし六程度の体制内政党からなる穏健多党制の場合には、通常、総選挙後の議会で政党間の連立が組まれ、政治プログラムが決定されるので、国民はその決定に、直接、発言することはできず、したがって、そこでは媒介民主政的な運用となるとするのである。[31] ここでは、選挙は政党の提示する政治プログラムの選択ないし決定であるとの理解が示されている点に留意すべきであるが、この点については、次節(四)で問題にする。また、それと密接に関連する選挙制度の問題については、五節で取り上げることにする。

高橋は、上述の国民と政党の関係、すなわち、政党は国民のメガフォンか、それとも、国民を陪臣化するものか、あるいは、その両方かという論点には触れていないが、しかし、「媒介」を問題にする以上、民主政モデルについて云々する以前の問題として、この論点を回避するわけにはいかないであろう。[32]

四　選挙の意義と政党の機能

(1) 高橋は、「選挙は、国民の間に存在する多元的な政策体系を絞り込み、最終的に一つの政治プログラムの形成・

選択を行うプロセスにおいて、重要な位置を占め」、「国民は、投票によってこのプロセスに参加し、政治プログラムの選択に影響を与える」とする[33]。そこでは、選挙ないし投票は、政治プログラムの形成・選択という政治プロセスとの関連において捉えられている。つまり、実際の選挙ないし選挙制度が、国民による一つの政治的プログラムの選択といういわば理想型にどれだけ近いのか、また、遠いのか、そして、わが国の国政選挙に、どれほど、政治的プログラムの選択という「役割」を「期待」できるのかが問題とされるのである。しかし、選挙とは、そもそも、政治的プログラムの選択ではなく、特定の地位(ここでは国会議員職)につくべき人物の選任ではないのか。政治的なプログラムの選択は、そうした選挙における一つの付随的な機能ではあっても、選挙そのものは、多数人が行う議員の選定行為ではないのか。もしそうであるとすれば、まず、選挙という行為それ自体の構造・特質を明らかにしたうえで、選挙過程における政治的なプログラムの選択の意義・機能について考えるべきであろう。

(2) かつて、シュテルンベルガーは、選挙には立候補と選定という二つの局面があり、前者の提示(案)がなければ後者の選定行為はあり得ないとして、多数人の選定に先立つ候補者の擁立過程の重要性に注意を喚起したことがある[34]。もとより、教皇選挙会(conclave)のように、上記二つの局面が未分離であるような選挙も現に存在するが、しかし、有力な市民が自ら意を決して純白のガウン(toga candida)を身にまとい、市内を徘徊し(ambitio)、投票を乞うた(prensatio)古代ローマの候補者(candidatus)以来、自薦・他薦あるいは名簿登載とその方式は異なるものの、選挙人による選任に先だって特定の候補者が擁立されるのが通例である。そして、この候補者の擁立は、予備選挙による指名方式をも含めて、現代では、政党がその中心的な役割を担っている。シュテルンベルガーは、イギリスを例にとって、次のように述べる[35]。

今日、選挙民は広範な選挙権力(Wahlgewalt)を保持し、選挙区において複数候補者の中から一人を選任するだけでなく、それと同時に、競い会う二人の首相候補者の中から一人を選択する。かつて、議会が国王から奪い取った「誰がどのように内閣を組織するか」の決定は、今日では、もはや議会ではなく、――多くの証言にみられるように――実際には選挙民の側にある。私が言っているのは、決定であって、提示（案）ではない。普通選挙権の獲得にみられる国民の権力の顕著な増大にもかかわらず、提示（案）の権利と権力は、またしてもなお、国民からは奪い去られたままの状態にある。……〔従来、名望家層が保持した〕提示権力の受け継がれた先は、〔普通選挙法による選挙権の拡大に伴って〕組織された政党である。〔古代ローマにおけると同様、一九世紀初期まで〕イギリスでも、身分制的優越の指標とされてきた自薦は、選挙権の拡大に伴って衰退し、候補者の指名手続は、もちろん、お上ではなく、政党における手続にその席を譲った。政党は、――〔自ら候補者として名乗り出るという〕古代の有力政治家層の遺産を継承した限りにおいて――まさしく本質的に、〔候補者〕推薦団体（Vorschlagskörperschaften）として働くのである。

ここでは、選挙における選定権力は、選挙権の拡大にともなって広範な選挙民が保持するようになり、イギリスでは国民が総選挙によって実質的に首相を選任するまでになったが、しかし、選任に先立つ候補者の推薦権力は国民ではなく、普通選挙制の普及とともに成立した組織政党に留保されているとの理解が示されている。

（3） サルトーリは、デュヴェルジェの名著『政党』（*Les partis politiques*）においては、「政党という用語を使う時、私たちは何を意味しているのか」という問いが一度も提起されていない、「デュヴェルジェは〔政党の〕定義を与えていない」とし、政党に関する諸々の定義を検討した上で、政党の諸機能を捨象した次のような「最小限の定義」づけを行う。

「政党とは、選挙に登場して、選挙を通じて候補者を公職に就けさせることができるすべての政治集団である」(36)。そこでは、上述した選挙における候補者の提示が、諸々の付随的機能を一切捨象した「政党」の要件とされている。したがって、このサルトーリの理解からするならば、選挙に際して国民の選択可能な一つの体系的な「政治プログラム」を提示するのが政党の役割であるとする高橋の見解[37]は、政党の概念に必然的なものではない。高橋の期待するような状況が現出するか否かは、具体的な選挙制度や政党制、政治的伝統・文化等に因るものといえる。

右の高橋に類似の発想は、国民が、選挙で多数を制した政党の政権公約に「マンデイト」を与えるとするイギリスの伝統理論（Theory of the Mandate）のうちに認められる。それは、国民と政党・内閣とが直接に連結し（link）、内閣（政府）は、下院総選挙において選挙民が与えた指示に拘束されるとするものである。すなわち、それは、選挙の際に提示した一連の政権公約に基づいて、国民から選任された政党には、当該政策を遂行する「マンデイト」が授与されているとするものである。そこでは、選挙民は、自らの投票行動が内閣の構成を決するだけでなく、主要な争点となっている政策をも決定するものであるとの十分な自覚のもとに投票を行うことが期待されている。そして、たしかに、イギリスの総選挙の歴史には、そうした自覚のもとに、国民が実際に投票を行った典型事例も認められる。選挙権拡大の是非が争点となった一八三一年の総選挙、アイルランド国教会の廃止が争点となった一八六八年の総選挙、保護貿易か自由貿易かが争点となった一九〇六年と一九二三年の総選挙などがそれである。しかし、選挙がこのように単一の争点で争われるのは、むしろ例外であり、選挙に際して政党が提示する公約には、通常の場合、七〇を超える種々の政策が盛り込まれており、それらの個別政策のすべてについて、甲党の方が乙党よりも好ましいと考える投票者は、世論調査の結果などから見ても、ほとんど存在しないとされている[38]。

ブロンデルは、これを政党論のレベルに引きつけ、政党が策定し、総選挙において、選挙民が同意した政権公約に基づいて活動する「責任政党制」（Responsible Party System）の概念を立て、そのもとで、上述のマンデイト論の非現実性を剔抉する。このシステムは、まず第一に、「選挙民は政権公約に対して投票する」との仮設に基づくものである。しかし、投票行動に関する実証研究は、この仮設が誤りであって、どの政党に投票するかは、むしろ、――選挙民が、社会的な成長過程で身につけたり、また、積極的に参加する社会グループから獲得した――政党に対するアイデンティと密接な関連を有するものであることを示している。選挙の際の争点や政権公約は、投票に際して限られた意味しか持っていないのである。

それは、さらに、ある政党に投票する選挙民は、当該政党の政権公約を「完全に受け容れる」ものであるとの前提に立つが、しかし、この前提も極めて非現実的である。選挙民がある政党に一票を投じるのは、せいぜいのところ、そのうちのある政権公約が、他の政党のものよりまだしもいい方だと判断したからであろう。そして、この判断が正しいものと見なされるのは、投票に際して、選挙民は選択を強いられるからである。しかし、それは、翻ってみて、選挙民が政権公約に基づいて積極的に決定を行っているとは考えられないということを示している。それゆえ、大げさに「マンデイト理論」と呼ばれているものは、拒否せられなくてはならないであろう。(39)

上記のマンデイト論批判は、選挙とは政党の提示する政治プログラムの選択・決定であるとする高橋説にも **mutatis mutandis** に妥当するものと思われる。

五 小選挙区制の特質と政権公約の決定機能

(1) もっとも、高橋の立場からすれば、現状がどうであれ、問題は、選挙に際して、国民が、政党の提示する政治プログラム(政権公約)を選択し、その政策を体現する党首を選任することで、直接、国政の担当責任者(首相)を決定しうるシステムの構築にあり、そのための選挙制度や政党のあり方を開発すべきである、ということになろう。政党の問題については既に触れたので(三・四参照)、ここでは、政党とともに、国民内閣制論の骨格をなす選挙制度の問題について若干の批判的検討を試みておくことにする。(40)

ここで、選挙制度とは選挙に基づく民意の代表方法の問題であるが、そのうち、高橋は、「政治プログラムの決定を重視した制度」である小選挙区制（多数代表法）と「有権者の多様な意見をできるだけ忠実に反映させることを重視した制度」である比例代表制（比例代表法）の二つの制度を取り上げる。[41] この二つは、上述の「直接民主政」と「媒介民主政」のモデル（二参照）に対応し、相当程度、忠実に、それぞれのデモクラシー理念を現実化しうる選挙制度であるとされるものである。[42] 類型的な整理としてはさほど問題はないが、しかし、若干の異論もないわけではない。それは、小選挙区制が政党の提示する政治プログラムの決定を重視した制度であり、他方、比例代表制は有権者の意見の忠実な反映を重視した制度であると単純に言い切れるかという疑問である。

(2) まず第一に、選挙において人が選択されるのか、それとも政党が選択されるのかを考えた場合、――誤解を恐れずに単純化するならば――各選挙区において一人の代表者を選び出す小選挙区制は、その制度の特性としては人物重視の選挙であり、これに対して、政党が作成した名簿に投票する比例代表制の制度的特性は、むしろ、政党重視の選挙にあると言えるのではなかろうか。すなわち、「絶対的多数選挙〔小選挙区選挙〕は、……とりわけ候補者の人格に照準を合わせているのに対して、比例選挙は、〔政党の公約〕内容に関する決定を重視したものであり、そこでは、名簿に登載された候補者の人格は無視されている」とも言えるのである。[43]

私が、かつて、小選挙区制は「多様な民意を……むりやり二極化する」[44] ものだと述べたのは、この制度のもとにおいて、各選挙区で熾烈な多数派形成がなされ、一人の代表者が選び出される際のエネルギッシュな競争過程に着目したからであって、高橋が批判するような民意の「歪曲」[45] といった問題関心からではない。その際、私の念頭にあったのは、スメントが比例代表制の導入によって憲法秩序にどのような変化が生ずるかを活写した一九一九年の論文にあった、次のような内容の記述であった。

比例選挙制は、少なからず選挙闘争の意味を削いでしまう。たしかに、政党は、比例選挙のもとでも、選挙人の投票を求めて戦う。しかし、その場合、政党は、個々の選挙人の票を求めて戦うのであって、選挙人団における多数派の形成をめざして戦うのではない。比例選挙制の導入によって、選挙のもつ創造的・弁証法的契機が失われる。多数選挙制(小選挙区制)においては、個々の選挙人が、つねに勝‐敗の二者択一の前に立たされ、政党の公約では明確にされていない地域的な政治意思の形成に参加し、それによって、彼らは、地域的な選挙人団として、議員・党派そして議会の議事に対して強力な影響を及ぼすことができる。これに対して、比例選挙制は、たしかに、いずれの投票をも無視したり、おろそかにしたり、低めたりはしないけれども、そのかわり、選挙人から代表者・政党に対する生き生きとした働きかけを奪ってしまう。選挙人の投票は、それぞれ、自分の支持する政党の大きな貯水池に入ってしまい、多数選挙制のように、個々の選挙区で相互に対決し、止揚し、そして、意思形成が行われるということはなくなってしまう。比例代表論者は、これを選挙闘争の緩和として評価するのであるが、しかし、そこでは同時に、政治的空疎化が進行し、さらに、地域的な政党の健全な政治生活がそこなわれているのを見逃してはならない[46]。

そして、右のスメントの記述を念頭に置くかぎり、小選挙区制のもとで選挙民は政党が提示する政治プログラムを選択・決定するとの高橋テーゼについて、少なからず抵抗を感じ、違和感を抱くのは至極当然のことであろう。

(3) 第二に、小選挙区制のもとでの選挙が、高橋の期待するような政党の政治プログラムの選択・決定として機能するには、少なくとも、ブロンデルの指摘する次の三つの条件が充たされる必要があり、その場合に初めて、そうした機能が発揮される可能性が生ずるものと言えよう。①まず第一に、政党が紀律あるものでなくてはならないということである。小選挙区制下の二党制がすべてそうなるものではないことは、合衆国議会を構成する二大政党の紀律が極めて緩やかなものであることからも明らかである。②第二に、その投票は、政党が提示する政権公約の選択でなくてはならない。しかし、この点については、前述のごとく(四(3)参照)、投票は、政策上の争点よりも、むしろ、長年培われた投票者の政党に対するアイデンティティや政党・党首に対するイメージに基づいて、行われる傾向があることもまた顕著な事実である。③第三に、最も重要な点であるが、政党の政権公約の間で明確な対立、本当の競争が存在しなくてはならない。しかし、選挙の際、そうした政権公約の対立・競争が明確な形で生ずるのはきわめて稀であり、せいぜい、一世代に一回か二回、あればよいほどである。それは、政党が、「周縁の」投票者('marginal' voter)を獲得するために、通常、政治的中間層の取り込みに動く傾向があるからである[47]。もとより、高橋もまた、「小選挙区制がうまく機能するには有権者の側の相当の努力と熟練」を要することに加えて[48]、さらに、右のような諸条件が充足されなくてはならないことを否定するものではなかろう。

(4) なお、選挙の際の政権公約の内容に関して、国民が Entweder-Order に選択しうる対立軸を形成することが難しいのは、いずれの政党も、政権の獲得をめざそうとする限り、通常は、政治的な左右の両端層ではなく、上述のブロンデルの指摘に見られるように((3)参照)、政治的中間層の取り込みを狙うからである。これは、二党制の場合だけでなく、多党制の連立政権の場合もほぼ同様であり、一般に、左右いずれの政党が、中間に位置する諸政党を味方につけ、多数派を形成しうるかが、政権の獲得にとって重要な決め手となる(もちろん、多党制の場合、政党状況によって様々な形態の連立がありうるので単純に図式化するには慎重でなくてはならないが)。レイプハルトが、「中間政党の方が、政策(治)的な物差しの末端に近い政党に比して、均衡のとれた連立政権——政権内部において、中間政党が基軸の働きをする——を形成するヨリ良い機会を有する」とし[49]、また、「左右いずれか一方の勢力を代表する一党が組織する内閣と比較して、連立内閣の方が、通常、政治的スペクトルの中央にヨリ近く位置し、それゆえ、その政策的見地(policy outlook)は一般(平均的)市民(average citizen)にヨリ近いものである」とするのも[50]、基本的に、上記ブロンデルと同様の理解に基づくものと思われる。なお、そこで、政治的中間層を取り込んだ政権の政策的見地が「一般(平均的)市民にヨリ近い」ものであるとされるのは、おそらく、国民の政治的スペクトルは、通常の場合、高原型か緩やかなM字型の分布状況をなしているとの前提的な理解が存するからであろう。

六　国民による「決定」と国民に対する「責任」

(1) ところで、レイプハルトによれば、「デモクラシー(民主政)」の最も基本的で、しかも広く用いられている定義(第一定義)は、文字どおり「国民による統治」(government by the people)であるが、しかし、近現代における大規模な国民国家では、その統治活動は、国民が自由と平等を基礎に選出した代表者によって行わざるを得ない。すなわち、そこでの民主政は直接民主政ではなく、代表民主政が通例である。しかし、民主政は、「国民(の代表)による統治」の意味に限らず、「国民のための統治(政治)」(government *for* the people)、すなわち、「国民の好み(preference)に合致した統治(政治)」としても定義づけることができる(第二定義。なお、イタリックは原文)。この意味での民主政の理想型は、その統治活動が、つねに、すべての市民の好みに、完全に合致するものである。しかし、ここでも、「国民による統治(政治)」の場合と同様、現実の統治形態においては、完璧な応答(complete responsiveness)など、これまで、決して存在しなかったし、また、これからも、決して実現されることはないであろうとされる。(51)

高橋は、レイプハルトの第二定義に注意を喚起し、そもそも、デモクラシーの基本は第一の定義に示された「国民による政治(統治)」であり、「「国民による」を犠牲にした「国民のための」政治という観念には、何か危うさがつきまとう」、「何が国民のためかは、国民自身が判断するというのが原則でなければならない」とする。(52)

(2) たしかに、筆者もレイプハルトの上述の一文に初めて接したとき、「国民のための統治」が強調されている点に少なからぬ抵抗を感じた。それは、この命題だけでは、――一八世紀の人民主権論に対抗して現れた――「常に人民の幸福を願い、人民のために統治を行う」とする啓蒙絶対君主の幸福主義(Eudämonismus)と何ら選ぶところはないからである。「何か危うさがつきまとう」とする高橋の感想も、筆者の第一印象と大差ないものであろう。しかし、よく考えてみると、レイプハルトが、「国民による統治」として第一の定義で問題にしているのは、いわゆる代表民主政(representative democracy)であり、第二定義では、これを受けて、責任統治(responsible government)が問題にされているのである。それは、信託(trust)理念に導かれた英米のデモクラシーの観念を前提とするものであり、大陸的な「主権」観念を前提に「デモクラシーの最も重要な標識は、「国民による決定」にある」[53]といった形で理解すべきものではないように思われる。

もっとも、ヘンニスによれば、「信託」の理念は、通常、語られるような、英米に特有なものではなく、むしろ、それは、「旧ヨーロッパの政治的観念世界における共有財産である」。すなわち、支配の任務を信託ないし信任された公職(office, Amt)として理解することは、すべての支配を、正義と公共善によって拘束された課題とみた旧ヨーロッパ世界の基本的観念に対応するものである。そこでは、ある者がある公職に就くのは、その者が当該公職を保持するに値する名誉と徳を有し、任命者の信頼(Vertauen)を得ているものと考えられるからである。大陸諸国において、こうした信託および公職の観念が衰退したのは、絶対主義の結果として、意思原理(Willensprinzip)もしくは同一性原理(Identitäatsprinzip)が支配的となったからである[54]。

(3) ヘンニスは、さらに、代表民主政の心理学的な基礎はこの「信頼」にあるとして、大要、次のように述べる。

① 代表民主政におけるすべての政治的対決は、意思と権力をめぐる闘争というよりも、むしろ、信任をめぐる闘争である。一般に、「選挙戦」として語られるものは、公職の候補者が、選挙民に対して、自らの信任を獲得し、そして、対立候補の信頼を貶めるための戦いである。

② 選挙人団は、選挙で勝利を占めた政党に対して、選挙で公約した一定の政策を遂行する権限を委任するというマンデイト理論(四参照)は、国民と統治者との間の意思関係として構成されたものではなく、選挙民と政党の指導者との間の信頼関係を基礎とするものである。このイギリスの理論は、被治者と治者の同一性的、もしくは、国民投票

的意味での民主的意思形成とは何ら関係がない。

③ 代表民主政が「責任統治」に対応しているということも、公職の観念を基礎として初めて理解しうるところである。同一性原理を基礎とする民主政は、被治者と治者との間に何らの距離もなく、したがって、そこには何らの責任(Verantwortung)も生ずる余地がない。この責任は、公職の観念を基礎とした政治世界においてのみ可能である。政治的な支配の公職の内容が客観的に確定され、「公職に就き、統治を行う者」と「公職に任命し、その統治に服する者」との間に明確な差異がある場合にのみ、当該公職にある者が責任をとること、すなわち、責任統治(responsible government)が可能である。

④ 選挙制度は、小選挙区制と比例代表制に二分されるが、公職の観念は、前者と結びつく。すなわち、小選挙区制のもとでは、各選挙区民が候補者のなかから議員職に就く者を選任(任命)し、選挙全体を通じて議会多数派が形成され、多数派のリーダーが首相の地位に任命される。そして、首相の組織する内閣が統治を行い、議会と国民に対して責任を負う。しかし、比例代表制のもとでは、政党名簿に投じた国民意思がドント式・ヘア式といった周知の手続で議席に換算され、その比率に応じて政党への議席配分が行われる。そこでは、小選挙区制にみられるような明確な人的任命 - 責任関係は認められない(55)。

(4) ここで「責任」とは、議員とか議会、大臣とか内閣といった公職・機関の広汎な裁量的権限の行使に伴う責務である。それは、公職と結びついた役割責任(role responsibility)であり、また、通常の場合、その広汎な権限の枠内で行う判断の是非が問われる政治責任(political responsibility)である。それは、さらに、公職保持者らが、その選任者から、当該職務の遂行について釈明を求められる説明責任(explanatory accountability)であり、説明過程で、ある施策の誤りであることが判明した場合には、それを是正する責任(amendatory accountability)が生ずる。そこでは、また、公職保持者の品行が問題とされ、その道徳的責任(moral responsibility)が問われることもある。もちろん、違法な権限行使があった場合、法的責任（liability）が生ずることはいうまでもない[56]。

注意を要するのは、責任統治（Responsible Government）の観念のもとで、内閣もしくは閣僚が、その直接の任命権者である議会に対して、また、その究極の任命権者である国民に対して「責任」を負うことができるためには、首相や閣員が'The Buck Stops Here'（私〔たち〕が仕事の最終責任を取る）と語りうるほどの政治的権力もしくは政治的裁量を保持していなくてはならないということである。けだし、自由な政治的判断・決定権力が存在しないところに、政治的責任の生じようがないからである。このことは、選挙に、議員の選任・信任を超えて、「命令的委任」の付与という意味までも読み込み、議員を選挙区民の完全なメッセンジャーボーイに仕立てた場合、この選挙区民の単なる使い走りに過ぎない当該議員にあっては、そもそも政治的責任などとりようがなく、その「政治的責任」を問題にする余地がないことからも明らかである[57]。デモクラシーを「国民による決定」と解し、国民が選挙において「決定」した政治プログラムを、無媒介に、内閣が忠実に遂行するとき――これこそ、まさに、国民内閣制がめざすところであり、この理想に近づけば近づくほど、ますます――、そこでは、内閣もまた、国民の単なるメッセンジャーボーイに過ぎないものとなり、「国民に対して責任を負う[58]」ものとは言えなくなるであろう。

七　民意による官僚統制と議会の統制メカニズム

(1)　高橋によれば、「民主政治とは、国民の多数派が求める政治体系を遂行してゆく政治である[59]」。したがって、高橋の提起する「国民内閣制」の要諦は、選挙により明確に表明された国民（多数派）の政策意思（プログラム）を基礎として、内閣が、議会の与党・多数派の支持のもとに強力なリーダーシップを発揮して統治を行い、官僚制を駆使して自らの政策を実現してゆく点にある。そこでは、内閣が、「明確な意思をもって官を統制しうる」ものとされる。そして、この強い内閣に対する統制は、「〔議院で〕内閣の政策の問題点を指摘し、代替政策を提案して国民に訴え、政権交代の脅威によって内閣の行き過ぎを掣肘する」議会少数派(野党)の任務とされる[60]。つまり、明確な民意に支えられた「国民内閣」こそが官僚を陪臣化し、頤指《いし》しうるのであって、官僚による政策決定の現実(いわゆる官僚政治)を克服することが可能であるというのである。果たして、そうであろうか。それは、積年の官僚政治を克服する方策として、いささか純朴に過ぎるのではないか。

(2) とくに気になるのは、「国民内閣」のいわば構成要件とされている「民意」の実態・性質に関する理解である。たしかに、高橋が指摘するように、内閣を支える「民意」は、それを具体的に表明する手段・制度を抜きに、「既に形成され完成されたものとして、存在するわけではない」。それは、「常に形成途上にあるものとして、存在するのであり、選挙のたびに、選挙制度により、具体的な内容をもつものとして「表現」される」ものである[61]。総選挙後に新たに形成された内閣は、それゆえ、通常の場合、最も「民意」に近いものと言えよう。選挙直後においては、選挙に参加した国民なら誰であれ、実際に、デモクラシーの「始源的基礎に近いものを感得することができる」からである[62]。もちろん、多数代表制と比例代表制とでは、「民意」の表現の仕方に差があるが、しかし、選挙直後において国民が実感する政権との「距離感」にはさほどの格差はないであろう。

しかし、選挙時に示された「民意」なるものは、内外の政治・経済・社会情勢の変化の如何によっては、きわめて移ろいやすいものであることもまた、確かな事実である。仮にそうした情勢の変化がなくとも、時の経過とともに、漸次、内閣を支える民意のエネルギーが低下してゆくことも、各種世論調査の結果から容易に認められるところである。そして、選挙時に支持されたはずの政策が、内外情勢の激変によって、容易に、民意(世論)から見離されうることは、日本のみならず、ひろく、議院内閣制(議会政)を採用する諸国の政治の現実から見聞しうるところである。

選挙でひとたび公式に(förmlich)表明された「民意」は、このように、政権担当の全期間を通じてそのまま変化することなく持続する安定した性質のものではなく、選挙後には、いわゆる「世論」の形態をとって浮動し、政権を支持していたかと思うと瞬時に政権批判の側にまわる変幻自在なものであり、とうてい、それが地道な努力を要する官僚統制の決め手となりうるものとは思えない。

(3) もっとも、「国民内閣制」では、内閣は、選挙において表明された「民意」を基礎に、その政策の実現に努める一方、議会少数派(野党)には、内閣の政策を批判し、対案を提示して「世論」に訴え、次の総選挙での政権交代をめざすことで、内閣の統治活動に掣肘を加えるべきことが期待されている。これは、「戦後憲法学の主流的問題設定」[63]からすると、議会少数派による内閣に対する批判・掣肘を通じて、内閣を操る官僚に対する統制を意図したものであるということになる。しかし、高橋によれば、「議会はその組織・行動原理からして、多数人が一定の手続に従って討論し、多数決で決定するように構成されており、法律の制定や内閣の行動のコントロールには適している」ものの、「国家に迅速かつ強力な対応が求められる問題の発生が増大し」、「政治のリーダーシップの必要がかつてないほど強調されるようになってきている」現代の状況下では、議会に官僚の統制を期待することは困難である。[64]こうした――一九三〇年代の「国家的危機」(一(1)参照)とも通底する――状況認識から、上述の「民意」に支えられた強力な「国民内閣」による官僚統制が語られるのである。しかし、議会は、ただ単に「法律の制定」だけではなく、「内閣のコントロール」を通じて政策の策定・決定にかかわる高級官僚をも統制しうるメカニズムを保有している点が看過されてはならないであろう。

(4) このことは、イギリスにおいて、堅固な憲法慣習と考えられてきた「大臣責任」(Ministerial Responsibility)の原則が、近年、少なからず動揺しつつあることからも明らかである。すなわち、従来、国務各大臣は、自己およびその所轄官庁の活動について、議会に対して説明する責任を負うものであって、当該官庁のすべての官僚の活動は、原理的に、当該大臣の活動であり、したがって、当該大臣が責任を負うべきものとされてきた。[65]そこでは、官僚は、行政組織の内部において、大臣に至る職階に沿った上下関係に基づく責任(行政責任)を負うとしても、公務の性質(非政治性・中立性)からして、議会に対しては、大臣を通じて間接的に責任を負う以外に、何ら政治責任を問われるものではないものと考えられていた。

しかし、そのイギリスでも、実際には、官僚は、豊かな経験と専門知識をもとに、大臣の政策の策定に深く関与し、また、官庁間の人脈や利益団体との接触を通じて、自らの官庁の政策を具体化する一方で、そうした政策の実現に粛々と努めるのが大臣の仕事であるとされ、官僚の策定した政策の変更を行おうとする大臣に対して、官僚は、強く、または、巧みに抵抗するといったことが公然と語られるようになる。こうして、政策形成過程における官僚の役割が明白となればなるほど、大臣が官僚に代わって議会に対して全責任を負うとする上記原則の虚構性が明瞭になる。しかし、官僚は、大臣責任の原則を楯に、議会の委員会において、大臣による公式見解の外には、自己の、もしくは、自己の官庁の見解を述べることを拒むのが通例であり、それゆえ、「この憲法により保護された公務員の無口(reticence)は、政府部内における決定過程を暴露しようとする議会の委員会にとって障碍物である」との批判がなされうるようにもなりつつあるのである。(66)

(5) この点で、従来、官僚による国会支配の手段として批判もしくは非難されてきたわが国の政府委員制度(国会法旧六九条(第一四五回国会閉会(一九九九年八月一三日)をもって政府委員制度は廃止。第一四六−第一五〇回国会の経過措置後、第一五一回国会(二〇〇一年一月三一日召集)から政府参考人制度に改められた))について、国会議員(とくに野党議員)の力量如何によっては、まったく逆に、官僚に対する国会の強力な統制手段とも十分なりうるとの評価を与えることもできるように思われる。政府委員は、国会において国務大臣の発言や答弁、説明を補佐する立場から、「国務大臣と並んで、又は単独で、その所管に属する事項について答弁し、説明する」ものであるから、(67) 所管事務に関する限り、イギリスに見られるような「大臣責任」を楯にした答弁・説明の拒絶は許されないであろうし、また、そこでは、国務大臣に代わって出席説明することも可能であるから、[68] 政府委員が、実際に、国会で行った答弁に関して、それらをすべて担当大臣の責任に帰せしめることはできないであろう。政府委員たる官僚に関しては、「公務の政治的中立性」という公務員法制上の基本原則は破られ、政治的な「大臣責任」の原則の一部を分担しているものと解されるのである。もとより、政府委員制度は、明治憲法五四条の名残をとどめる法律上の制度である。この制度が、戦前の議会と同様、官僚の国会支配の道具となるのか、それとも、逆に、国会による官僚統制の有力な手段となるかは、国会議員、とくに野党議員の政治的・政策的な器量の有無によるものと考えざるを得ない(質問席に立つたびに、政府委員を極度に緊張させた木村禧八郎議員や羽生三七議員の面影が想起される)。そして、このことは、その大半が国会議員をもってあてられている首相および国務大臣についても同様である。内閣を構成する首相と国務大臣に官僚を十分に使いこなすだけの識見・力量がなければ、とうてい官僚機構を通じて与党もしくは自己の政策課題を実現することはできないであろう。このように考えて、私は、「国民」-内閣制(二大政党制)と「議院」-内閣制(穏健な多党制)のいずれのシステムをとるにせよ、内閣がその政策をどれだけ実現しうるかは、政党政治家たる首相ないし大臣が行政官僚機構をいかに統制し、指導しうるかにかかっているのではないか。それは、基本的には、ステーツマンとしての彼らの信望・資質と力量に依存するものと言えよう」と説いたのである。[69]

しかし、これに対して、高橋は「問題は、システムを動かす者の資質・力量ではなく、システムのもつインセンティヴのはずである」、すなわち、「国民内閣制においては、国民に提示した公約が官の抵抗で実現しえないときには、内閣・与党の責任が問われるのであり、公約を実現しようとするインセンティヴがそれだけ強く働くはずである」と批判する。[70] しかし、私は、二大政党制を前提とする国民-内閣制であれ、穏健多党制を前提とする議院(国会)-内閣制であれ、いずれの場合であっても、①そもそも、政党とは、多かれ少なかれ政策を軸に結集し、政権を獲得することにより、その政策の実現をめざす団体であり、②単独政権であれ、連立政権の形態であれ、政権を獲得すれば、その政策は、通常の場合、官僚のもつ専門知識・情報・立法技術等を用いて法案化し、議会を通過させた上で、法律として現実に施行することが可能となるのであるから、官僚のノウハウを用いた政策の現実化という点では、上記両システムの間にとくに顕著な差異はないものと考える。そこでは、むしろ、どの程度、官僚のノウハウを引き出し、駆使しうるか、閣僚の器量が問われているのである。[71]

(6) 官僚統制について、高橋は、国民内閣制においては、公約実現のインセンティヴが強く、官僚に対して強い統制力が働くとする。ここで、インセンティヴの強弱を測定する基準を検討する余裕はないが、上述のように、私には、システムの違いによって、政党の公約実現に対するインセンティヴの強さにそれほどの差異が生ずるものとは思えない。問題は、むしろ、「公約が官の抵抗で実現しえないときには、内閣・与党の責任が問われる」点に、官僚に対する締め付け・統制の根拠を求めていることである。ここで、「内閣・与党の責任」とは、国民内閣制の文脈に即していえば、与党・内閣は、国民(選挙民)の多数派が選択した政権公約を実現しなければならない責務を負っているという意味であろう。そして、そのために、官僚機構を動かすことが「官僚に対する統制」として語られているのであろう。

しかし、それは、行政官僚機構が果たすべき当然の役割であり、官僚に対する「統制」には値しないものである。むしろ、それは、選挙民の多数派-多数派政党-内閣-行政官僚機構の間に太いパイプを築こうとするものである。そのパイプは、容易に政権交代が実現せず、特定の政権が長期に及べば及ぶほど、ますます太くなり、多数派の政策はスムーズに実施されることになろう。しかし、それは、官民の「癒着」ではあっても、決して民による官の「統制」ではないであろう。

高橋の枠組みでは、「統治」と「コントロール」が区別され、内閣(与党)が統治を、議会(野党)がコントロールを分担するものとされる。[72] この枠組みのもとで考えるならば、官僚に対する「統制」は、国民の多数派ではなく、むしろ、国民の少数派および議会の野党に期待すべきものと思われる。けだし、内閣の「連帯責任」、国務各大臣の「責任」の原則のもとで、大臣を「補佐」する政府委員(官僚)に対し、政策の形成・執行に関して「説明」を求め、その「責任」を追及し、場合によっては、その「是正」を要求しうるのは、議会の少数派(野党)だからである。野党は、ときの政権に反映されない選挙民の意思を基盤とするものである。「統制」とは、単なる「命令・服従」ではなく、「コントロール」(監視・監督・抑制)であるとすれば、政権から疎外された野党こそが官僚「統制」の主体となりうるものであり、しかも、その究極の基礎は、高橋の考えるような「国民多数派の意思」ではなく、その「少数派の意思」、ときの政府に対して批判的な国民意思にこそ求められるべきであろう。(73)

むすび

明治憲法が施行されるほぼ一年前、陸羯南は、「予約政治」と題した論説を『東京電報』に掲載している。陸は、その冒頭で、刊行に先だって新聞紙上で購読者をつのる「予約出版」に触れ、「吾人は之に依りて出版書籍の性質を知り、価格を知り、随て之に対する諸般の準備を、出版前に於て為すことを得るなり」、また、出版人も、これによって、「江湖人心の如何を察知し、損を担ぎ、失を負ふの不幸を免る丶を得る」とし、この発想を来るべき帝国議会のもとで、「予約政治」として生かすべきだと主張する。

ここで、「予約政治」とは、「為政者の其地位を争ふや、必ず先ず其主義を公示し、我若し為政者たらば、斯くすべし斯くせざるべしと誓ひたる上へ、若国人の多数にして敢て之に賛同せざる時は、即ち断然冠を掛けて去る」。それは、ちょうど、「予約出版者が、注文の多少に由り、其方針を左右する」ようなものであり、これによって、「為政者に非常の失なく、被治者に非常の損なし。官民ともに安んじて其職業に従事するを得べきなり」。もとより、こうした予約政治は、英米諸国でひろく行われているところであるが、それによって、人民は「政治の皈向如何を窺ひ、賛すべきは之を賛し、駁すべきは之を駁し、向背皈叛、預じめ之に備ふるを得べく、為政者は亦之に依りて人民の向背如何を知り、変ずべきは変じ、改むべきは改め、改删修飾して敢て過を文り失を遂ぐるの不幸を予防するを得る」とする。(74)

これは、一年後の議会開設を控えて、議会政治・政党政治の要諦を語ったものであり、「国民内閣制」論も、この程度の柔軟さをもった議論であるならば、とくに異論はないが、しかし、それは、「国民による決定」を重視する高橋にとっては、「予約」程度では微温にすぎるということなのであろう。

(1) 高橋和之『国民内閣制の理念と運用』(以下『理念と運用』と略記)有斐閣、一九九四年参照。
(2) 高橋和之「「国民内閣制」再論」(以下「再論」と略記)『ジュリスト』一一三六号六五頁以下(上)、一一三七号九二頁以下(下)、一九九八年。同『現代立憲主義の制度構想』(以下「構想」と略記)有斐閣、二〇〇六年、六三頁以下に再録。
(3) 高橋「再論」(上)六五頁、同「構想」六五頁。
(4) 諸橋轍次『大漢和辞典巻三』大修館書店、一九五六年、八六頁。
(5) 蠟山政道は、これに「国民内閣」の語をあてる。蠟山『現代の社会思想』高陽書院、一九三四年、一七七頁。
(6) 『日本史広辞典』山川出版社、一九九七年、六二五頁参照。なお、斎藤内閣が成立した際、朝日新聞ロンドン特派員は、「かかる難局に処するには挙国一致内閣をもつ英国人の良く知るところで、経験に富み識見高邁なる斎藤氏の手腕に期待されて居る」と報じている(『朝日新聞』一九三二年五月二四日)。
(7) C. E. Emden, *The People and the Constitution*, 2nd ed., Clarendon Press, 1956, p. 129.
(8) 美濃部達吉『議会政治の検討』日本評論社、一九三四年、五八頁以下。
(9) 美濃部・前出注(8)七五頁。
(10) 美濃部・前出注(8)七五―七六頁。
(11) Emden, *ibid*.

(12) 高見「議院内閣制の意義」高橋和之他編『憲法の争点　第三版』有斐閣、一九九九年、一九六頁参照。
(13) M. Duverger, *Institutions politiques et droit constitutionnel*, t. 1, 17e éd., PUF, 1988, p. 90f.; *La VIe République et le Régime présidentiel*, A. Fayard, 1961, p. 49f.; "Esquisse d'une théorie de la représentation politique", in: *L'évolution du droit public—Études offertes à Achille Mestre*, Sirey, 1956, p. 217f.
(14) *Institutions politiques*, p. 91.
(15) *La VIe République*, p. 41f.
(16) M. Duverger, *Les partis politiques*, Colin, 1951, p. 388.
(17) Esquisse, p. 218.
(18) *La VIe République*, p. 50.
(19) *Ibid.*, p. 28.
(20) H. F. Pitkin, *The Concept of Representation*, University of California Press, 1972, p. 92f.
(21) *Ibid.*, p. 100.
(22) B. de Jouvenel, *Du Pouvoir*, Les editions du Cheval aile, 1947, p. 296.
(23) *La VIe République*, p. 29.
(24) 高橋『理念と運用』二三〇頁注(29)。
(25) 高橋「再論」(上)六七頁、同「構想」六七頁。
(26) G. Leibholz, *Das Wesen der Repräsentation und der Gestaltwandel der Demokratie im 20. Jahrhundert*, 3. Aufl., de Gruyter, 1966, S. 224f.
(27) G. Leibholz, *Strukturploblеme der modernen Demokratie*, 3. Aufl., FAT, 1974, S. 94.
(28) Vgl., E.-W. Böckenförde, "Demokratische Willensbildung und Repräsentation", in: J. Isensee & P. Kirchhof (hrsg.), *Handbuch des Staatsrechts der Bundesrepublik Deutschland*, Band II, C. F. Müller Juristischer Verlag, 1987, S. 35.
(29) W. Weber, *Spannungen und Kräfte im westdeutchen Verfassungssystem*, 2. Aufl., F. Vorwerk, 1958, S. 21f.
(30) *Institutions politiques*, p. 105.
(31) 高橋「再論」(上)六八−六九頁、同「構想」六九−七二頁。

(32) もっとも、「国民の選択を助けるのが政党の役割だ」(高橋「再論」(上)六八頁、同「構想」七〇頁)との理解を示しているところからすると、高橋は、政党を国民の「メガフォン」とみる見解に与しているのかも知れない。
(33) 高橋「再論」(上)七〇頁、同「構想」七五頁。
(34) D. Sternberger, "Vorschlag und Wahl-Umriß einer allgemeinen Theorie", in: *Nicht alle Staatsgewalt geht vom Volke aus*, W. Kohlhammer, 1971, S. 121f.
(35) Sternberger, *supra* note 34 at 140.
(36) G・サルトーリ、岡沢憲芙他訳『現代政党学I』早稲田大学出版部、一九八〇年、一一二頁。
(37) 高橋「現代デモクラシーの課題」『岩波講座現代の法3』一九九七年、二八-三〇頁、同『現代立憲主義の制度構想』有斐閣、二〇〇六年、二三頁以下に再録(四六-四九頁)。
(38) S.E. Finer, "mandate theory", in: V. Bogdanor (ed.), *The Blackwell Encyclopaedia of Political Institutions*, Blackwell, 1987, p. 352. なお、マンデイト論について、山本悦夫『国民代表論』尚学社、一九九七年、一五六頁以下、『選挙と国の基本政策の選択に関する研究』総合研究開発機構(NIRA)、一九九六年、四一頁以下参照。
(39) J. Blondel, *Comparative Government*, 2nd ed., Prentice Hall, 1995, p. 380. なお、有権者は各種の政策のうちで、景気・物価・失業対策などに最大の関心を払い、選挙時の経済状況が投票結果に大きな影響を及ぼしているとの理論について、前掲NIRA『研究』三〇頁以下参照。
(40) 選挙制度と関連して、政党制の問題(二党制・多党制ないし二大政党制・穏健多党制)が論じられるが、これについては、かつて言及したことがあるので、ここではとくに必要がない限り触れない。本書第1章一五頁以下、第2章三八頁以下参照。
(41) 高橋「再論」(上)七〇頁、同「構想」七五頁。
(42) 高橋「再論」(上)七二頁、同「構想」八〇頁。
(43) L. Kißler, *Die Öffentlichkeitsfunktion des Deutschen Bundestages*, Duncker & Humblot, 1976, S. 427.
(44) 本書第2章四三頁。
(45) 高橋「再論」(上)七〇頁、同「構想」七六頁。
(46) R. Smend, "Die Verschiebung der konstitutionellen Ordnung durch die Verhältniswahl", in: *Staatsrechtliche Abhandlungen und andere Aufsäze*, 2. Aufl., Duncker & Humblot, 1968, S. 64f.

(47) Blondel, *supra* note 39 at 381.
(48) 高橋「再論」(上)七二頁、同「構想」八二頁。
(49) A. Lijphart, *Democracies*, Yale U. P., 1984, p. 57.
(50) A. Lijphart, *Electoral Systems and Party Systems*, Oxford U. P., 1995, p. 144.
(51) Lijphart, *Democracies*, p. 1.
(52) 高橋「再論」(上)七〇頁、同「構想」七五頁。
(53) 高橋「再論」(下)九四頁、同「構想」九一頁。
(54) W. Hennis, "Amtsgedanke und Demokratiebegriff", in: *Die mißverstandene Demokratie*, Herder, 1973, S. 11f.
(55) Hennis, *supra* note 50 at 13f.
(56) R. Mulgan, "responsibility", in: V. Bogdanor (ed.), *The Blackwell Encyclopaedia of Political Institutions*, Blackwell, 1987, p. 535f.
(57) 高見「国会議員と選挙民」『法学教室』一五九号、一九九三年、四九頁以下参照。
(58) 高橋「再論」(上)六五頁、同「構想」六三頁。
(59) 高橋『理念と運用』四一頁。
(60) 高橋「再論」(下)九四頁、同「構想」八九頁。
(61) 高橋「再論」(下)九二頁、同「構想」八五頁。
(62) W. Leisner, *Demokratie*, Duncker & Humblot, 1979, S. 37.
(63) 高橋「再論」(下)九四頁、同「構想」八九頁。
(64) 高橋「再論」(下)九三頁、同「構想」八九頁。
(65) F. R. Terry, "Getting on in Government——Political Priorities and Professional Civil Servants", in: A. Farazmand (ed.), *Modern Systems of Government*, SAGE Publications, 1997, p. 256.
(66) C. Turpin, "Ministerial Responsibility", in: J. Jowell & D. Oliver (ed.), *The Changing Constitution*, 3rd ed., Clarendon Press, 1994, p. 123.
(67) 浅野一郎編著『国会事典　第三版』有斐閣、一九九七年、一三〇頁。

(68) 松澤浩一『議会法』ぎょうせい、一九八七年、三八三頁。
(69) 本書第2章四八頁。
(70) 高橋「再論」(下)九六頁注(22)、同「構想」九〇頁注(22)。
(71) なお、本文で述べたシステムの選択に関連して、いずれをよしとするかは、憲法の枠組みからはもとより、理論的にも一義的に決しうる問題ではなく、基本的には「個人の規範的な好み」(personal normative preference)ないし「個人的な趣味」(personal taste)の問題である等と述べたところ(本書第2章四六頁)、高橋から、それは「趣味」の問題ではなく、「民主政治の質にかかわる重要な問題」であるとの指摘を受けた(「再論」(下)九六頁注(23)、同「構想」九一頁注(23))。この点は、——高橋の指摘に見られるような——無用な誤解が生ずることを避けるために、「レイプハルトの誇張的表現を借りるならば」と注記したうえで述べたはずである。その要点は、多数代表制(小選挙区制)と比例代表制のいずれか一方のシステムを採用した場合、そこから生ずるその後の政党制のあり方(二大政党制・穏健多党制)、民主政治のあり方(多数派支配型デモクラシー・コンセンサス型デモクラシー)の基本的な違いは、憲法の枠組みや理論から一義的にそのいずれかが優れていると結論づけうるものではないということにあり、それ以上のことを述べているわけではない。
(72) 高橋「再論」(下)九四頁、同「構想」八九頁。
(73) 官僚統制の問題については、いわゆる五五年体制崩壊以前の分析であるが、さしあたり、高見「議会制と官僚制」『ジュリスト』九五五号、一九九〇年、一二七頁以下参照。なお、与党内のバックベンチャーの「反抗」、委員会における与・野党を超えた議会人としての議員の「行動」が一定の統制的役割を果たしうることについて、Turpin, *op.cit.*, p. 128f.
(74) 『陸羯南全集第一巻』みすず書房、一九六八年、六五五—六五六頁。

補論Ⅰ　もうひとつの「ねじれ」——憲法の規範構造とその運用形態

1　「多数派型」と「合意型」の構成要素・再論

冒頭の論稿(第1章)において、筆者は、レイプハルトが「デモクラシー」の理念型として抽出した「多数派(支配)型」と「合意(形成)型」の対抗モデルを用いて、現行憲法の統治制度の分析を試み、「選挙制度と政党制のあり方いかんによっては、議院内閣制の運用のレベルで「多数派」型を実現することも可能であるが、しかし、日本国憲法そのものの規範構造は、むしろ、「合意型」の理念型に属するものといえよう」と説いた。(1) 今も、基本的にこの理解に変わりはないが、レイプハルトは、近著『デモクラシーに関する省察』(2)のなかで、単なる分析道具を超えて、両型の優劣を問題にし、「多数派型」に比して「合意型」の方に利点があるとの立場を鮮明にしており、わが国の問題を考える場合にも参考となると思われるので、ここで、その概要を紹介しておこう。

レイプハルトは、一九九九年公刊の『デモクラシーの諸類型』(3)において、一九八四年の『デモクラシー』(4)で用いた分析手法を踏襲したうえで、対象国を二一カ国から三六カ国に拡大し、分析の基点となる「多数派型」と「合意型」の理念型を特徴づける諸要素について、八四年の分析で用いた八つ(5)から一〇に補正を加えている。そこで、ここでは、両型を特徴づける一〇の要素からみておこう。彼は、⑴政府・政党と⑵連邦・単一国の二つの次元を区別し、双方の次元において、両型を特徴づける一連の五つの要素を抽出することから始める。そのうえで、まず、前者⑴の政府・政党次元において多数派型を特徴づけるものとして、①多数派政党による単独内閣への執行権力の集中、②内閣が優位する議会と内閣の関係、③二大政党制、④多数代表（小選挙区制等）の選挙制度、⑤集団間の自由な競争を伴う多元的な利益団体システムの存在が摘示される。これに対して、合意型を特徴づけるものとして、［1］広汎な連立内閣による執行権力の分有、［2］内閣と議会の間における権力の均衡、［3］多党制、［4］比例代表に基づく選挙制度、［5］妥協と共同歩調をめざした対等の「協調組合主義的《コーポラティスト》」利益団体システムの存在が挙げられる。次いで、後者⑵の次元の特徴づけは、連邦国と単一国における統治制度を構成する諸要素の対比という規範構造的な把握に還元される。すなわち、多数派型デモクラシーは、①単一の集権的政府、②立法権力の一院制議会への集中、③議会または国民の単純多数によって改正することが可能な軟性憲法、④議会が自らの立法について終局の合憲性審査権を保持する制度、⑤執行部に依拠する中央銀行の存在によって特徴づけられる。これに対して、合意型デモクラシーは、［1］連邦の分権的政府、［2］対等で強力な、しかも、異なる選出基盤から組成された二つの議院における立法権力の分割、［3］議会または国民、もしくは議会と国民の特別多数によってのみ改正することが可能な硬性憲法、［4］議会立法が独立の最高裁判所もしくは憲法裁判所による合憲性審査に服する制度、［5］執行権部から独立した中央銀行の存在によって特徴づけられる。(6)

2　憲法の規範構造と運用形態の間の「ねじれ」

ところで、現行憲法について上記両型に関する一連の諸要素に即して判断した場合、その規範構造は、もとより合意型の特徴を具備するものと言える。けだし、現行憲法は、①単一国家制を採用し、政府を集権的に構成するものの地方の分権・自治制度をも保障する体制を採り、そして、②中央では、衆議院とほぼ対等の権限を保持する民選議員からなる強い参議院を保持する両院制、③終審裁判所として司法審査権を行使する最高裁判所を配し、さらに、④改正手続が厳格な硬性度の高い憲法を有し、加えて、⑤一九九八年の日銀法改正により、制度的に日銀の政府からの自立・独立性が保持せられうる体制を整えているからである。とはいえ、この憲法のもとにあっても、多数派代表の選挙制度（小選挙区制）の導入によって、二大政党制の形成を促し、国会に対して内閣が優位し、国政をリードする多数派型のデモクラシーを実現してゆく方途は閉ざされてはいない。それは、一九九〇年代に始まった政治改革・行政改革のめざすところでもあった。しかし、それは、上述の図式からすると、合意型の憲法規範構造を多数派型として運用してゆくというものであり、憲法の規範構造とその運用形態の間にある種の「ねじれ」ないし「きしみ」を生じさせるものであったと言えよう。したがって、そこでは、合意型の憲法構造を踏まえ、比例代表制もしくは比例代表的に機能しうる選挙制度（かつてわが国で採用されていたいわゆる中選挙区制（大選挙区単記投票法）や、一九四六年四月の総選挙で一度だけ採用されたことのある大選挙区制限連記制のほか、大選挙区制を基礎とした累積投票法、逓減投票法など）を衆議院選挙に導入し、多党制のもとに内閣が組織され、強い参議院を擁する国会との間で一定の緊張と協調を保ちながら国政を進めるというデモクラシーの方途もありえたし、またありうるはずである。

3　「代表」／「決定」のトレード・オフと志向すべきデモクラシーの型

レイプハルトによれば、上記⑴の政府・政党次元において、そもそも「正確な代表」と「迅速果敢な決定」とは、同時に達成することができないトレード・オフの関係にある。けだし、「比例代表、多党制および連立内閣は、より正確な代表をもたらし、そして、とりわけ少数派のよりよい代表とその権益保護、さらに、その広汎な決定過程への参加を提供する」一方で、「[この代表の正確性を犠牲にする]多数代表の選挙制度によってもたらされる一党優位の内閣は、決断力にたけ、したがって、より実効的な政策の決定主体たりうる」からである。しかも、この論理は、(2)の連邦・単一国の次元でも維持される。すなわち、「連邦制、第二院、硬性憲法、司法審査および独立の中央銀行は政府の政策決定の堅固さと一貫性を抑止する」からである。(7)

このように、「代表」と「決定」というデモクラシーの実現にとって欠かすことのできない二つのものがトレード・オフの関係にあるとすれば、合意型と多数派型のいずれの方途をめざすのが望ましいと考えるべきか。

これについて、レイプハルトは、多数派型の実現をめざす論者が主張する政策の「実効性」について、『デモクラシーの諸類型』での分析の際、当初、多数派型の方がより実効的な政府を生み出すだろうとの期待をもって臨むが、ただ、その利点は——デモクラシーの「質」に関する合意型の性能によって相殺されるので——ごく僅かだろうと踏んでいた。ところが、実際には、経済成長・失業・争議・財政赤字等のマクロ分析の結果に両型の間でほとんど違いはなく、インフレと政治暴動の抑制については、むしろ、合意型が僅かだが優っていたとする。そして、「この合意型デモクラシーが多数派型デモクラシーに対して僅かに優るという事実は、多数派型デモクラシーにはごく僅かな利点すら存在しないという、重大な帰結を含んでおり、通念とは逆に、多数派型は、明らかに、よき統治形態ではありえないのである」とする。(8) では、合意型デモクラシーの利点はなにか。それは、環境・刑事施設・途上国支援等に関する政策にみられるように、「より優しく、より思いやりのある」公共政策が促進されうる点で、デモクラシーの「質」において多数派型との間で大きな差があるということである。(9)

「改革」という錦の御旗のもとに、多数派型が支配するわが国のデモクラシー論議のなかで、合意型を志向する上記レイプハルトのような見解が容易に浸透するとは思われないが、本格的な「ねじれ」国会が到来したのを機に、合意型のデモクラシーの方途を真剣に切り拓く試みがなされてしかるべきものと考える。

（1）本書二九頁(講座五八頁)。
（2）A. Lijphart, *Thinking about Democracy——Power Sharing and Majority Rule in Theory and Practice*, Routledge, 2008.
（3）A. Lijphart, *Patterns of Democracy——Government Forms and Performance in Thirty-Six Countries*, Yale U.P., 1999. アンドレ・レイプハルト、粕谷祐子訳『民主主義対民主主義——多数決型とコンセンサス型の三六ヶ国比較研究』勁草書房、二〇〇五年。
（4）A. Lijphart, *Democracies——Patterns of Majoritarian and Consensus Government in Twenty-One Countries*, Yale U.P., 1984.
（5）A. Lijphart, *supra* note 4 at 4-29. 高見・前出注（1）一七—一八頁。
（6）A. Lijphart, *supra* note 3 at 3-4.
（7）A. Lijphart, *supra* note 2 at 9.
（8）A. Lijphart, *supra* note 2 at 9-10.
（9）A. Lijphart, *supra* note 2 at 10-11.

Ⅱ　参議院改革を考えるために

4　並立制併存の意味と無意味

一　はじめに──問題の所在

(1)　選挙制もしくは代表制の類型として、一般に、①多数代表、②少数代表と③比例代表の類別がなされる。この類別は、歴史的な生起の順位(古いものから新しいものへ)を示すと同時に、そこには、きわめて単純な制度からヨリ複雑な制度への展開もまた示されている。すなわち、①代表者の選任を多数意思にかからしめる多数代表制は、中世イギリス議会構成員の選出法にまで遡及しうる制度であり、②少数派にも代表の機会を保障しようと試みる種々の少数代表制は、一九世紀になって採用されるようになった制度、そして、③多数・少数を問わず、その実勢に応じて、できるだけ公正に代表の機会を与えようとする比例代表制は、第一次世界大戦後、「多彩な脚光を浴びて世界を制するに至った」制度である。(1)

もっとも、③の制度が「世界を制するに至った」とまで言えるかどうかは、一九二〇年代から現在まで、これを採用する民主国家が六〇%のラインを前後するにとどまっていることからして、疑問であり、むしろ、③と①または③と②の制度を同じ選挙に採用する混合制(mixed system)が、今日、新たな傾向として注目されつつある。(2)この混合制には、(i)小選挙区多数代表(①)から生ずる民意と議席の乖離を比例代表(③)の得票に従って矯正し、各党が得票率に見合った議席数を得るように仕組む矯正(corrective)型と、(ii)そうした矯正を原則として行わず、③と①もしくは③と②の単純な組み合わせによって、それぞれ議員を選出する連結(combination)型とがある。(i)はドイツ・イタリア・ニュージーランド・メキシコ等に見られる制度であり(イタリアは、二〇〇五年、拘束名簿式比例代表に特化した制度を採用)、(ii)は日本・ロシア・台湾等で行われている制度である。(3)(i)は日本でいう「併用制」、(ii)は「並立制」に対応するものといえる。

参議院議員の選挙制度は、選挙区選挙と比例代表選挙とを単純に組み合わせていることから、衆議院議員の小選挙区比例代表制と同様、右で述べた連結型にあたるが、日本では、通常、小選挙区と比例代表制の組み合わせ方式についてのみ、「並立制」の語が使用されているので、それは、厳密には、「並立制」に該当しない。しかし、選挙区選挙(四七都道府県)のうち、二人区(二九県)は実質的に小選挙区であることに着目するならば、参議院議員の選挙制度もまた、広義の「並立制」にあたると解することもできよう。ここでは、衆参両院議員の選挙制度が上述の連結型に属し、参議院議員の選挙制度もまた緩やかな意味での「並立制」にあたるものと解したうえで、そうした「並立制」の選挙制度が併存している状況を問題とする。

(2) ところで、国会における小選挙区比例代表制案の審議に際し、参議院で、①衆議院議員選挙に導入される並立制は、「現行参議院の選挙制度と非常に酷似している制度であ」り、参議院が「このような案を通過させるのは自己の存在価値を否定することに通じるのではないか」(田中善一郎参考人)、②その導入によって衆議院の選挙制度は、「現在参議院が持っている選挙区と比例〔区〕というものと原理的に同じになり」、異なる代表原理で構成し、二重に審議を行う「合理性と必要性」が薄れ、「二院制の危機が訪れるのではないか」(本岡昭次)といった危惧が表明されている。(4)

同様の指摘は、当時、新聞の投書欄でもなされた。たとえば、①「衆議院の小選挙区比例代表並立制は、参議院の選挙制度と原理的には同じで」、大差がなく、これでは「参議院が二つできるようなものであ」り、「これで本当にいいのだろうか」、②「今回の改革の最大の不幸は構造的な問題、すなわち衆参両院の選挙制度が極めて類似することになった点」にあり、これでは「もはや議院の多様化」は「期待でき」ず、「それでなくとも埋もれがちな参議院をますます沈下させてしまうことになる」といった市井の「声」がそれである。(5)

もっとも、これらの指摘に対して、①同じ「並立制」といっても、衆議院の場合は、小選挙区と比例代表との重複立候補を認める「不完全並立制」であるのに対して、参議院は「完全並立制」であり、違いがあること、②衆議院議員選挙の改革は、「選挙の性格や議員の選出方法において小選挙区を主眼とするもの」であるのに対して、参議院の場合、(i)「選挙区は必ずしも人口比例にとらわれず都道府県の行政単位に基づくとともに、地方の時代の要請にも配慮したものであ」り、また、(ii)「比例区についてもこの選挙方式によらなければ学識経験者や職能代表を選出できないものとなっている」点で、衆議院とは大いに異なり、「参議院として特色があるので、その基本的枠組みを維持しつつ」「指摘されている問題点の解決を図るための改革を行う」ものとする、といった考え方も示されている。(6)

(3)もとより、参議院議員の選挙制度はいかにあるべきかは、憲法の起草過程で両院制の導入が方向づけられて以来、絶えず議論されてきた問題である。(7)しかしながら、これまでのところ、一向にこれといった妙案は浮上してきていないように思われる。本章の課題は、そうしたあるべき選挙制度の模索にはなく、デモクラシーの類型論の見地から、両院議員選挙について、並立制が併置されていることの意味を考えてみることにある。

二　デモクラシーの型と参議院の位置

(1)ここでは、デモクラシーを「多数派型」と「合意型」(8)に大別し、この二つの型に照らして、両院制について一定の位置づけを試みているレイプハルトのデモクラシー論を手がかりに、若干の検討を試みることにする。

レイプハルトによれば、「人民による支配」として定義づけられるデモクラシーは、近現代の大規模な国民国家においては、人民の選挙を基礎とする代表民主政の形態をとらざるを得ない。この代表民主政は、理念型的に、多数派型と合意型に区別される。ここで、多数派型とは、人民の「多数派」意思に基づく統治は、その少数派の意思に基づく統治よりも、デモクラシーの理念にヨリ近いとするものであり、これに対して、合意型とは、可能なかぎりヨリ多くの人々の合意に基づく統治を実現することが、デモクラシーの理念に合致すると解するものである。前者は、イギリスとニュージーランドの議会政をモデルにして構成された理念型であるが、イギリス議会政の経験が主たる素材とされていることから、ウェストミンスター型とも呼ばれる。また、後者は、スイスとベルギーの議会政をモデルとして理念型的に構成されたものである(本書第1章参照)。前者は、選挙で多数を獲得した党派の手に統治権力を集中しようとする傾向を有するのに対して、後者は、多数派政党の権力を制限ないし抑制しようとする傾向を持つ。この点において、両者は、基本的に区別せられる(9)。

(2) 上述のような傾向上の差異から、純粋に理想的な多数派型は一院制を指向し、同様に、純粋合意型は、各院が対等な権力をもつ対称形の両院制を指向する。前者の型に合致するのが、一九五〇年、両院制を廃して一院制に移行したニュージーランド議会であり、後者のそれにあたるのがスイスの両院制である。イギリスとベルギーの両院制は、多かれ少なかれ、右の各純粋型からの乖離を示す。すなわち、イギリス議会は両院制を採用するが、しかし、貴族院はほとんど権力を有しないがゆえに、それは、すぐれて非対称的な両院制である。ベルギーの両院制は、実質上、ほぼ対等の権力を保持する対称形の議院によって構成されている。しかして、その他のデモクラシー諸国の両院制は、上述の純粋型を両極端とするどこかの地点に位置づけられる(10)。

そもそも、多数派型デモクラシーは、「上院は何の役にも立たぬ。下院と一致するならば、それは無用であり、下院に反対するならば、それは有害である」(シェイエス)との見解に象徴されるように、本来、一院への権力集中を理想とし、両院制がとられる場合、下院に比して上院の権力が弱ければ弱いほど、その理想型に近いものとされる。これに対して、合意型デモクラシーは、「多数が常に正しいとはいえぬ。いやしくも、自治的な国民で、多数決から生ずる誤りを救済すべき何らかの手段を設けないものはない」（ブライス）との多数派支配抑制論に示されるように、下院と対等の権力を保持する上院を理想とし、上院が下院に近い権力を保持すればするほど、その理想型に近いものとされる。[11]

では、日本国憲法の両院制、それを特徴づける参議院制度は、上述の二つの型のデモクラシーからみて、いったい、どのような位置にあるのであろうか。

(3)　両院制について、レイプハルトは、上院の立法権力に着目して、①上院が下院と対等もしくは、ほぼ対等の立法権力を保持する「強い両院制」（スイス・アメリカ・ドイツ等）、②上院の立法権力が下院に劣る「弱い両院制」（イギリス・ベルギー・フランス等）および③上院にはその権力がなく、限りなく一院制に近い「無意味な両院制」（オーストリア・アイルランド）に区分し、日本の両院制を、②に位置づけている。[12] ①は合意型、③は多数派型の典型例であるが、②に分類されている両院制には、イギリスのように多数派型のモデルとされるものとベルギーのように合意型のそれとが混在している。

それでは、日本国憲法の両院制は、いったい、いずれの型のデモクラシーに属するのか。

上院による立法権力保有の程度にのみ着目して両院制の「強弱」を判断する限り、憲法上、衆議院が単純多数の意思で参議院の反対を踏みにじることのできる予算・条約の場合（六〇条・六一条）と違って、法律の成立に関しては、衆議院の三分の二以上の多数の意思でなくては参議院の反対を踏みにじることができないので（五九条）、憲法は、明らかに多数派と少数派との間の合意形成型を指向していると言える。けだし、「参議院の多数派と衆議院の少数派（ただし、三分の一を超えている必要がある）とが連合して（衆議院多数派が構成する）政府（内閣）に反対すれば、政府の提出する法律案の成立を阻止することができる」からである。[13]

もとより、参議院が立法権力に関与する程度は、デモクラシーの型を決めるうえで、一つの判断要素ではあっても、そのすべてではない。参議院の保持するその他の権力、選挙・政党制のあり方、分立構造の程度や憲法の硬性度、司法審査制の有無など、種々の要素をふまえ、総合的な判断・評価がなされなくてはならない。しかして、①機能上、一定の場合に衆議院の優位を認め、参議院を補充的な地位においているとはいえ、衆参両院の間で与野党勢力にねじれが生じている場合に顕著にみられるように、衆議院多数派および内閣に対して参議院が抑制的機能を発揮しうるものとなっていること、②憲法は法律をもってしても奪えない「地方自治の本旨」を保障し、中央への権力集中を抑制する構造をとっていること、③憲法改正について、国会の発議には、各議院の総議員の三分の二以上の多数の賛成を必要とし、しかも、その場合、法律等の議決とちがって、参議院は衆議院とまったく対等の地位におかれ、また、国民による承認には、国民投票で、その過半数の賛成を要するものとされる硬性度のきわめて高い憲法であること、④司法審査権を制度化することで、多数派意思の貫徹に歯止めをかけていることなど、憲法上合意型の構成要素を多分に備えている。しかし、他方では、衆議院議員選挙に多数代表制(小選挙区制)を導入することにより、二大政党状況を創出し、国民多数派が総選挙で実質的に首相を直接選任する「国民内閣制」として憲法の議院内閣制を運用し、多数派型のデモクラシーを実現することも可能である(なお、合意型の運用との対比につき、本書第2章参照)。要するに、実定憲法上は合意型に属するものと解しうるが、国民 - 衆議院 - 内閣の三者関係においては多数派型として機能させることも不可能ではない。

問題は、衆議院議員選挙に参議院類似の選挙制度が採用され、両院間の党派構成が類似性を増す場合、上述のデモクラシーの型から、それぞれ、参議院の存在ないし役割についてどのような評価が与えられるかにある。

三　参議院の役割と並立制併存の意義

(1) 上院は、一般に、国民の公選に基づく下院に対して、その目的ないし構成の仕方によって、①貴族院型、②連邦制型、③民主的第二院型（解散・総選挙によって随時、民意と直結する下院を補完・修正または抑制する役割が期待される公選制の第二院（上院）を有する型）の三つに分けられ、そのうち、参議院は右の③型に属することはいうまでもない。しかして、参議院のように、全構成員が公選される上院については、同様に公選議員からなる下院・衆議院との関係で、いったい、どのような役割を果たすべきものと考えればよいのか、その存在理由がつねに問われることになる。

日本国憲法上の参議院制度についても、その発足当初から、右の問題が繰り返し議論されてきた。この問題に、これまでのところ一つの最大公約数的な見解を示しているのが、参議院制度研究会（座長・林修三、委員・内田健三、河野義克、佐藤功、林忠雄）の「参議院のあり方及び改革に関する意見」（一九八八年）である。この研究会は、藤田・土屋両参議院議長の諮問を受け、(i)広く世界の議会制度の歴史のなかにおける両院制の存在意義は何か、(ii)日本国憲法下の両院制における参議院はいかにあるべきか、(iii)現行の参議院の選挙制度及び運営に改革すべき点はないかの三点について、研究・検討を重ねてきた結果を報告したものである。

以下、本章の叙述に必要な限りで、その内容を摘記しておこう。

① 日本国憲法上の参議院の役割は、広く両院制における上院の役割とされているものと異なるものではなく、衆議院に対する抑制・均衡・補完の機能を通じて、国会の審議を慎重にし、これによって衆議院とともに、国民代表機関たる国会を万全たらしめることにある。憲法は、両院の権限については、一定の場合に衆議院の優越を認めているが、この衆議院優越制のもとにおいても、参議院には、両院制の存在意義を生かすために、このような役割が期待さ

れているのである。

② 参議院が右のような役割を果たすためには、参議院が衆議院と異なる独自の立場と視点に立って、国政審議に当たることがなければならない。それによって、衆議院に対する抑制・均衡・補完の作用を営むことが可能となる。すなわち、もしも参議院における審議が衆議院と同じ立場と視点によってのみ行われるものであるならば、参議院はいわば第二衆議院に堕し、その存在意義を失うことになる。

③ 参議院に期待される独自の立場と視点は、(i)三年毎半数改選・六年任期制のメリットを生かし、国政上の諸問題について長期的・総合的な視点から対応する、(ii)衆議院のみでは十分に代表されない国民各層の利益や意見を代表し、反映する、(iii)政党の党議によって画一化されない多種多様な意見、あるいは非政党的色彩をもつ意見をできるだけ尊重し、十分に取り入れるといった努力を積み重ねることにより形成される。

④ 参議院が上述のような役割を十分に果たし、その独自性をよく発揮することができるかどうかは、第一には、公選制の下における参議院の選挙制度をどのように定めるか、第二には、参議院の運営をどのように行うか、に依存するところが多い。

以上、報告内容の摘要であるが、ここでは、④の第一で取り上げられた選挙制度のあり方が問題である。

上述の研究会は、一九八二年の公職選挙法改正で参議院議員選挙に新たに導入された比例代表制に検討をくわえ、(i)「政党本位」「政党主体」の選挙制度の採用は参議院の政党化をさらに一層促進するという結果をもたらしていること、(ii)そこでは、各党が参議院にふさわしい人物をその作成する候補者名簿に掲げることが可能となるとも期待されたが、この期待も十分に達成されているとはいえないこと、(iii)選挙資金の節減が可能となると期待されたが、その実状はその期待に反していることを指摘する。そして、次の諸点が、選挙制度改革の要点として列挙される。(a)比例代表制を廃止して、都道府県選挙区のみとすること、もし、比例代表制を存置する場合は、その選出議員の定数を相当程度減少すること(減少される定数の一部は都道府県選挙区の定数是正に使用)。(b)比例代表制を存置する場合は、現行の拘束名簿式を改め、非拘束名簿式とすることの当否を検討すること。(c)比例代表制または都道府県選挙区の制度に代えて、広域のブロックを選挙区とする制度の当否を検討すること。(d)民主的・公正な組織による、権威ある何らかの推薦母体を設け、その推薦による候補者について一般選挙人が投票するという候補者推薦制を導入することは、憲法の要求する「公選」の原則にも反するものではないと解されるので、新たな問題としてこの制度についても検討すべきであること。

(2)　ところで、第八次選挙制度審議会第一次答申(一九九〇年四月)は、衆議院議員選挙について、いわゆる中選挙区制に代えて小選挙区比例代表並立制の導入を提案したが、それが参議院議員の現行選挙制度と酷似するため、その第二次答申(同年七月)において、参議院議員の選挙制度改革についても一定の提言を行っている。そこでは、(1)の研究会で示された参議院の役割、選挙制度改革を考える際の主要点を踏まえ、大要、次のような指摘がなされている。

①　日本国憲法の定める両院制の下において、参議院に期待されている役割は、衆議院に対する抑制・均衡・補完の機能を果たすことによって国会の審議を慎重にし、国民代表機関たる国会の機能を遺憾なく発揮せしめることにある。そのためには、(i)衆議院議員とは異なる選挙の仕組みによって参議院議員が選出されることにより、衆議院とは異なる面からの民意が代表されるようになっていること、(ii)政党間の論議の場である衆議院とは異なり、参議院においては、その議員が所属政党の拘束からできる限り離れて行動することにより、その独自性を発揮できるようにすること、(iii)選挙制度の上では、参議院については、衆議院のみによっては必ずしも十分に代表されない国民各層の意見を反映するため、とくに職能的な代表や専門知識・経験に優れた人材が選出されるようなものとする必要があるとともに、参議院の政党化を抑制することができるようなものとすることが必要である。

②　望ましい選挙制度のあり方としては、(i)候補者推薦制をとること、(ii)都道府県を代表する議員を選出する選挙

のみとすること、(iii)広域ブロック単位の選挙のみとすること、(iv)全国単位の選挙のみとすること、(v)都道府県単位の選挙と広域ブロック単位又は全国単位の選挙とを組み合わせることなど、種々の方策が考えられる。しかし、(i)は、推薦制度の仕組みの具体化にあたって、憲法との関係で十分につめて考える必要があること、(ii)は、都道府県は連邦制国家における州と同視しうるものではないこと、(iii)は、参議院議員の選挙に適した相当広域のブロックを合理的に設定することは困難であること、(iv)は、全国単位の選挙のやり方が問題になっているときに、この都道府県代表の性格を持つ選挙区選挙を廃止して、前者の方式でのみ選挙を行うべきだとするのは問題の解決にならないこと、(v)の組み合わせ方式についても、(iii)(iv)の場合と同様の問題があることに加えて、区域の変更だけでは従来の弊害が生じることは避け難いことなど、いずれの案にも難点があることが示される。

そこで、審議会としては、現行制度の抜本的な改革案の提示を断念し、現行の比例代表・選挙区並立制を前提にした若干の改善策を示すにとどまる。すなわち、①比例代表制については、現在の拘束名簿式が、(i)参議院の政党化に拍車をかける結果となっており、参議院にふさわしくないこと、(ii)「候補者の顔の見えない選挙」になっていること、(iii)候補者名簿への登載やその順位の決定をめぐり問題が生じており、金のかからない選挙を実現するという所期の目的が果たされていないことなど多くの批判があることを理由に、個人名投票の導入を基本とする非拘束式比例代表制の導入を提示している。また、②都道府県単位の選挙区選挙については、かねてから少なくとも議員定数と人口の「逆転現象」は速やかに解消すべきであるとの指摘がなされていることから、定数再配分の提言を行うにとどまる。

これらの提言を受け、衆議院議員選挙への小選挙区比例代表並立制の導入をめぐる国会審議と並行して、参議院各会派や議員の間で、各種の参議院議員選挙制度改革試案が作成され[14]、定数削減、比例代表選挙の投票方法の改正等が検討されたが、最高裁からも指摘を受け、その解消が急務となっていた逆転現象の是正を目的とした定数改正(四増四減)が実現したにとどまる。[15]〔なお、二〇〇〇年の公職選挙法改正により、現在では非拘束名簿式比例代表制が採用されている。」

(3)　かくして、冒頭(一)で指摘したごとく、衆議院議員選挙に小選挙区比例代表並立制が導入され、参議院議員選挙における選挙区比例代表並立制との併存状態が、現在まで、継続している。一九九六年一〇月、新制度の導入後、はじめての総選挙が行われ、その実施状況を踏まえて、重複立候補制を中心に、現在、制度の見直しが問題となっている。したがって、これから先、衆議院議員選挙について、どのような制度改革が行われるか分からないが、仮に、現行並立制を維持しながら、重複立候補制のみが廃止されるといった方向での微温的な修正にとどまるならば、衆参両院議員の選挙制度はいっそう類似化し、参議院の選挙制度改革が「今後の大きな課題」となることは避けられないであろう。[16]

ともあれ、現在、並立制併存の状況が続いている。これをどう見るべきか。両院制の趣旨からして、類似の選挙制度が併存することは望ましくないとする点では、ほぼ異論はないであろう。ただ、上述(二)の多数派型のデモクラシー観に立つか、合意型のそれに立つかによって、その評価の仕方、したがって、改革の方途に違いが生ずることになる。

①　多数派型のデモクラシーからすると、そもそも、「完全に国民を代表し、感情に走らず、常に節度を守り、確実に手順を踏んで熟慮することを忘れない」理想的な下院ができるならば、上院のごときものはほとんど無用である（バジョット）。とはいえ、現実に、(i)下院が完全に国民を代表する保証がないこと、(ii)下院の議決は、政党対立の激化にともない、往々にして、冷静な討議を経ずに、また、国民意思(世論)を無視して強行されること、(iii)その選出基盤からして、下院議員に専門的知識を期待するのは無理であることから、両院制には、多数派の横暴・審議の形骸化を阻止するという一院制の欠陥を補正する政治的効用が認められるものとされる。[17]

しかし、上院の主たる存在理由を「多数派の横暴」阻止に求めることは、多数派型デモクラシーにとっては、自己撞着に陥ることでもある。けだし、人民の多数意思を代表し、「国民内閣」を支える下院多数派の意思に対して、少なからず実効的な制約を加えるところに上院の存在理由があるとすることは、人民の多数派意思に基づく一元的な責任統治を指向するデモクラシーにとって、自殺行為ともいえるからである。下院選挙では期待しえない専門的知識の調達を上院の選挙に求めることもまた、多かれ少なかれ知的エリート主義の観念を前提とする点で、多数派型のデモクラシー観には馴染まない。したがって、多数派型の立場からすれば、並立制の併存のように、「両院が同じ構成原理」をもって組織される二院制は、端的に「無意味であり、いたずらに屋上屋を重ねるにすぎない」と評するのが正当であろう。[18]

② 合意型デモクラシーの立場からしても、そもそも、類似の選挙制度によって党派的構成において瓜二つの議院ができるのであれば、ほとんど無意味であるということになろう。ただ、この立場からすると、たとえ選挙の方法が類似していても、実定憲法上、上院に対して下院とは異なる役割・権限が付与され、しかも、実際に、憲法の期待する役割・権限が十分に発揮されているならば、その限りで、屋上屋を重ねることにはならず、上院の存在は、それ相応に意味があるものといえる。この場合、上院の存在意義は、下院の二番煎じとならない審査・審議をどう実現し、下院の多数派意思の貫徹にどのような掣肘を加えうるかにかかっており、もし、それに失敗すれば、「無用の長物」と評されることになろう。

むすび

(1) 参議院改革の成否、すなわち、参議院が衆議院のカーボン・コピーに堕することなく、その役割を果たし、その独自性を発揮できるかどうかは、上述の参議院制度研究会の見解(三(1))に示されるように、議院運営上の創意工夫とその選挙制度の定め方如何にかかっている。このうち、前者については、一九九六年一二月一六日、参議院制度改革検討会が議長に答申した報告書においても、①委員会審査及び調査の充実、②決算審査の充実、③本会議表決での押しボタン方式の導入、④議員立法の充実、⑤情報公開といった五項目にわたる改革案が示されている[19]。衆議院とは異なる審査方法、議事運営に向けた改革の動きとして注目される〔上記五項目の改革案のうち、現在まで、③は実現し、②は鋭意そのための取り組みがなされている〕。しかし、後者の選挙制度改革によって、参議院の役割を果たすにふさわしい人材がリクルートされるのでなければ、前者の改革だけではもとより自ずから限界がある。

(2)　参議院議員の選挙制度改革の難しさは、衆議院議員の選挙と同じ公選制（憲法一五条三項、四三条、四四条）の枠内で、参議院の役割を担いうる人材を補給できる選挙制度を案出しなければならないことにある。広く国民一般を基礎に自由な選挙が行われる以上、参議院議員選挙においても政党・政派が人材供給の中心となるのは、いわば「社会学的必然」（宮沢）であり、「政党化」という抗し難い流れのなかで、参議院の役割を果たすにふさわしい「非党派的」な「有為」の人材を確保しうる選挙制度が考案されなければならないからである。多数代表制（小選挙区制）、少数代表制（大（中）選挙区制）、比例代表制のいずれの制度をとっても議員の政党化は避けられないし、また、候補者推薦制や職能代表制によって、専門的知識・経験を有する人材や職域代表的な人物をリクルートしようとすると、非推薦候補者に対する差別や職域分類の困難性といった難問に直ちに直面することになる。

要するに妙案はないのである。とはいえ、第一七回通常選挙（一九九五年七月）で投票率が五〇％をはるかに割り込み、第四一回総選挙（一九九六年一〇月）でも投票率が六〇％に達せず、国民の政治離れが深刻化しつつある現在、国会改革は待ったなしである。そして、国会改革のなかでも、とりわけ、並立制併存の解消に向けた選挙制度改革は喫緊の課題である。

(3)　しかし、それは、国会議員に任せておけばよいといった問題ではなく、われわれ国民自身の問題である。

"*YOU* may not think about politics, but politics thinks about *YOU*"という有名な言葉(一九三〇年代イギリスのあるパンフレット)に示されるように、現代のような「政党化」の時代にあっては、国民がどんなに政治に無関心でも、政治の方で国民を追いかけてきてしっかり摑んで離さないからである。そうであればこそ、「政治の力を野放しにせずこれを私達のコントロールの下に置くにはどうしたらよいかということを、文字通り私達の死活の問題として考えざるをえない」のである。(20)

言い古された言葉ではあるが、選挙改革の帰趨もまた、「私達の死活の問題として」、われわれ国民がどこまでこれを真剣に考えるか否かにかかっていると言えよう。

（1） 林田和博『選挙法』有斐閣、一九五八年、四一頁以下参照。

（2） A. Blais & L. Massicotte, "Electoral Systems", in: L. LeDuc et al. (ed.), *Comparing Democracies*, SAGE Publications, 1996, p. 52.

（3） Blais & Massicotte, *supra* note 2 at 54, 65f.

（4） 「第一二八回国会・参議院政治改革に関する特別委員会会議録第一〇号」三頁、「第一三一回国会・同会議録第五号」八頁。

（5） 『朝日新聞』一九九三年一一月二五日、同一二月一日「声」欄。

（6） 参議院自由民主党・参議院選挙制度検討委員会「参議院選挙制度改革大綱」一九九三年一一月一二日。

（7） 高見「参議院全国区制改革の沿革」『ジュリスト』七七六号、一九八二年、一三頁以下。

（8） A. Lijphart, *Democracies*, Yale U. P., 1984.

（9） L. LeDuc, "Election and Democratic Governance", in: L. LeDuc et al. (ed.), *supra* note 2 at 346.

（10） Lijphart, *supra* note 8 at 90ff.

（11） 美濃部達吉『議会制度論』日本評論社、一九三〇年、一二〇頁以下参照。

（12） Lijphart, *supra* note 8 at 100.

（13） 宮沢俊義「参議院の性格」同『政治と憲法』東京大学出版会、一九六九年、九一一〇頁。

(14)　藤野美都子「参議院の選挙制度改革論議」『法律時報』六四巻二号、一九九二年、三九頁以下参照。
(15)　河野久「第一二九回国会の概観」『ジュリスト』一〇五二号、一九九四年、一一二頁参照。
(16)　市村充章「参議院比例代表制の経緯とその評価」『議会政治研究』三八号、一九九六年、五三頁。
(17)　大西芳雄『憲法要論』有斐閣、一九六四年、一四四―一四五頁。
(18)　大西・前出注(17)一四三頁。
(19)　『朝日新聞』一九九六年一二月一七日。
(20)　『丸山眞男集5』岩波書店、一九九五年、一三二頁。

5　国会改革の前提と課題

はじめに

二一世紀を迎え、改めて、国会の未来に思いをはせるとき、国会は、これから先、果たして、このまま生きのびうるだろうか、との疑問が生ずる。これは、本章執筆のために手元に並べた資料のなかに、『国会は死んだか?』『国会は生きている』『国会の再生』といった題名の書物があったからではない。また、そのなかに、《*Kann der Parlamentarismus überleben?*》と題された古びた冊子を見出したからでもない。もちろん、それは、世紀末、自民党内の権力抗争に端を発した「内閣不信任騒動」のテレビ画面でかいま見た議員の醜態に、国会新生への一縷の望みすら脆くも潰え去ってしまったためでもない。それは、世紀の転換点に立って、一九九〇年代初頭から二〇〇〇年に至る国会の動向を改めて振り返りつつ、新たな世紀に、いったい、われわれは、国会に対して、何が期待できるのかを自問したとき、自ずと浮かび上がってきたものである。

右の疑問は、しかし、単に、この一〇年間、国会は、それなりに自己改革の努力を行ってきたにもかかわらず、いまだ国民の期待に応えうるまでには至っていないということから発するものではない。そうではなくて、それは、①国際的には東西冷戦の終結、国内的には五五年体制の終焉後に生じ、そして、現在もなお進行している国会を取りまく環境の激変に、国会がまったくといってよいほど対応できていないのではないか、②対応の努力の跡は見られなくはないとしても、その対応の仕方は余りに党利党略に過ぎ、国民の期待とかけ離れているのではないか、そもそも、③国会は、問題の深刻さにすら気づいていないのではないか、といった苛立ちに起因するものである。

いま、「国会改革」について、その論点をざっと数え上げただけでも、優に数十項目に達する。それらは、国会の制度・運用のすべての分野に及ぶが、もとより、本章で、そうした個々の論点にわたって論ずるだけの余裕はない。そこで、ここでは、国会の存立ないしそのあり方にかかわる二つの基本問題に絞り、九〇年代の状況を踏まえながら、問題点の摘示ないし検討課題の設定を試みることにしたい。一つは、国会の担い手である政党の現状にかかわる問題(二)であり、一つは、憲法の両院制(参議院)のあり方にかかわる問題(二)である。

一　無党派層の増大と既成政党の「カルテル政党」化

1　九〇年代半ばにおける無党派層の顕著な増加

国会は、内閣・裁判所とは異なり、国民が選挙によって選んだ代表者によって構成され、したがって、社会を直接の基礎とする国家機関であることは言うまでもない。そして、政党が、現代社会において多かれ少なかれ原子化ないし孤立化し、「孤独な群衆」もしくは「無組織の烏合の衆」(5)と化した個々人を政治的に組織し、統合する機能を果たすものであることもまた、改めて指摘するまでもない。政党は、このように、社会と国会(または国会を通じていわゆる「国家」)の間を媒介する重要な役割を果たすものであり、「政党国家(Parteienstaat)」という言葉が、わが国で、一九六〇年代頃から、盛んに用いられるようになったのも、政党の持つこうした社会の統合的機能に着目してのことであった。

国会の活動ないし運営の担い手は、上述のごとく、「政党」(各議院内では「会派」)であるが、一九九〇年代には、国民の間で、政治に関心はあるものの、特定の支持政党を持たない有権者層、いわゆる「無党派層」の増加が顕著となり、九〇年代半ば頃には、既成政党のなかで最も支持率の高い自民党をも上まわり、その動向が国政選挙の行方を大きく左右し、五五年体制崩壊後の政治を、一層、流動化させるようになった(6)。

ここで着目したいのは、この無党派層の増大をもたらした社会的な要因、そして、そこに示された「政党不信」「政党離れ」が、「国民代表」機関として、「政党」を媒介に社会的統合機能を果たすべきことが期待されている「国会」に対して突き付けているものについてである。

2　無党派層増大の背景・契機

無党派層の増加は、自民党長期政権下の金権腐敗政治がもたらした政治不信の高まりの時期、そして、東西冷戦の終結による政治的イデオロギー対立の崩壊時期と重なる。しかし、とくにその傾向を加速する契機となったのは、一九九四年、新党ブームを一気に萎えさせた細川政権の挫折と、それに続く自民・社会・さきがけ三党による村山連立政権発足時における社会党の防衛政策の大転換である。それによって、政治不信、政党離れが急速に進んだ(二〇〇〇年一一月の加藤紘一元自民党幹事長の「決起」の結末もまた、その政治的リーダーの言葉の軽さが政治不信を増幅させた)。それに拍車をかけているのが、激動する内外の政治状況、国家財政の劣悪化、長期にわたる経済不況、社会の急速な変化等々に対応しうる長期的な展望や当面する問題の有効な解決策について、政党が、具体的なビジョン、明確な選択肢を国民に提示しえていないことである。こうして、政治的なはけぐちを失い、政治的欲求不満《フラストレーション》を充満させた国民は、無党派層として一大政治勢力となり、その多くは、既成政党全体に冷ややかな態度をとりつつ、しかし、選挙のときには、各々、「すこしはまし」と考える政党に投票するか、あるいは棄権するか、もしくは白票を投

ずるといった行動等に出ているのであろう。(7)

3 二〇世紀後半期の社会的構造転換と価値の流動化

もとより、政党が、従来の支持者を失うか、または、その支持層をやせ細らせることで登場した無党派層の背後には、「構造的」とも言える社会の大きな転換が伏在する。それは、二〇世紀後半、とくに七〇年代前後から先進諸国においてほぼ同時に進行し、「ポスト階級社会(Post-Class-Society)」「階級なき社会(Classless-Society)」もしくは「総中流社会」といった言葉で語られてきた社会の構造転換である。

D・ヘルツォークは、この社会的構造転換について、大要、次のように述べている。

① 第二次世界大戦後の一九五〇年代から先進諸国で始まった長期の経済成長は、それらの社会において衣食住という生活上の基本問題を解決し、いわゆる階級的対立の原因とされた「貧困問題」に終止符を打った。上記「ポスト階級社会」等の言葉は、これを表現したものであり、そこでは、日常の生活に必要な衣料品、食料品や「マイホーム」などの耐久消費財がほぼすべての人々に行き渡り、誰しも「生活に不自由のない社会」となったことが言い表されている。この「豊かな社会」の出現は、人々の価値観の流動化をもたらし、そこでの生活は、多様化・多元化・個別化・差異化の方向に向かう。それに伴って、社会の構造もまた、大きく変化し、村や町といった伝統的共同体は崩壊し、労働組合や諸々の利益団体の組織力は低下し、衰退の一途を辿る。そして、現在では、社会の基盤である家族もまた大きく揺らぎ始めている。

② この構造的転換の速度に歩調を合わせるかのように、社会的価値の流動化もまた、その勢いを増す。そこでは、「勤勉」「福祉」「繁栄」「安全」といった価値に代わって、もしくは、それらと並んで、「自己決定」「自己実現」「ゆとり」「共生」「自然」といった脱物質的価値(Post-Material-Value)が優勢となる傾向にある。この変化に対応して、

政治の分野でも、「経済成長」「社会福祉」「治安・国防」といった諸政策に代わって、または、それらと並行して、「妊娠中絶の自由」「女性の社会参画」「環境保護」「外国人の参政権」などが重要な政策課題として浮上する。

既成政党は、こうした価値の変化・流動化やその多様化への対応を試みてはきたが、しかし、総じて、多くの国民の支持を得るには至っていない、というのである。[8]

4　社会的変化への政党の対応としての「包括政党」化

一九六〇年代半ば、O・キルヒハイマーはいち早く、先進諸国の政党に生じた、この新たな社会の変化への対応の動きを、「包括政党(Catch-All "People" Party)」という言葉で表現した。それは、従来の階級的もしくは宗教的組織政党が、これまでの支持基盤を超えて、国民各層から万遍なく支持を取り付けうる政策を掲げ、選挙に負けないことを目指す政党へと変質しつつあることを指摘したものであった。[9]この指摘は、政党が、これまでのように、安定した支持基盤を背景に、一つの首尾一貫した体系として、政策プログラムを提示することが難しくなり、社会の変化・価値の流動化に対応して、様々な需要に応えうる「百貨店《デパート》」のような存在に変わりつつあることを摘示したものである。

すなわち、政党もまた、脱イデオロギーの時代に即応して、大衆消費財の主要銘柄《メジャー・ブランド》のように、マスメディアを通じて、「消費者」(有権者)である国民のなかに浸透をはかろうとするようになったというのである。[10]そして、このモデルは、八〇年代、日本の政党分析にも適用され、日本では、公明党を除き、政党支持者の社会的背景は、西欧の多くの政党と比較して著しく雑多であり、この雑多性は「日本の主要政党が包括政党《キャッチ・オール・パーティ》への可能性をより多く持っていることを示唆するもの[11]」だとも評価された。[12]しかし、九〇年代に顕著となった無党派層の増大は、日本の主要政党が、その包括政党化への努力にもかかわらず、有権者(消費者)の心を捉えきれなかったことを示しているように思われる。

5　九〇年代におけるポピュリスト政党の登場

ところで、八〇年代末の冷戦終結に伴うグローバルな政治・社会構造の転換を背景に、九〇年代に入り、西欧各地で、極右と極左のポピュリスト政党が新たな台頭を示すようになる。H・G・ベーツは、これを、大要、次のように分析する。(13)

① デンマークおよびノルウェーの進歩党やベルギーのフラームス・ブロック、フランスの国民戦線等の新右翼は、総じて、既存の社会・政治システムを拒否し、個人の能力、自由市場、国家の役割のドラスティックな転換を求める点において、ラディカルである。彼らは、まず第一に、個人的・社会的平等やその達成をめざす政治的プロジェクトを否定する点で、第二に、社会の片隅に追いやられたグループの社会的統合に反対する点で、第三に、公然たる民族主義ではないとしても、外国人嫌い(xenophobia)に訴える点において、右翼である。そして、彼らは、人々が抱く漠然とした生活不安、小市民的感情に訴える点において、ポピュリストである。要するに、彼らは、個人および経済に関する古典的自由主義の立場と、右翼の排外的な政策課題を巧みにない交ぜ、凝縮し、単純化した形で、成功の機会を失い、社会や政治システムの展開の方向に失望感を抱く選挙民に向けて発信しようとするのである。(14)

② 他方、緑の党に代表される左翼リバタリアン政党は、市場・個人投資・業績主義に対する不信および公正な財の再分配へのコミットメントを、従来の左翼と共有する限りで、左翼的である。彼らは、個人および集団の活動を規制する企業の管理《ビューロクラシー》(=官僚)体制や国家の官僚制《ビューロクラシー》を拒否する限りで、自由至上主義者《リバタリアン》である。市場の自己規律もしくはピラミッド状の多様な権威(官僚)が、最終的な決定者として持ち出されることに対抗して、彼らは、市場や官僚の指示によって阻害されず、個人および集団の自律性が害されない「参加方式の、分散された決定過程」を主張する。要するに、彼らは、コミュニティが支援するサービスを媒介とした福祉国家の拡大、社会的・民族的・文化的少数派や社会の隅に追いやられたグループの政治的統合、普通の市民が政治的討論とその決定過程に参加することのできる諸

制度の整備等を要求するのである。その支持者は、ベーツによれば、上述の新右翼とは対照的に、教師・医師・研究者・弁護士など、社会のいわば浮遊的インテリ層が中心だというのである。

6　既成政党の「カルテル政党」化

上記両翼のポピュリストの登場は、既成政党の変質、すなわちその「カルテル政党」化に対応するものである。R・カッツとP・メアによれば、近年における既成政党の変質を示す「カルテル政党」とは、次のような理念モデルとして提示されうるものである。

①「包括政党」モデル(一4参照)は、政党が、従来の固定した社会の支持基盤から、そのターゲットを社会全体に「拡大」する傾向が見られる点を捉えたものであり、そこでは、政党の持つ社会的統合機能が、当然に前提とされていた(もちろん、それは支持基盤の「拡散」「希薄化」でもあり、従来の支持層の衰退に伴うものであった)。これに対して、「カルテル政党」モデルは、八〇年代後半以降、西欧諸国の選挙で顕著となってきた無党派層の拡大に伴う浮動票の増大、投票率の低下に示される政党と社会の亀裂に着目し、政党が社会から遊離し、従来の統合機能に重大な変化が生じつつあると考えるのである。すなわち、従来、社会と議会ないし国家との中間にあって、とくに、前者のエージェントとして、後者に働きかけ、浸透する役割を果たしていた政党が、両者の間のブローカー的存在となり、一方で、前者の諸要求を取り纏めて後者に取り次ぎ、他方で、後者の政策を前者に対して擁護するエージェントとして活動するようになってきたと見るのである。

この「ブローカー」としての政党モデルには、社会であれ、国家であれ、その「顧客」(有権者)の利益とは区別される「政党独自の利益」の存在が含意されている。政党のブローカー的能力は、顧客としての有権者から、その支持を取り付ける能力だけではなく、国家を巧みに操るその能力にも依存する。そして、かかる政党が、社会における自己の顧客(有権者)の利益において、国家を操りうるならば、それはまた、顧客(有権者)ならぬ政党それ自体の利益において、国家を操りうるはずである。こうして、政党は、自らの利益を守るために国家の権力を利用するものだ、とのイメージが描かれることになる。

② 無党派層の増大、政党活動への市民の参加・支援の衰退は、政党が、これまで、その基盤としてきた社会以外から、その財政的・物質的資源を獲得することを余儀なくされるに至る。国によって異なるが、しかし、自ら立法者でもある政党は、総じて、国庫に目を付け、政党に対する公的助成という形で、市民からの献金の減少を補おうとする。ここで留意すべきは、(a)公的助成のルール、その投入される公金の額を決定するのは、立法者としての政党そのものだということ、そして、(b)その決定(政党助成法)は、一般に、既存の政党にとって有利に、新たに登場しようとする政党にとっては不利なものとなるということである。さらには、選挙運動についても、立法により、既成政党のメディアに対する特権的なアクセスを自ら保障し、新規政党の参入を阻止する傾向が見られるということである。

こうして、既成政党は、いまや、半国家的エージェンシーとなり、彼らの間での資源の分有、生き残りのための競争制限が行われるのである。「カルテル政党」という新たなタイプの政党の出現である。それは、政党と国家の間の相互浸透および既成政党間の結託によって特徴づけられる。もとより、それは、まだ萌芽段階にとどまっているが、議会では諸会派間の対立を避け、諸会派協調の議会運営の実現につとめ、既成の各会派・現職議員の共通の利益をはかろうとする。そのライバルは、既成の他会派ではなく、新規に参入しようとする新党だ、というのである。[15][補注]

7　日本における「カルテル政党」化の兆候

上述の「カルテル政党」モデルについては、その前提とする「国家」と「社会」の関係についての紋切型の理解、「カルテル政党」の概念的不明確性、現実の政党の実体との乖離など、種々の問題点が摘示されている。[16] また、このモデルが日本における政党状況の解明にどれほど意味があるかは問題となりうるであろう。しかし、日本においても、九〇年代の政党助成法の制定や既成政党本位の選挙法改正、そして、この間における無党派層の増大などを考えた場合、そうした動向の背後にあるものを理解するうえで、上記モデルは、ある程度、有効な理論枠組みを提示するものではないかと思われる。しかも、それは、国会の担い手である政党のあり方を、その根底から問題視する「批判モデル」であるがゆえに、二一世紀における国会のあり方を論ずる場合に、その前提として検討に価するものといえよう。

二　「国会内閣」と参議院改革の課題

1　自民党の「大敗北」と「国会内閣」の出現

自民党が空前の大敗北を喫した第一五回通常選挙(一九八九年七月二三日)は、参議院はもとより、衆参二つの議院からなる国会全体にとって、さらには、日本国憲法下の議院内閣制の運営のうえでも、一つの大きな転機をなすものであった。それは、この選挙で、自民党は、改選六九議席に対して三六議席しか獲得できず、非改選を合わせても一〇九議席にしかならず、過半数の一二七議席(当時。なお現在の過半数は一二二議席)を大きく割り込んだことで、以後、自民であれ、非自民であれ、政権を中心的に担おうとする政党にとって、参議院で、どのようにして、他党・他会派の協力を取り付け、衆参両院で絶対多数の安定勢力を確保するかが、組閣ないし国会運営の要諦となるからである。しかし、そのため、総選挙によって衆議院議員の過半数を制した政党(単一もしくは複数)が内閣を組織し国政を担うべきものとする「憲政の常道」に歪みが生じ、衆議院の絶対多数を基盤とする「議院」内閣ではなく、衆参両院における絶対多数を基礎とする「国会」内閣の様相を呈することになる[17]。そこでは、ある政党が、たとえ総選挙で衆議院の議席の過半数を確保しえたとしても、参議院で過半数割れの状態が継続する限り、参議院において、他党(一党もしくは複数の政党)の協力を得て、絶対安定多数の勢力を形成することができなければ、国会および内閣の運営は危うくなり、国政は不安定なものとなる。

2 「国会内閣」の象徴的事例——一九九八年の第一四三回国会

上述の危惧を表面化させたのは、第一八回通常選挙(一九九八年七月一二日)における自民党の惨敗であった。選挙後に召集された第一四三回国会(会期一九九八年七月三〇日-一〇月一六日)において、衆議院議員の総選挙で与党が後退もしくは敗北した「後」の特別会等で一般に現われうるような事態が相次いで生起した。

① まず第一に、衆議院議員の総選挙のみならず、参議院議員の通常選挙の場合にも、その結果如何によっては、首相が選挙に敗れた責任をとって直ちに辞任し、いわゆる「政変」を惹起しうることが明白となったことである。それは、同年七月の通常選挙で自民党が惨敗した直後に、橋本龍太郎首相がその責任をとって退陣を表明し、それを承けて、自民党総裁選挙が実施され、小渕恵三が選出され、七月末召集の上記国会で、首相に指名され、新たに内閣を発足させたことに示されている[18]。

通常選挙の結果が「政変」に結びついたのは、もとより、これが初めてではなく、上述した一九八九年の自民党大敗北のときにも、宇野宗佑内閣から海部俊樹内閣への交代劇が生じている[19]。また、第一七回通常選挙(一九九五年七月二三日)で、当時の社会党が過去最低の一六議席にとどまり、連立を組む自民・さきがけ両党の議席と合わせて辛うじて改選議席の過半数を確保する結果となったことから、村山富市首相が、三党連立の維持を前提に、「与党第一党が首相を出す責任がある」として、河野洋平自民党総裁への禅譲を打診したが、不発に終わった例もある[20]。これは「政変」には至らなかったが、しかし、通常選挙の結果が直ちに内閣の変動に結びつきうることを示すものであり、いわゆる五五年体制のもとで、緑風会が衰退した後、自民党が衆参両院で安定多数を確保していた時代[21]には考えられなかった事態である。

②　第二に、①とも関連するが、通常選挙の結果により、衆参各院の党派構成において与野党間で「ねじれ」が生じた場合、内閣総理大臣を指名する「国会の議決」(憲法六七条一項)の際、参議院において衆議院とは異なる指名がなされる事態が生じうることである。第一四三回国会における首相指名の議決のための投票で、参議院は、決選投票の末、菅直人民主党代表を指名し、衆議院は小渕自民党総裁を指名した。そのため、参議院の求めにより両院協議会が開かれたが、成案をうることなく、憲法六七条二項により、衆議院の指名が国会の指名となった。

同様の事態は、一九八九年の海部内閣成立の際にも生じた。このとき、参議院は、土井たか子社会党委員長を指名し、衆議院は海部自民党総裁を指名したことから、参議院の求めで両院協議会が開催されたが、意見の一致を見ず、衆議院の指名が国会の指名となり、海部内閣が誕生した。これは、第一回通常選挙(一九四七年四月二〇日)後、政党色を排し、政争の圏外に立つことを標榜し、参議院独自の会派として結成された緑風会が最大会派として院議を左右していた初期の国会(第二回国会)で、参議院が吉田茂自由党総裁を、そして、衆議院が芦田均民主党総裁をそれぞれ指名し、憲法六七条二項による両院協議会が開かれたとき(一九四八年二月二三日)以来のことであった。したがって、それは、五五年体制のもとで、参議院の政党化に伴い、緑風会が衰退・消滅し[22]、自民党が衆参両院で安定多数の議席を確保していた状況のもとでは絶えてありえず、四十余年後に生じた「ねじれ」の結果、再浮上するに至ったものである。

③　第三に、衆参両院の間で生じた「ねじれ」状態が継続し、国政が安定を欠く場合、従来、さほど注目されることのなかった「問責決議」が、政治的威力を発揮しうることが明らかになったことである。第一四三回国会の会期末、参議院は、民主党・新緑風会、公明、自由党の野党三会派が共同で提出した額賀福志郎防衛庁長官に対する問責決議を可決した。それは、防衛庁をめぐる背任事件や証拠隠滅疑惑など一連の不祥事に対する最高責任者としての長官の

「管理責任」「道義的責任」「結果責任」を追及したものであり、長官は「出処進退を明確にし、みずからけじめをつけるべきことが、国民に対する責任を全うする唯一の方法であることを知るべきである」[23]とする趣旨の問責であった。国務大臣の任免権は内閣総理大臣にある（憲法六八条）ため、長官の問責決議には、法的な意味はなく、政治的な意味しか有しないが、しかし、閣僚に対する問責決議が可決された初めてのケースであり、その後の政府の対応が注目された。政府・自民党は、以後、参議院で防衛庁長官が出席する委員会、本会議の審議ができなくなることを恐れ、国会の混乱を回避するため、長官の辞任もやむをえないと判断し、国会閉会後、長官は、事件に関する一連の事後処理を行ったうえで、一一月二〇日、辞任した[24]。

もっとも、これが、一閣僚に対してではなく、内閣または内閣総理大臣に対する問責決議案が可決された場合であれば[25]、その政治的効果は、上記長官に対する問責決議のそれとは比べものにならず、参議院と内閣の対立は抜き差しならぬものとなるであろう。この場合、法的ないし政治的打開策としては、今野彧男の指摘するように、内閣が、憲法六九条に基づいて、衆議院に信任決議案を提出し、その可決を待って内閣の存続をはかるといったことも考えられる[26]。しかし、こうした形で、憲法上、内閣が「辛うじて」維持されえたとしても、衆議院で与党が三分の二以上の議席（憲法五九条二項）を保持しない限り、――よほど巧妙な野党対策が講じられる場合はともかく――通常の場合、法律案一つまともに成立させることもできず、当該内閣が不安定な状況に置かれることには変わりないであろう（後述④参照）。額賀長官問責決議の可決は、参議院多数派と衆議院多数派・内閣との間の対立がこうした暗礁《デッドロック》に乗り上げてしまいうることを示唆するものであった。

④　第四に、政府・与党が、最重要法案として、第一四三回国会に提出した金融再生関連法案に対し、野党三会派（民主、平和・改革、自由）による修正案が提示されたことから、政府・与党は、参議院での与野党勢力の逆転状況を踏まえ、野党会派との修正協議に入り、理念・政策を異にする野党案をほぼ「丸のみ」し、政府・与党案を事実上

「廃案」にするという、「憲政史上」異例の事態を招いたことである[27]。それが「憲政史上」異例だとされるのは、衆議院の多数派を基盤とする内閣が、その重要施策を法案として国会に提出し、衆議院を通過して参議院に送られた場合、もとより、参議院での修正はありうるとしても、「第二院」としての参議院の理念・役割からして、本来、その「修正」には自ずと限度があるはずであり、当該修正が法案の核心ないし骨格にわたる部分にまで及ぶとすれば、それは、――「国民内閣」制論はもとより、通説的立場からしても――「議院内閣」制運用の基本原則にもとるものと考えられるからである。

以上、第一四三回国会で参議院が「内閣の組織・運営」に絡み、その動向に影響を及ぼした象徴的な事例である。政府・自民党は、この反省から、自由党との連立、そして、とりわけ、参議院での絶対多数の確保をめざして平和・改革(公明)との連立工作に入り、閣外協力の形での自自公連立の枠組みを確立し、第一四四回国会(会期一九九八年一一月二七日―一二月一四日)において、公明の閣外協力に対する見返りでもある地域振興券支給などを盛り込んだ補正予算等を成立させた後、第一四五回国会(会期一九九九年一月一九日―八月一三日)では、衆参両院における絶対安定多数の確保による「国会内閣」を形成し、そのもとで、二一世紀の「この国のかたち」や「国民の生活」に大きな影響を与えるに相違ない数多くの重要法案を次々と成立させていったのは未だ記憶に新しいところである[28]。

3 参議院政党化の諸要因

上述のように、衆議院と参議院の間における与野党会派の「ねじれ」が、衆議院における「巨大連立与党」の形成に導き、両院に基盤を置く「国会内閣」を現出させた。それは、いわゆる五五年体制のもとで、参議院が、憲法上、第二院としての「あるべき姿」を見失い、本来、衆議院(第一院)がその運用の主体であるはずの「議院内閣」制もしくは「政党政治」「多数派支配」の論理に、参議院会派もまた、――与野党を問わず――深く染まってしまっていることによるものである。これを象徴的に示したのが、一九八九年の第一五回通常選挙における自民党の空前の大敗直後に召集された第一一六回国会（会期一九八九年九月二八日―一二月二四日）での参議院野党四会派（社会、公明、民社、連合参議院）による消費税廃止法案の発議であった。けだし、その法案の趣旨説明において、野党四会派が先の通常選挙で一致して公約に掲げ、選挙の結果、参議院の与野党勢力が逆転したことにより、当然のごとく、国民の支持を得た「〔消費税廃止の〕公約を誠実に履行すべく消費税法を廃止する法律案を初め九法案を提出〔する〕」[(29)]ものとされているからである。

参議院の政党化は、もとより、憲法四三条で、衆参各院とも公選によるものとされたことから、参議院議員の選出方法にどのような工夫を加えても、避けえないものである。そのことは、参議院議員の「選挙を何べんもやるうちに、政党〔所属〕でないと選挙地盤を育成し、確保することが困難になってくる」ので、緑風会のメンバーは「回を重ねるたびに衰微し、……消滅した」[(30)]ことからも明らかである。この政党化を加速させた要因として、(a)五五年体制の成立後、自民党をはじめとする諸政党が、それぞれ、政党本部の党議によって、衆議院会派のみならず、参議院会派のメンバーをも拘束し、参議院独自の動きを封じ込め、参議院での法案審議の行方をも支配してきたこと[(31)]、(b)総裁・党役員の選出などに際して、参議院議員票が威力を発揮してきたこと[(32)]、(c)政権政党に所属する参議院議員にも一定の閣僚枠が用意されてきたこと、(d)一九八〇年の初めに、全国区制に代えて、政党主体の比例代表選挙の制度が導入されたことなどが指摘できよう。さらに、これに拍車をかけているのが、(e)五五年体制が崩壊した九〇年代半ば以降、ほとんどすべての政党が政権を担う機会を持ち、その味を占めた諸政党が、「政策」もそこそこに、上記カルテル化の傾向を強めつつあること、そして、(f)とくに、参議院でキャスティング・ボートを握る小会派が、その切り札を巧みに行使することにより、連立政権内で、実数以上の力を発揮しうることが明白となったことなどであろう。

4　「国会内閣」の制度的要因

憲法四三条のもとでは、もとより、参議院の政党化は不可避であるとしても、その参議院が、衆議院に基礎を置く「議院」内閣を変形させ、衆参両院からなる「国会」内閣ともいうべき形態を現出させることになったのは、「与野党のねじれ」といった政党状況の変化のほかに、憲法上、ほぼ衆議院なみの権限が参議院に付与されていることが挙げられよう。それは、衆参両院における与野党会派の構成に「ねじれ」が生じていない間は表面化することはない。しかし、いったん「ねじれ」が生じた場合、衆議院で可決した議案が、参議院で否決される公算が高くなり、実際にも、両院の間で意思の不一致が生じ、その調整ないし解決が重大な問題とならざるをえないからである。憲法は、その場合、予算・条約についてはいずれにしろ「衆議院の議決」を「国会の議決」とし(憲法六〇条・六一条)、衆議院の意思を優位させる仕組みをとっているのに対して、法律案については、参議院で否決(ないし修正)された場合、衆議院が「出席議員の三分の二以上の多数で再び可決したときは、法律となる」(憲法五九条二項)と規定するにとどまり[33]、「衆議院の優越」の程度は低いものとなっている(なお、「内閣総理大臣の指名」については二2②参照)。この衆議院における「出席議員の三分の二以上の多数」という再議決の可決要件は、与野党間の「ねじれ」により、参議院で野党会派が絶対多数を占める場合、内閣が、衆議院において、この要件をクリアーしうるだけの巨大多数派を形成しえない限り、その意思を貫くことは極めて困難なものとなる[34]。とりわけ、内閣がその施策を実現するための最重要法案が、衆議院で可決されたにもかかわらず、参議院において否決(もしくはその骨格部分に及ぶ修正)された場合、この再議決の高い可決要件が厚い壁となり、手詰まりの状態に陥る。もとより、衆議院で否決されたのであれば、内閣は、解散に訴えて国民の判断を仰ぐことで、局面を打開することが可能である。しかしながら、参議院で否決された場合には、衆議院が両院協議会の開催を求める以外は[35]、制度上、衆議院において「出席議員の三分の二以上の多数で再び可決」するほか、これを打開する道筋はない。この「三分の二以上」という厚い壁が、衆議院のみならず、参議院における多数派をも基盤とする「国会」内閣の形成に導いているのである。

5　参議院改革のジレンマ

再議決に関する規定(憲法五九条二項)については、憲法施行当初から疑問とされ、とくに、緑風会が参議院の最大会派として、政府提出法案の命運を支配した初期の国会において大いに問題視された。たとえば、当時、「参議院は、予算の審議、条約の承認、首相の指名については衆議院に対し明らかに劣位に立つけれども」、憲法五九条の規定は「必ずしも参議院の劣位を意味しては」おらず、「政府の提出案を、あるいは否決し、審議未了にし、または骨抜きとし、衆議院を大きく制約する動〔働〕きを示して」おり、そうした働きは「衆議院を中心に国政の運営をはかろうとする衆議院第一主義と相容れないもの」であり、首相(吉田茂)の「参議院に対する批判も、こゝから生じてくるのであつて、参議院改革が日程にのぼらざるをえない理由もまたこゝにある」との分析もなされている[36]。一九八九年の第一五回通常選挙によって生じた両院間の「ねじれ」もまた、これと同様の状況をもたらし、とくに、一九九八年の第一四三回国会における法案修正(一―2④参照)は、憲法五九条で手厚く保護された参議院野党諸会派の威力を見せつけ、本来、憲法の予定する「衆議院第一主義」からの大きな逸脱を示すものであった。

もちろん、これはなんら「逸脱」ではなく、この種の「国会内閣」制は、憲法の当然に予定しているところであるとの見解もありえよう。しかし、それでは、憲法の規定する両院制が、「反対向きの前の馬と後の馬によって引かれた荷馬車」(B・フランクリン)のように、双方が引っ張りあって進むべき方向が定まらないことも、憲法が当然に望むところであると解するようなものであろう。これに対して、憲法は、民意を最もよく反映している「衆議院第一主義」で進むべきことを示しているとする見地からは、衆議院に基礎を置き、内閣を組織する多数政党・会派が、参議院でも多数派を形成し、衆参両院を支配することが望ましいとされるであろう。実際、五五年体制下の自民党はそうであったし、また、一九九〇年代末の自自公ないし自公保連立がそうであろう。しかし、それによって、参議院での審議の帰結が、法案提出前から見えてしまうのでは、参議院は「無」に等しい存在となろう。まさに、「完璧に公選された第二院と庶民院〔第一院〕および政府〔内閣〕との関係は、政府の決定に関する無意味なラバースタンプであるか、それとも、党派的政党（Partisan Party）の政治的理由から政府立法を停滞させてしまう機関であるかのいずれかでしかありえない[37]」のである。参議院は、こうした「無用」か、さもなくば「有害」との論難のなかで、どうやって生きのびうるのか。二一世紀初頭にもその解決を迫られる参議院制度の改革にとって、衆議院の再議決権は、最重要課題の一つとなろう[38]。

むすび

「むすび」にあたって、一言しておきたいことがある。それは、二一世紀における情報通信技術（ＩＴ）革命の進展がもたらすであろう更なる国内外の社会的変革のなかで、従来の選挙民・国民と国会議員との関係、国会と内閣ないし官僚機構との関係もまた、大きく変わらざるをえないということである。この国会を取りまく環境の変化に耐えうる国会活動の新たなあり方が模索されなくてはならないであろう[39]。ここに、二一世紀初頭における国会改革の課題が設定されなくてはならない。その場合、とくに、「情報伝達の目もくらむような律動（dizzyig rhythm）と公共圏における熟慮《ゆったりとした》（討議）の歩調（deliberative pace）との間の亀裂から生ずる危機を看過する[40]」ものであってはならないであろう。国会という生身の人間の息づかいが聞こえる討議を生命線とする合議体が、瞬時に世界を駆けめぐる情報通信システムがもたらすであろう変化とどう折り合えるか、これから先、国会改革を論じようとするとき、避けて通ることのできない重要な課題の一つとなるであろう。

（1）毎日新聞特別取材班『ルポルタージュ　国会は死んだか?』毎日新聞社、一九九六年、岸本弘一『議会は生きている』時事通信社、一九九〇年、藤本一美『国会の再生』東信堂、一九八九年。

（2）H. Oberreuter, *Kann der Parlamentarismus überleben?*, Edition Interfrom, 1977.

（3）それは、「期待される国会像」と題した『ジュリスト』一一七七号、二〇〇〇年掲載の座談会に出席し、浅野善治・高橋和之・成田憲彦の諸氏と話しながら、強く感じたことでもある。

（4）一九八六年に創刊された『議会政治研究』には、九〇年代から現在に至る国会の動静を伝えるとともに、その間の改革の動きについても、その都度、「国会改革」「参議院改革」等の特集記事を組み、紹介と分析を試みている。

（5）D・リースマン『孤独な群衆』加藤秀俊訳、みすず書房、一九六四年、宮沢俊義「議会制の生理と病理」同『憲法と政治制度』岩波書店、一九六八年、四三頁。

（6）二〇〇〇年六月二一日付『朝日新聞』は、第四二回総選挙を一週間後に控え、朝日新聞社が実施した総選挙情報調査の結果を報じ、そのなかで、「無党派層は有権者の五二・一%を占めた」としたうえで、次のように述べている。「一九九〇年代は、国政選挙のたびに〔無党派層が〕増え、九六年の前回総選挙調査では五六・七%、八九年参院選調査では過去最高の五九・二%に達した。この参院選では、投票率が急上昇し、自民が東京、大阪など無党派層の多い都市部で惨敗を喫した。無党派層は今回やや減ったが、政党支持率トップの自民二四・二%の倍以上ある最大勢力で、選挙のカギを握る存在だ」。

　この無党派層の支援を受けた候補者が、二〇〇〇年秋に実施された衆議院東京二一区の補欠選挙、長野県知事選挙、群馬県知事選挙等において、既成政党が公認もしくは推薦する候補者を相次いで破り、次々と当選を果たし、そのことが、二一世紀冒頭の国政選挙となる第一九回通常選挙を控え、連立与党を狼狽させ、選挙制度そのものの変更、最大与党内の権力闘争、さらには、国民に不評の首相の更迭時期までが取り沙汰されていることは、注目に値しよう。

（7）無党派層の分析は、これからの課題であろう。先駆的な分析として、たとえば、三宅一郎「「政党支持なし」の投票行動」同『日本の政治と選挙』東京大学出版会、一九九五年、一四三頁以下、田中愛治「「政党支持なし」層の意識構造——政党支持概念再検討の試論」『レヴァイアサン』二〇号、一九九七年、一〇一頁以下参照。

（8）D. Herzog, "Der Funktionswandel des Parlaments in der sozialstaatlichen Demokratie", in: D. Herzog, H. Rebenstorf, B. Webels (hrsg.), *Parlament und Gesellschaft*, Westdeutscher, 1993, S. 17f.

(9)　**O. Kirchheimer**, "The Transformation of the Western European Party Systems", in: **J. La Palombra & M. Weiner** (ed.), *Political Parties and Political Development*, Princeton U.P., 1966, p.184.

(10)　Kirchheimer, *supra* note 9 at 187-192.

(11)　佐藤誠三郎・松崎哲久『自民党政権』中央公論社、一九八六年、一五五頁。

(12)　なお、高見「自民党政治と議会政の機能」『ジュリスト』八五九号、一九八六年、二七頁参照。

(13)　**H.-G. Betz**, *Radical Right-Wing Populism in Western Europe*, Macmillan, 1994, pp.4, 180f. なお、ポピュリズムの問題については、さしあたり、高見「議会の機能とポピュリズム・コーポラティズム」『法律時報』六八巻六号、一九九六年、一四二頁以下参照。

(14)　二〇〇〇年一〇月、ベルギー第二の都市、アントワープ市の議会議員選挙で、フラームス・ブロック（VB）が三三％の得票を得て、五五議席中の二〇議席を獲得している。一一月七日付『朝日新聞』によれば、「VB成功は、移民の増加と街の荒廃を結びつけたこと」であり、「国民を優先せよ」との単純な訴えが、「市政でオール与党を組む〔既成〕大政党への幻滅と共振し、大量得票となった」とのことである。なお、ドイツでは、ネオ・ナチのドイツ国家民主党（NPD）を「違憲」政党（基本法二一条二項）として禁止する手続への着手が取り沙汰されている。

(15)　**R.S. Katz & P. Mair**, "Party Organization, Party Democracy, and the Emergence of the Cartel Party", in: **P. Mair**, *Party System Change*, Oxford U.P., Paperback ed., 1998, p.93f. この論文は、"Changing Model of Party Organization and Party Democracy —— The Emergence of the Cartel Party"と題して、*Party Politics* の創刊号（vol.1., no.1）の巻頭に掲載されたものである。なお、高見「「この国のかたち」の変革と「議院内閣制」のゆくえ」『公法研究』六二号、二〇〇〇年、二二頁参照。

(16)　**R. Koole**, "Cadre, Catch-All or Cartel? A Comment on the Notion of the Cartel Party", *Party Politics*, vol.2., no.4, 1996, p.507f. このコメントないし批判に対するカッツとメアの応答について、**R.S. Katz & P. Mair**, "Cadre, Catch-All or Cartel? A Rejoinder", *Party Politics*, vol.2., no.4, 1996, p.525f. *cf.* **R. Mule**, "Two Views of the Party", *Government and Opposition*, vol.33., no.3, 1998, p.414.

(17)　ここでは、「議院内閣」と「国会内閣」を本文で述べたようにカテゴリカルに区別して使用することにする。なお、「国会内閣制」は、官僚の優位に対して、「国権の最高機関」（憲法四一条）とされる国会優位の憲法構造を指示する語として使用されることもあるが（松下圭一「官僚内閣制から国会内閣制へ」同『政治・行政の考え方』岩波新書、一九九八年、四三頁以下参照)、本章での「国会内閣」の用法は、それとは異なるものである。
(18) 朝日新聞社編『朝日年鑑一九九九』一六一頁(金本裕司)。
(19) 朝日新聞社編『朝日年鑑一九九〇』七三頁(吉田克二・井上実于・清原政忠)。
(20) 朝日新聞社編『朝日年鑑一九九六』二四七頁(小澤香・村上伸一)。
(21) 第一一回通常選挙(一九七七年七月一〇日)と第一四回通常選挙(一九八六年七月六日)の後にも、内閣に変動(大平正芳内閣→鈴木善幸内閣、第二次中曾根康弘内閣→第三次中曾根内閣)があったが、いずれも、いわゆる衆参同日選挙に伴う総選挙後の内閣総辞職(憲法七〇条)によるものであり、参議院議員の通常選挙の結果に起因したものではない。
(22) 一九四七年五月に結成された緑風会は、その後、「参議院同志会」(一九六〇年一月)、「第二院クラブ」(一九六二年七月)等を名乗ったが、再び会名を「緑風会」に改めた(一九六四年三月)後、一九六五年六月、その一八年の歴史に幕を閉じた。緑風会編纂史委員会『緑風会十八年史』緑風会史編纂委員会、一九七一年参照。
(23) 「第一四三回国会参議院会議録」第一九号(『官報号外』一九九八年一〇月一六日)九頁。
(24) 読売新聞社編『読売年鑑一九九九』七四頁。
(25) もちろん、それは、長官に対する問責決議が内閣全体もしくは長官を任命した内閣総理大臣に対する問責決議として、内閣側で受け取った場合にも同様の問題が生じうる。
(26) 今野彧男「内閣に対する信任・不信任又は問責の決議案について」『ジュリスト』一〇二三号、一九九三年、一〇三頁。なお、第一六九回国会において、野党が多数を占める参議院で福田康夫首相に対する問責決議案が可決され、これに対抗して、衆議院で三分の二の勢力を保持する与党は同首相に対する信任決議案を可決した(二〇〇八年六月一一日、一二日)。
(27) 朝日新聞社編『朝日年鑑一九九九』一六七頁(恵村順一郎)参照。
(28) 会期終了後の内閣改造(一九九九年一〇月)で、公明党からも閣僚が送り込まれ、正式に自自公連立政権が発足した。その結果、衆議院で三五〇議席(なお、参議院は一四〇議席にとどまる)を超える「巨大与党」が出現したが、この自民・公明の連立によって、自由党の影が薄くなり、党内で連立離脱か否かをめぐって対立が生じ、二〇〇〇年一月、保守党と自由党に分裂し、前者は連立政権にとどまり、後者は野に下った。なお、第一四五回国会について、「特集クローズアップ憲法　第一四五回国会の憲法学的整理」『法学教室』二三二号、二〇〇〇年、「ストップ！　自自公暴走」『世界』緊急増刊六六八号、一九九九年等参照。

(29)「第一一六回国会参議院会議録」第六号(『官報号外』一九八九年一一月八日)七六頁。
(30) 河野善克「参議院の歩みと存在意義」読売新聞調査研究本部編『日本の国会』読売新聞社、一九八八年、一二四頁。
(31) 前出注(3)一七頁における成田の発言。
(32) 参議院議員票をまとめることで、ときの総理総裁と結びつき権勢を誇ったのは、同郷の岸信介・佐藤栄作と親しく、九年間、参議院議長の職にあった重宗雄三であったと言われている(河野謙三『議長一代』朝日新聞社、一九七八年、一八頁)。なお、第二次小渕連立内閣および第一次森連立内閣の官房長官を務め、その後も、参議院自民党幹事長として、非拘束名簿式比例代表制の導入をリードした青木幹雄氏の力の源泉も、参議院自民党の四割を占める橋本派を掌握していることにあるとも伝えられている(『朝日新聞』二〇〇〇年九月一七日)。
(33) この規定は、日本政府案では、法律案について、「衆議院と参議院とが一致しなかった場合に、衆議院が引き続き三回可決し、かつ二年経過したときは、衆議院の議決のとおりに決まる」となっていたものが、一九四六年三月四日に行われた総司令部との協議で、「先方」の準備していた「三分の二以上で衆議院が再議決する」という対案に、佐藤達夫が「原案よりも単純・明快のように感じられたので、賛意を表明した」ことで置かれるようになったものである(佐藤達夫『日本国憲法誕生記』大蔵省印刷局、一九五七年、六六頁、同『日本国憲法成立史　第三巻』有斐閣、一九九四年、一一三六頁)。この総司令部が提示した対案は、同年一月二一日に発表された日本自由党の憲法改正要項にあった表現とほぼ同じであった。日本自由党案を起草した浅井清は、上記要項を書く際、米大統領が拒否権を行使した場合の両院の「再議要件」(合衆国憲法一条七節二項)を参考にしたと語っている(憲法調査会『浅井清氏に聞く』憲法調査会事務局、一九六一年、一二頁)。
(34) 梶田秀「法律案の再議決」(『議会政治研究』四四号、一九九七年、五三頁以下)は、国会発足当初、衆議院で法律案が再議決された二九の事例を分析しているが、その「結びに」で、①再議決が行われる背景には、「参議院に衆議院の大会派とは同一行動をとらない独自の大会派が存在すること」、②再議決が頻繁に行われた初期の国会では、参議院に「政党を母体とする衆議院の会派とは一線を画する会派である「緑風会」が存在し、独自性を発揮していた」こと、③最後の再議決の事例が、「五五年体制の確立した時期とほぼ一致していること」(五八頁)を指摘している。
(35) こうした場合について、衆議院が両院協議会の開催を求め、そこで妥協案を協議する途が開かれており(憲法五九条三項参照)、実際に、成案を得たこともあるが、その大半が第二回国会から第一六回国会までに集中しており(この間、両院協議会で成案を得た法律案二四件、成案が得られなかった法律案二件、協議未了となった法律案一件)、五五年体制崩壊後では、第一二八回国会における政治改革関連法案の四件（一括）にとどまる。ただ、この四件（一括）については、両院協議会の場で決着がつかず、衆議院議長の斡旋により与野党首脳の間で妥協をはかり、その内容を両院協議会の成案とするといった異例の方法が採られた。

（36）小川光男『憲法――当面の諸問題と改正上の論点』（朝日新聞社調査研究室報告　社内用37）一九五二年、九三頁以下。

（37）D. Oliver, "The Reform of the United Kingdom Parliament", in: J. Jowell & D. Oliver (ed.), *The Changing Constitution*, 4th ed., Clarendon Press, 2000, p. 286.

（38）参議院の将来像を考える有識者懇談会（座長・堀江湛）「参議院の将来像に関する意見書」（二〇〇〇年四月二六日）は、再議決権について、「現行憲法では、衆議院の再議決要件は極めて厳しく設定されており、これが各政党における法案に対する事前審査の必要性を高める結果を招いている。このため、衆議院は参議院が否決した日から一定期間は再議決権を行使できないことにすることによって、参議院の役割を明確化してはどうか。この場合、衆議院は参議院が否決した議案について過半数の多数で再議決し、成立を図ることができることとする」との憲法五九条の改正にまで踏み込んだ見解を示している。筆者は、参議院を「再考の府」として位置づけ、衆議院が主体として行う立法に一定の関与を認めるとすれば、衆議院での審議の成り行きに対する国民の動向を見据えながら、衆議院の審議では十分に解明されなかった問題点、その審議過程で新たに生じてきた疑問点を取り上げ、場合によっては、停止的拒否を行うことで、衆議院に再考を促すといったことが、参議院の果たすべき役割であると考えるので、そうした趣旨で、上記改正の見解が示されているものとすれば、とくに異論はない。

（39）さしあたり、高見「新世紀における議会の役割と議会図書館の課題」『レファレンス』二〇〇一年一月号参照。

（40）A. G. Wilhelm, *Democracy in the Digital Age――Challenge to Political Life in Cyberspace*, Routledge, 2000, p. 4f.

〔補注〕カッツとメアの「カルテル政党」は、従来の「包括政党」モデルでは、大量の無党派層の出現による投票行動の流動化や政党への公的資金の投入に対応しえないとして提示されたモデルである。しかし、このモデルもまた、既成政党のカルテル化によって周縁に追いやられた左右の諸党派や新たな中間政党、政策政党の設立等の動向に対応しえなくなっているとして、ウォリネッツは、政策志向・投票志向・ポスト志向の三極からなる政党分析モデルを提示している。*cf.* S. B. Wolinetz, "Beyond the Catch-All Party: Approaches to the Study of Parties and Party Organization in Contemporary Democracies", in: R. Gunther et al. (ed.), *Political Parties――Old Concepts and New Challenges*, Oxford U. P., 2002, p. 148f.

6　参議院のあり方

一　はじめに――上院の理念

「両院制の存在理由」について、かつて芦部信喜の考え方をフォローしてみたことがある。(1)

芦部は、両院制の存在理由として次の四つを挙げる。

A　議会の専制の防止
B　下院と政府との衝突の緩和
C　下院の軽率な行為・過誤の回避
D　民意の忠実な反映

このうち、AとBは、歴史的には、立憲君主制の国における上院の存在理由として説かれてきたもので、講学上、貴族院型の上院と呼ばれているものに妥当する。芦部の指摘によれば、一九世紀を経過するなかで、「アリストクラシーの擁護のため」といった弁明は影を潜め、「少数派の保護」が全面に押し出されるようになるが、しかし、それも、結局のところ、貴族的な一部の特権層のことに他ならないので、民主主義の進展に伴って、このような理由づけは、十分でなくなる。

民主主義が支配的となった第一次大戦後は、CとDが上院の主たる存在理由として語られるようになる。Cは、下院、第一院の議決が誤ったとき、これをただすためであるとか、下院が決めたことに対して second thought(「別の医者の診断」の意味から「別の見立て」「再考」)のための時間かせぎのためであるといった理由づけがなされるようになったことを指すものである。すなわち、下院が院内の多数にまかせて決めたが、しかし、世論の大勢は、その結論に同調せず、むしろ消極的であるような場合、世論の論調を推し量りながら、上院での審議を通じて、その問題点を明らかにし、議会としての意思決定を引き延ばし、その間に、下院の再考を促す役割を果たすものと解すべきだとするのである。これは、基本的に民主的であり、とくに、多数決制を前提に考えると、一層その重要性が増すので、現在の両院制の理由づけとして、広く用いられているところである。

これに対してDは、所詮、選挙制度は、どれほど精巧なものでも、国民の民意を完璧な形で下院に反映させることは不可能であるので、上院を設けることで、別の代表ルートをつけ、国民の多様な意見や利害を議会に反映することが上院の存在理由だとするものである。この理由づけは、連邦制の国家体制の場合の上院の存在理由として説得的であるが、しかし、国民主権・民主主義原理を基礎とする単一国家の上院の存在理由として、どこまで説得的であり得るか、疑問だとされる。

こうして、芦部は、民主的単一国家制(日本も、まさにそうであるが)のもとでの上院の存在理由について、その重点はCに置かれるべきだとし、そして、上院の権限や構成も、このCの存在理由にふさわしいように定められなくてはならぬとする。しかし、その場合であっても、単に下院の過ちを正すというネガティブな理由づけだけでは、上院の組織・権限は弱いものとならざるを得ないだろうとするのである。

参議院の組織・権限の問題、現行の参議院制度の改革問題を考える場合に、この上院の存在理由に関する芦部の指摘は、その基本に踏まえておくべきではないかと思う。そして、この指摘は、日本の文脈でいえば、参議院の存在理由を「再考の府」に求め、その理念にふさわしい参議院の構成なり、権限や運営のあり方を考えるべきだという主張になるものと思う。

二　「理の府」と参議院の構成

では、「再考の府」にふさわしい参議院の構成、議員の選出・リクルートの方法について、どう考えればよいのか。これは、総司令部の一院制案を日本政府が押し切って両院制の採用を決め、しかも、両院ともに、国民によって公選された議員からなるとの枠が嵌められたときからの難問であることは言うまでもない。それは難問であるがゆえに、一九四七年の参議院議員選挙法(五〇年の公職選挙法に継承)における地方区・全国区の導入、八二年の全国区制から拘束名簿式比例代表制への移行、そして、二〇〇〇年の非拘束名簿式への切り替えと、制度の定立と二度の改正の際にも、参議院の理念や議員の役割・資質等について十分な議論がなされないまま、問題そのものが先送りされてしまったのである。

もっとも、臨時法制調査会における参議院議員選挙法の立案過程から判ることは、参議院議員の選挙について、当初、議員定数を二五〇人とし、これを地方区選出議員一五〇人、全国区選出議員一〇〇人に振りわけ、これによって、地方区からは、小地域の狭い利害にとらわれない知事クラスの人物の選出、また、全国区からは職能代表的人物や知名度の高い学識経験者の選出が期待されたのであった。すなわち、この選挙方法で、「数の府」である衆議院に対して、参議院を「理の府」として構成し、second thought の院に相応しい人材を集めようとしたのであった(2)。

この「理の府」という発想は、管見によれば、ジェームズ・ブライスの〈*Modern Democracies*〉の「多数党が支配する第一院(それは往々にして知識と知恵を欠く)に対して、第二院は、一種の Reservoir of Special Knowledge and

Ripened Wisdom（専門的知識と成熟した知恵の貯蔵庫）」として構成されるべきだとの記述に由来する。この記述の収められたブライスの大著が松山武によって邦訳（『近代民主政治』全四巻）され、岩波文庫から公刊されたのは、一九二九（昭和四）年から翌三〇年にかけてであるが[3]、『法律時報』の一九三一年三月号に、河村又介東北帝国大学教授が、「二院制存在理由の変遷」と題する論文を寄せ、そのなかで、ブライスに依りながら、第二院の存在理由を、大要、次のように説いている[4]。

第二院が必要だという主張は、下院が民意を完全に代表し得るものでないという事実の認識から出発する。才能や知識や経験やは、下院に充分代表せられざるのみならず、かかる分子が下院を遠ざかる傾向は益々甚だしい。又、下院の決議は、実は多数党中の幹部の専制の結果成立したもので、国民多数の意思でない場合も少くない。かかる欠陥を除去するために、下院の代表に洩れた分子を上院に網羅して、知恵知慮の貯蔵所として下院の不足を補足すると共に、下院が多数横暴に陥らぬように監視し、下院を修正し、反省を促し、時には国民の判断に訴える機会を作る役を勤めさせようとするのである。

第九〇回帝国議会における憲法改正案の政府答弁のなかに、このブライス的発想による両院制ないし参議院の理由づけが認められる。すなわち、「之〔参議院〕に慎重熟練の要素を盛り込む工夫をしたならば一院制の持って居る欠点、或いはまたこの憲法草案に付いて往々人々が疑う所の多数党の一時的なる勢力が弊害を起こすと云うようなことを防止する力を持つのではなかろうか」と[5]。

これは、金森徳次郎の答弁を要約したものであろうが、金森は、一九四七年三月刊行の『国会論』のなかで、「衆議院が熱情的に希望する問題であっても、参議院の知識によって批判さるることが望ましいが故に、参議院がかかる知識の倉庫であること、……各方面の知識の系統的なものが望ましいのである」としたうえで、次のように述べている[6]。

衆議院はその時々の選挙の情勢によって議員が決まるのであって、その議員の知識の間には必ずしも系統的な連絡がないのであるから、参議院において凡そ議会の諸問題に必要なる各方面の知識者が網羅せられてあるならば、すべての議案が複雑なる一切の角度から批判せらるることとなり、政治は程度を高めて行くことになるに相違ない。

学説のうえで、こうした観点から、参議院の性格づけを最初に明示したのは、一九四六年一一月刊行の『国家学会雑誌』の憲法特集号に、刑部荘が寄稿した「両院制」と題する論文の末尾の一文、すなわち「日本国憲法が両院制をとる以上、すぐれた参議院を組織して、数の支配する衆議院にたいし理の支配する参議院としての機能を十分に発揮させたいものである」との指摘である。(7) 後に喧伝される「数の府」「理(性)の府」「良識の府」の原型である。(8)
この刑部と共に、初期の学説上、逸することができないのは、浅井清『国会概説』(四八年九月刊)の「参議院の存在理由」を説いた次の叙述である。(9)

第一は、参議院に、冷静な知性と、健全な常識を期待しなければならないことである。われわれ人間の慎重な思考の結果とった行動に対しても、しばしば異なった見地から、自己反省が加えられるように、衆議院の意思に対して、参議院の知性と常識が反省を加えるところに、第二院としての機能が期待されるのである。その二は、この反省の機能が、直接衆議院に対して発揮されることを期待してはいけないと謂うことである。何故ならば、衆議院の有する強大な優越は、これを容易に拒否し得るからである。故に、この反省の機能は、参議院の意思が国民の世論に反映し、この世論が更に衆議院にはね返って行くところに期待され得るのである。

この指摘も、ブライスを下敷きにしたものであるが、翌四九年七月刊行の『註解日本国憲法　中巻』において、さらに洗練され、衆議院・参議院および国民の三者関係のなかで、次のように敷衍される。(10)
元来国民の意思は、政策のプログラムに対しては、相当はっきりした決断を下しうるが、その運用については、しかく明確、固定的な答えを用意しているものではない。これらの問題に対して参議院が、超党派的見地から、よく批判を加え、衆議院の処理が軽率であると認められる場合に、これを牽制し、国民の世論を喚起するのである。それは、選挙民の判断にとって代わろうとするものではない。国民の意思たることの明瞭な場合には、あえて反対を固執しない。選挙によって、直接国民に基礎をおくと同時に、政党の争いの外に立った自由な立場から、国民の意思に違背すると認められる衆議院の決定に対して警告を与え、国民の政治意識に訴えるのである。未だ定まっていなかった国民の意思は、このような議論を機会に漸次生成し来たり、両議院のどちらかを支持することにより、明確な姿勢をとるに至るであろう。すでにこうなれば参議院の存在の目的の半ばは達せられる。あとは、衆議院が自制して国民の意思に従うか、或いは自己の立場に固執して、次の選挙の審判を受けるかである。また、公選議員による参議院の組織・構成についても、『註解』は、「上院には、高い見識と能力とをもって、多数党の政治を批判しうる人々を集めることが望ましいが、それを選挙という公の通路ではなくて、国民の監視していない裏道から入れるということは、……許さるべきではない」としたうえで、次のように指摘する。[11]

しかし参議院は、国民の代表たる意味をもたない叡智をもちこもうとしているのではない。一般の選挙制度とは若干観点を異にする国民代表選出制度によって、国民の「理」が代表されることを期待しているのである。ことに国民生活の各分野に対する国家の側よりする関与がいよいよ増大し、従って又、立法が専門化、技術化しつつあるのであるから、参議院に各専門的諸分野の指導者や国民的文化人が代表されうる選出方法を講ずれば、参議院は、下院に「助言と激励と警告を与える」(ラスキ)上院としての本分をいよいよ発揮しうるであろう。

参議院について、「理の府」といった理念(型)を描きうるとしても、「公選制」の枠内で、どうやって、この理念型を実現することができるのか、参議院議員も国民の選挙で選ばれるものである以上、そもそも非政党的・非党派的な議院の構成は期待できないのではないか、いくら工夫してもある程度の政党化の波は避けられないのではないか、という問題が、次々に浮上する。これが、参議院議員の選挙について、どのような方法を採用するのがよいのか、という問題として、現在まで解決の見ていない難問である。

三　「緑風会」の偶然性・一回性

とはいえ、「理性の府」とか「良識の府」といった言葉で、参議院が世間から呼ばれるようになったのはなぜか。それは、当時の有名な文化人・知識人が第一回通常選挙の全国区から多数当選し、参議院議員となったことによるものであろう。とくに、山本有三を中心に、文化人が結成した「緑風会」の存在が大きい(12)。

参議院会派として、参議院制度の発足当初、独自の存在感を示し、その消滅後も、いわば「参議院議員の理想型」として語られてきたものに「緑風会」があるが、しかし、緑風会が結成される直接の背景となった第一回参議院議員通常選挙そのものが、その後の通常選挙に比べてきわめて特異なものであった。それは、二度とない例外中の例外の選挙ではなかったかと思う。最初の選挙が実施された一九四七年四月は、選挙ラッシュで、衆参両議院議員の選挙（しかも、参議院は、初回なので、定数一杯の二五〇人を選ぶ選挙であった）、知事、市区町村の長の選挙、地方議会の議員の選挙が相次いで実施された。しかも、当時の日本は農村中心の社会（都市からの疎開者もまだ、かなり居た）で、四月は、春耕期であったため、選挙への関心はきわめて低調であった。とくに、参議院議員の選挙は、参議院そのものが、新しい憲法にもとづいて創設されたばかりであり、それが、両院制のもとでどういう使命をもち、いかなる機能を果たすか等について、有権者も、よく判らないまま実施された。そのうえ、選挙区が、地方区と全国区に分かれ、地方区は都道府県を単位とするものであって選挙区の規模が大きく、さらに、全国区は日本全体が一つの選挙区であるというようなことから、有権者と候補者との相互理解など、そもそも、望むらくもなかった。また、候補者も乱立し、総計一五九〇人が立候補した。選挙の結果は、日本社会党が四七人で第一党となり、日本自由党三九人、民主党二九人、国民協同党一〇人、日本共産党四人、諸派一三人、無所属一〇八人となり、無所属の当選者が圧倒的多数を占めた。このとき行われた衆議院議員選挙(定数四六六人)では、無所属一三人しか当選していないのであるから、選挙結果の違いからは、正直なところ、政党は、衆議院議員選挙に手一杯で、参議院議員選挙まで、手が回らなかったとの印象を受ける。それが、参議院における一〇八人の無所属議員の誕生となって現れたのではないか。第二回通常選挙以降における(政党の建て直し・参議院選への取り組みに伴う)無所属議員の激減を考えるとき、この大量の無所属議員の誕生、それを母体として成立し、その後、十数年にわたって、その貯金を食いつぶしていった緑風会とは、きわめて特異なものであったことが判る。

第一回国会が開かれたのは一九四七年五月二〇日であるが、緑風会は三日前の五月一七日に結成されている。結成式当日七四名であったが、その後、参加者が増え一九日、国会開会の前日には九二名となり、二〇日に開かれた国会で緑風会の松平恒雄が初代議長に選出された。なお、緑風会は、無所属議員の保守派が集まって結成し、これに批判的な無所属議員二〇人が別の会派「無所属懇談会」を結成して、最初の国会審議に臨んだ。したがって、両会派合わせると、当選時の無所属一〇八人とほぼ対応する議員が、参議院において最大「勢力」を形成し、審議の行方を左右したのであった。

しかし、一九五〇年六月四日に行われた第二回参議院議員通常選挙では、はやくも、参議院の政党化傾向が露わとなり、緑風会は全国区に四〇名の候補を立てたものの当選はわずか六名、地方区では一八名中三名の当選で、自由党(五二名の当選)、社会党(三六名の当選)に抜かれ、一挙に、第三会派に転落する。しかし、自由党は過半数には達せず、参議院の新勢力分野は、与野党ほぼ伯仲して、緑風会の是々非々路線がキャスティング・ボートを握る状態が続くことになる。

第三回通常選挙は、五三年四月に実施された。この選挙では、緑風会は、前回選挙に比べて、やや盛り返し、全国区八(立候補二三名)、地方区八(立候補一二名)の一六名が当選した。また、選挙後、無所属で当選した十数名の議員が入会し、社会党が左右両派に分裂したため、緑風会が自由党に次いで第二位の勢力をもつ会派となった。このとき、緑風会が健闘したのは、初回選挙で上位につけた「有力」議員の任期満了に伴う通常選挙であったことに加えて、恐らく、衆議院議員の総選挙が四月一九日に実施され、その五日後の四月二四日に参議院議員の通常選挙が行われたことから、政党の方が通常選挙まで十分に手が回らなかったという特殊な事情があったのではないかと思われる。しかし、この頃から、大臣・政務次官ポストを餌に、与党による緑風会所属議員の一本釣りが、目にあまるようになり、五四年一月の緑風会議員総会で、「今後、会員が大臣もしくは政務次官となった場合は、会を離脱すること」の申し合わせが行われている。

いわゆる五五年体制が成立した後、はじめて行われた第四回通常選挙(五六年七月実施)では、予想されたこととはいえ、自民・社会の両党の挟み撃ちにあって、全国区五名(立候補一四名)、地方区ゼロ(立候補五名)の当選にとどまり、緑風会の衰退が明白となる(残留議員と合わせて、緑風会は三一名で、自民党一二二、社会党八〇に次ぐ第三会派であったが、しかし、第四会派の共産党二議席とはずいぶんと水を空けていた)。

第五回通常選挙(五九年六月実施)は、全国区四名(立候補五名)、地方区二名(立候補七名)の計六名が当選したが、改選前の二〇議席から一一議席に激減した。

第六回通常選挙(六二年七月実施)は、参議院同志会を名乗っていたが、全国区で二名当選(立候補は五名)したにとどまった(地方区は一名立候補)。選挙後、同志会七名と市川房枝らの無所属クラブ三名が合同会派「第二院クラブ」を結成するが、その後、同志会のメンバーは、六四年三月に、もとの緑風会の名称に復したうえで、第四八回国会の会期終了(六五年六月一日)とともに解散した。

解散に先だって、六五年三月一〇日の参議院予算委員会で、第二院クラブの市川房枝が緑風会の解散に伴う参議院の政党化問題について、佐藤栄作首相に所信をただした際、市川が緑風会について、若干の批判を行い、関連して、社会党の羽生三七も、批判を行っている。ザ・参議院議員とも言える両氏による批判は、それぞれに的を射たものである。(13)

市川房枝氏　……私の考え方はだいたい緑風会と同じであります。しかし、緑風会に入らなかったのは、緑風会が大臣、政務次官をおだしになったということにたいしては、私は賛成できなかったからだ。

羽生三七氏　是々非々であるべき緑風会が、是々非々ではなしに是々是々になってしまった。なんでも政府に同調して、ほとんど全部、十でてくる法案は十みんな賛成される――まあそうでない場合もいくらかありました。だから是々非々を貫けばその存在意義がある。是々是々であればその存在意義が失われるんじゃないか。

これらの苦言ないし批判に対して、佐藤尚武が「緑風会の生残り議員の一員として、緑風会のために弁明」してきたいとして、次のように述べている。(14)

まず、市川委員の発言について。まだ緑風会が余勢を保っておりました時代に、ある期間は緑風会から大臣を出したこともあり政務次官をだしたこともありました。しかし、その後緑風会は、できるだけ公正な立場にたたなければならぬという見地から、決議をもって大臣も政務次官も出さないということをきめ、そしてこんにちにおよんでいること。

次に、羽生委員の発言について。緑風会の立場といたしましては、多数を占めておりました時代にも、政府に、そのときそのときの政府のやり方にたいして、できるだけ便宜を与え、政府の施策の遂行を容易ならしめるという立場にたっておったものであります。したがいまして、社会党の政府の場合にも、むろん是々非々の見地からして、社会党政府の施策にたいして協力してまいりました。しかし、自民党の内閣であるからといって、政府の提出議案にたいして、全部……鵜呑みにしたわけでは、決してありません。ただ緑風会は……大部分の議員が保守系の人たちでございました……からして、自然、保守系の内閣にたいして協力するという立場にたったことは、……当然なことであります。……これは、社会党の目からみれば、是々非々ではなくて、是々是々であったかもしれませんけれども、……緑風会としては、それでも是々非々であったわけであります。

四　参議院改革の動向と改革の諸課題

このような、いわゆる「政党化の問題」から、参議院について、直ちに思いつく改善策は、参議院議員が内閣ないし内閣の形成にかかわる衆議院から一定の距離を保つことである。参議院自民党を率いることで、同郷の岸信介・佐藤栄作の両内閣に大きな影響力を行使した重宗雄三参議院議長に代わって、「緑風会」出身の自民党議員で、参議院改革を旗印に掲げ議長となった河野謙三の下に設置された私的諮問機関・参議院問題懇話会は、一九七一年、「参議院運営の改革に関する意見書」を河野議長に提出した。

この意見書は、参議院に対して加えられている批判として、①参議院が「第二院」に堕し、その独自性を失っていること、②参議院は両院制の存在意義を生かすために、慎重かつ充実した審議の成果により責任を果たすべきであるが、その審議が効率的に、また充実して行われているとは言えないこと、③参議院も強い政党支配のもとにあり、その独自性・自主性の確保が妨げられていること、④参議院はいわゆる「良識の府」として期待されているにもかかわらず、往々にして審議引き延ばし・強行採決・物理的抵抗などの戦術がとられていること、の四点に向けられているとし、その改革のための諸方策として、(i)独自性と自主性の確保、(ii)効率的な審議、(iii)充実した審議等に分けて、都合、二二項目を提唱した。そのなかで、(i)の「独自性と自主性の確保」に関連して、(a)議長・副議長の党籍離脱、(b)

参議院から国務大臣を出す問題(「十分の自粛が望ましい」)、(c)党議拘束の緩和の改善策が示されている。このうち、(a)は現在では慣例化しているが、それを除いて、(b)および(c)は、現在に至るまで、絶えず提起され続けている課題である。

さらに、いわゆる有識者懇談会の「参議院の将来像に関する意見書」(二〇〇〇年四月二六日)では、憲法・国会法の改正を伴う改善策として、①憲法五九条二項の再議決権の改正、②国会法六八条に定めのある「案件不継続の原則」の破棄の提言がなされている。そこでは、再議決権の行使を一定期間凍結し、その議決要件を過半数の多数によるものとし、また、「いわゆる通年会期制を導入し、会期不継続の原則を改める」としたものである。この提言は、検討に値するものと思われる。

まず後者の国会法の改正を伴う改善策についてであるが、通年制ないし立法期導入の理由としては、(i)「国会の審議日数を確保し、常に国政上の問題に迅速に対応できるようにするため」であるとされ、また、(ii)会期不継続の原則を改め、議事および案件継続の原則を明確にすべき理由として、「少なくとも参議院」における「効率的な審議を確保するため」であるとされている。(i)は、全体としての国会の国政審議日数の確保を意図したものであり、とくに問題はないが、(ii)の会期不継続原則を廃止し、案件継続原則を明確化する理由づけには、やや異論もありえよう。というのは、それは、参議院における効率的な審議の確保といったものではなく、会期末、参議院が法案の成立について生殺与奪の権力を握り、参議院で法案の扱いをめぐって政党間でつばぜり合いを演じるもととなるがゆえに(そして、それ自体が、政党による参議院会派の掌握の誘因である)、不継続原則を破棄し、参議院にそうした負荷をかけず、非党派的な観点から、法案審査を行わしめるというのが、この原則の破棄理由でなくてはならないと考えることもできるからである。

この観点を、さらに首尾一貫させようとすれば、前者の提言、すなわち、憲法五九条二項の衆議院の再議決権のハードル(出席議員の三分の二以上の多数)をどうにかすることが望ましい、ということにもなろう。これは、国会法の改正で済む案件不継続原則の破棄とは違って、憲法改正を要する問題であり、そうそう簡単なことではない。憲法改正まで踏み込んだ改革案を提示する有識者懇の「意見書」では、衆議院の再議決権について、「一定期間、行使できないことにする」との提案がなされている。すなわち、「現行憲法では、衆議院の再議決要件は厳しく設定されており、これが各政党における法案に対する事前審査の必要性を高める結果を招いている。このため、衆議院は参議院が否決した日から一定期間は再議決権を行使できないことにすることによって、参議院の役割を明確にしてはどうか。この場合、衆議院は参議院が否決した議案について過半数の多数で再議決し、成立を図ることができることとする」というのである。これは、参議院に対して、「一定期間」の停止的拒否権ないし遅延権を認めるにとどめようとするものである。その背後にある考え方は、立法の主体はあくまで衆議院であり、参議院の役割は、衆議院の審議等で明らかになった問題点について、国民の世論が反発し、衆議院多数派の意思と世論との間に乖離ないし対立が生じた場合、議案を送付された参議院は、さらに、その問題点を国民の前に明らかにすることで、国民世論の形成に影響を与える一方で、他方、衆議院に対して「second thought に十分な時間を与えることで、衆議院を補完する役割をはたすべきだ」とするものである。これは、憲法五九条二項に関する日本政府の原案、すなわち、法律案について「衆議院と参議院とが一致しなかった場合に、衆議院が引き続き三回可決し、かつ二年経過したときは、衆議院の議決のとおりに決まる」とした規定の背後にある考え方と同じものである(それは、また、一九一一年と四九年のイギリス国会法における貴族院改革を導く考え方でもある)。

五　上院をめぐる世界の潮流——むすびに代えて

現在、列国議会同盟に参加する約一八〇カ国の議会のうち、両院制を採用するのは、四分の一程度にとどまる。数のうえでは、一院制を採用する国が圧倒しているが、しかし、それらは、総じて規模の小さな国であり、比較的大きな国は、——中国や韓国などのような若干の例を除いて——両院制を採用する。また、いわゆるG8を構成するアメリカ・イギリス・フランス・ドイツ・日本・イタリア・カナダ・ロシアは、すべて両院制議会の国である。もとより、これらの国々でも、上院の廃止をめぐる論議は絶えないが、しかし、他方で、その存続を前提にしたうえでの改革論も盛んである。このことは、上院について、現状に問題があるものの、その役割、存在理由を認めたうえで、一定の改革が必要だと考えられているということを意味するものであろう。

S・パターソンとA・マグハン編著〈*Senates : Bicameralism in the Contemporary World*〉は、上述のような問題関心から、アメリカ・ドイツ・オーストラリア・カナダ・フランス・イギリス・イタリア・スペイン・ポーランドの各上院について、その歴史と現状および問題点の分析を試みている。ここでは、両編者が、上記九カ国の比較分析のまとめを行った終章で、その「結論は、最も興味深く、かつエキサイティングなものだ」として示した、「両院相互の関係を規律する憲法上のルールに変更はないにも拘わらず、上院は、下院との関係で、ヨリ立法に自信を増しつつある」との評価内容を見ておきたい(15)。

①近年、下院との関係で、立法に対する上院の影響力が増大して来ている最大の理由として、両院の間で、その支配する政党に「ねじれ」の生じたことがあげられる。その最も顕著な例は、カナダである。カナダの上院議員(定員一〇四名)は、任命・終身制であるが、自由党長期政権のもとで、総督による議員の任命が行われてきた。一九八

〇年代半ば、自由党に代わって、進歩保守党が政権の座についた。そこで、自由党の支配する上院は、国民により選出され、下院に基礎をもつ進歩保守党政権の意思を挫くべく、憲法および政治上の手段を動員するようなことが目立つようになったからである。

②しかしながら、「ねじれ」による下院および政府との間の党派的対立だけでは、上院の自信の増大を説明することはできない。けだし、イギリスでは、一八年に及ぶ保守党政権(一九七九–九七年)のもとで、貴族院の人的構築がはかられてきたが、しかし、その間においても、貴族院は「もう一つの反対党」(the Other Opposition)と呼ばれる機能を果たしてきたからである。

③上院は、その法案修正を無視ないし拒否し、法案の審議時間の縮減を強いる下院の動きに対して、総じて、ルサンチマンを内向させ、しばしば、反抗的態度に出るが、逆に、政府は、罵詈雑言に類する言辞を弄して、この上院の態度を難ずる。たとえば、カナダ首相マルルーニーは、上院議員を「時代遅れ、芽の出ない輩だ」と断じた。また、イギリス労働党幹部は、貴族院議員を「貴族院におけるギルバート・アンド・サリヴァン劇〔*The Mikado*〕のかの役者だ」と揶揄することで、政府が立てた、世襲貴族の貴族院からの離脱計画を正当化した。

④こうした政府・下院と上院との間の張りつめた緊張関係の持続は、上院が自信を増大させ、維持させてきた源泉である。それはまた、デモクラシーの本質について、下院と上院の間で、見解を異にすることの帰結でもある。

(i)下院の見解は、一般に、「多数派型デモクラシー」論として語られるそれである。すなわち、政治権力とその行使の正当性は、直接、選挙により、国民から直接、授権されたマンデイトに基づいて、下院で多数派を構成する勢力に由来し、また、由来すべきだとするものである。この考え方のもとでは、国民のマンデイトを保持しない上院は、下院の意思を挫くだけの民主的正当性ないし権力を保持しない。カナダに関する次の言説は、このデモクラシー観を適切に表現するものである。「実効的な議会民主政は、政府に対して説得力のある選択肢を提起する野党と、野党が政府の政策を効果的に批判することを可能とする議会手続の双方を要求する。その核心をなす活動は、性質上、すぐれて党派的であり、その活動の正当性は、民主的に選出された下院議員に対する国民の支持に由来する。上院議員は、選挙ではなく、任命されたものである」[16]。

(ii) これに対抗する上院側の見解は、その時々の国民多数意思を超える「憲法的権威」に訴えるものである。それは、次のような言説である。上院は、たとえ選挙で選ばれたものでなくとも、その役割を果たすべき憲法上の義務を保持し、下院の安定多数を基盤とする政府がその権力を踏み越えていると見た場合(ヨリ高い憲法上の権威に対して、その行動が説明のつかないようなものである場合)、消極的な抵抗にとどまることはできない。たとえば、一九七〇年代、イギリス労働党政府によるプレスの自由を制限する立法に対して抵抗を試みた貴族院議員(保守)は、「我々は、この問題を擁護する何らの個人的利害も保持するものではない。我々は、果たすべき憲法上の義務、遂行すべき憲法上の責務を保持するだけだ。我々は、その義務と責務を果たそうと努めているのだ」と弁明した[17]。

この種の論理は、他の国々でも、上院の根拠づけに使用される。そこでは、独立した強力な上院は、多数派専制を阻止し、少数者の権利・利益を保護する役割を果たすものであり、一時的な議会多数派の意思でしかなく、社会全体にとって合意が存しない立法の通過を挫く実効的な装置だとし、上院議員は自らの抵抗、議事妨害を正当化するのである(なお、フランスの上院議員は、個人の権利・自由を保護する憲法院に訴えるという方法で、同じ目的を達成しようとする)。

いずれにしても、上院の存在感が増しているというのが、両院制を採用する先進諸国の全般的な傾向として見てとることができるのではなかろうか。わが国における最近の「一院制」待望論とのベクトルの差異は、何に由来するものか、興味あるところである。

（1）高見『芦部憲法学を読む』有斐閣、二〇〇四年、一一八頁以下。
（2）J. Bryce, *Modern Democracies*, vol. 2, Macmillan, 1921, p. 412.
（3）ブライス、松山武訳『近代民主政治』全四巻、岩波文庫、一九二九―三〇年。
（4）河村又介「二院制存在理由の変遷」『法律時報』三巻三号、一九三一年、五頁。
（5）岡田亥之三朗編『日本国憲法審議要録』盛文社、一九四七年、三六九―三七〇頁。
（6）金森徳次郎『国会論』文寿堂出版部、一九四七年、三八頁。
（7）刑部荘「両院制」『国家学会雑誌』六〇巻一一号、一九四六年、四〇六頁（高見編『刑部荘著作集』慈学社、二〇〇八年、五九六―五九七頁）。
（8）ちなみに、尾高朝雄が『数の政治と理の政治』と題した本を出版したのは、四八年四月である。
（9）浅井清『国会概説』有斐閣、一九四八年、一四二頁。
（10）法学協会『註解日本国憲法　中巻』有斐閣、一九四九年、二一一頁。
（11）前出注（10）二二二頁。
（12）以下の叙述については、『緑風会十八年史』緑風会史編纂委員会、一九七一年に負うところが大きい。
（13）「第四八回国会参議院予算委員会会議録第八号」一九六五年三月一〇日、二四―二五頁。なお、前出注（12）五一六―五一七頁参照。
（14）前出注（13）二九―三〇頁。なお、前出注（12）五一八―五一九頁。
（15）S. C. Patterson, & A. Mughan (ed.), *Senates—Bicameralism in the Contemporary World*, Ohio State U. P., 1999, p. 343f.
（16）C. E. S. Franks, "Not Dead Yet, But Should It Be Resurrected? The Canadian Senate", in: Patterson & Mughan (ed.), *supra* note 15 at 146.
（17）N. D. Baldwin, "The House of Lords and the Labour Government, 1997-79", *Journal of Legislative Studies*, 1: 226. *cf.* Patterson & Mughan (ed.), *supra* note 15 at 345f.

補論Ⅱ　両院制の諸相

1　二つのデモクラシー・モデルと議会の組織形態

ここでも、まず、多数派型と合意型の二つのデモクラシー・モデルを使って、議会の組織形態である両院制と一院制を分かつものは何か、という点について若干の補足説明を加えることから始めたい。

多数派型モデルは、社会のなかの多数派の代表が議会でも多数派を確保し、その指導者が、首相として内閣を率い、強力なリーダーシップを発揮するという、「勝てば官軍（winner takes all）」型の統治をめざすものである。それは、政治を一種のゲームと考え、選挙を通じて、優勝劣敗、白黒をはっきりつける型の政治であり、いわば「勝てば官軍、負ければ賊軍」の政治である。その原型は、言うまでもなく「ウェストミンスター型」とも呼ばれるイギリスの議会政である。しかし、その理念型に近いのは、むしろ、貴族院のような下院多数派に対するチェック機関を持たない、一院制のニュージーランド議会（2参照）である。

これに対して、合意型は、「合意形成のための調整こそが政治の本質的課題だ」（ダール）とする考え方を基礎とするものであり、「勝てば官軍」的な多数派支配のデモクラシーとは明確にその発想を異にするものである。すなわち、政治社会の基本的なルールについてコンセンサスが存在し、それが体制の安定条件となっているデモクラシーのあり方、もしくはそうした方向をめざすものである。従来、こうした基本的コンセンサスが成り立ちうるためには、「社会の同質性」が不可欠であり、社会の亀裂が深刻な国では、民主体制は不安定たらざるを得ないと考えられてきたのであるが、しかしながら、一九七〇年代の半ば頃から、スイスや北欧諸国の分析を通じて、言語・宗教・文化・民族等が入り混じった多元社会の国でも、指導者間の協調、少数派の尊重など一定の条件が整えば、民主体制の安定性を確保することが可能であることが明らかにされ、現在では、これらの諸国の民主政が「コンセンサス」の概念を用いて分析され、説明される。

議会の組織形態という面から見た、多数派型デモクラシーと合意型デモクラシーの間の重要な相違点の一つは、議会内部における権力の分割の有無にある。すなわち、前者の型の最もシンプルで明快な形態は、立法権力を一院に集中させるものである。その対極に理念的に設定される後者の型は、多様な民意を対等な権限を保持し、人的な構成を異にする二つの議院に反映させる両院制によって特徴づけられる。この点で、ニュージーランドとスイスの議会が、二つの理念型に最も近い。したがって、両院制の典型例とされるイギリス議会も、このような理念型からすると、少なからず夾雑物の入り混じったものであるということになる。にもかかわらず、イギリス議会がウェストミンスター型として喧伝されるのは、貴族院が、立法をはじめとして、国政に関与する権力をほとんど有しないと解されているからである。イギリス貴族院が「一院制に近接した両院制」あるいは「限りなく一院制に近い両院制」(ウィアー)、さらには「ほとんど一院制と呼ぶべきものである」(レイプハルト)とも評される所以である。このような評価と、日本で、「両院制の典型」もしくは「あるべき両院制の型」として、議論の念頭に置かれるときのイギリス議会のイメージとの間に、大きな落差がある。日本で、イギリス議会の両院制を引き合いに出しながら、参議院のあり方を論ずる場合に、注意を要する点である。

2　両院制から一院制への移行の論理

次に、第二次大戦後、両院制から一院制に移行した国における移行の経緯について、ごく簡単な補足説明を試みておきたい。かつて衆参の憲法調査会で、憲法改正に関連して一院制論が浮上した折り、両院制から一院制に移行した諸国の実例が問題となったことがあるからであり、これからも、問題になりうる余地があるからである。

この問題に入るまえに、議会を両院もしくは一院として二分法的に分類することは、単純かつ直截的であるように見えるが、しかし、もとより、このいずれのカテゴリーにも当てはまらない中間形態があるという点を、まずもって指摘しておきたい。ノルウェー議会がそれである。ノルウェーでは、選挙は一本で行われるが、しかし、選挙後、大小二つの議院に分離する。すなわち、選挙された議員のなかから、互選で、四分の一が上院議員となり、残りの四分の三の議員で下院を構成する。とはいえ、この上院の組織をもって、ノルウェーは両院制議会の国だと見ることは、制度に対する正確な理解とはならない。そのことは、この国では、両院間で意思の不一致が生じた場合、上下両院の全議員による総会において、事案の解決が図られる(厳密には投票総数の三分の二の特別多数により決せられる)仕組みになっていることからも明らかである。ノルウェー議会は、「一院制であるが、両院であるかの如く振る舞う」(ウィアー)とされる所以である。

そこで本題に入るが、第二次大戦後の一九五〇年代から七〇年代にかけて、ニュージーランド(一九五一年)、デンマーク(一九五三年)、スウェーデン(一九七〇年)の三国が、両院制から一院制に移行している。[1] これら三国は、すべて議院内閣制の統治システムを採用する人口規模の小さな単一国家である。

ニュージーランドにおいて、一九五一年、「上院がなくとも、議会がスムーズに機能する」として一院制に移行したのは、廃止直前の上院が、単に下院の決定を繰り返す機関になり下がっていたからである。ただ、しかし、それによって、この国の国民の間で、両院制がきれいサッパリ捨て去られたわけでもなかったようである。そのことは、上院廃止後、繰り返し上院の導入に関して、政府の調査が行われてきたからである。たとえば、一九六四年の調査報告において、上院は下院による権限乱用と拙速な立法に対する防壁とはならない、と結論づけているが、しかし、その後も国民の間で、拙速な立法に対する疑問の声が上がり、上院再興への関心が高まりを見せるのである。そして、一九九〇年の総選挙の後になると、選挙制度の改革とセットで、イギリス貴族院に似た機能をもつ議員数三〇程度の上院を設置する法案の提出すらなされている。

このように、ニュージーランドにおいても、一院制が安定した形で維持・運用されている、というわけでは必ずしもないのである。

むしろ、安定した一院制という点では、北欧諸国に見るべきものがあるように思われる。デンマークとスウェーデンは、二〇世紀半ば、いずれも、上院を、比較的あっさりと廃止して、一院制議会に移行し、その後、堅固な政党システムと専門委員会制度のもとに、議会中心の堅実な国政運用が図られているからである。ここでは、スウェーデンについて簡単に紹介しておくことにする。

スウェーデンのリクスダーグ(Riksdag)は、イギリスのパーラメントに次いで古い歴史を有するが、一八六〇年代半ばに、旧来の身分制的な四部会制から両院制に移行している。その際、上院を設置した理由は、安定性と継続性を図るためであったとされている。そして、この安定性・継続性を確保するために採用された方式は、四年任期の下院議員に対して、上院議員の任期をその二倍の八年とし、毎年、八分の一の議員を、地方議会の間接選挙によって入れ替えるというものであった。また、両院の権限についても、ほぼ等しいものとした。そのため、身分的に安定し、保有する権力の点でも等しく、議員の数が少ない上院の方が、政治家にとって魅力ある存在となった。しかし、毎年、ごく少数の上院議員のみを間接選挙で入れ替えるという安定・継続志向のこの方式は、社会構造の転換や民主主義の進展に伴う世論の急激な変化や大きな変化の流れを摑み損なうものとなり、国民の信頼を失ったことは、言うまでもない。

そこで、第二次大戦後、国民が選挙によって自ら議会の構成を決定するとともに、その同じ選挙で政府の構成をも決定すべきだとする議論が強く唱えられるようになる。そして、このような議論ないし主張が、次第に党派を超えて優位を占めるようになり、一九六〇年代半ばには、各党間で、直接選挙による一院制議会設置の合意がなされるに至った。一院制への移行に際して一番問題となったのは、そもそも国レベルの政治と地方レベルの政治とは密接に結合するところから、従来、上院がその結びつきを担保する機能を果たしてきたのであるが、この上院の機能に代わる新たなメカニズムをどうするか、という点にあった。種々議論がなされ、紆余曲折のうえ、妥協の産物として採用されたのは、議員の任期を一年短縮して三年とし、そのうえで、中央と地方の選挙を一緒に実施するというヌエ的な方式であった。要するに、名目は、一院制への移行によって、同時選挙で、「議会の構成と地方政府の構成を決定することができる」ようなシステムになったというわけだが、実際には、一院制のもとで、中央と地方を繋ぐ具体的な方式が見つからなかったというのが、事の真相ではなかったかと思う。

3　両院制における上院の強弱と「強い参議院」の実相

わが国の参議院について、「強すぎる参議院」ということがしばしば指摘される。そこで、第三に、両院制の議会を擁する諸国のなかで、参議院はどの程度の「強さ」を保持していると評価されているかについて、レイプハルト作成の一覧表をもとに、寸評を加えておきたい。

〔上院の「強さ」の比較〕

①強い両院制
（権限が対等，人〔党派〕的構成が違う［4.0］）

オーストラリア　　スイス
ドイツ　　アメリカ合衆国

日本？（2007年の「ねじれ」以後［3.5］）

②中間的な強さの両院制

（ⓐ権限が対等，人的構成が類似［3.0］）
1993年議会改革前のベルギー
日本
イタリア
オランダ
1953年以前のデンマーク
1970年以前のスウェーデン

（ⓑ権限が非対等，人的構成が違う［3.0］）
カナダ
フランス
スペイン
インド

ⓧ強さがやや劣る両院制［2.5］
イギリス

③弱い両院制
（権限が非対等で，人的構成が類似［2.0］）

オーストリア　　アイルランド
スウェーデン［2.0］　（1995年上院選挙後のベルギー）
（1951年以前のニュージーランド）

ⓨ $1\frac{1}{2}$ 院制［1.5］
ノルウェー

④一院制［1.0］

フィンランド　ポルトガル　ニュージーランド［1.1］　デンマーク［1.3］
（1970年以降のスウェーデン）　（1953年以後のデンマーク）
（1991年以後のアイスランド）　（1951年以降のニュージーランド）

（A. Lijphart, *Patterns of Democracy*, 1999, p. 212をもとに作成）

右の一覧表は、「強い両院制」は次の二つの条件に依存するものであることを示す。すなわち第一に、両院は立法に関して対等か、ほぼ対等の権力を保持しているということ、第二に、両院はその人的構成において異質の要素から成るものであること(言い換えれば、両院間で党派的なねじれが生じているということ)である。レイプハルトは、この二つの条件を満たす両院制を「強い両院制」とし、それに四・〇のポイントを与えている。これに対して、「弱い両院制」とは、そのような二つの条件を欠き、立法権の行使において、下院と上院との権力に顕著な格差が存在し、併せて、各院に代表される党派的構成が類似する両院制である。レイプハルトは、この「弱い二院制」に二・〇のポイントを与えている。そして、この強弱両極の両院制の間に、「中間的な強さの両院制」が位置づけられる。それは、上述の「強い両院制」の二つの条件のうち、どちらか一方を欠く場合である。レイプハルトは、この「中間的な強さの両院制」に対して、三・〇のポイントを与える。その場合に、イギリスが〇・五ポイント減の二・五とされているのは、貴族院が「民主主義の先史時代の遺物」だというのが、その理由である。ちなみに、一院制には一・〇のポイントが付与されており、両院まがいの変則的一院制を採用するノルウェー(上述2参照)には、〇・五ポイントが上乗せされている。

上記一覧表では、日本の参議院は三・〇ポイントで、中間的な強さに位置づけられている。これは、衆参の立法権限がほぼ対等であることから導かれたものである。ただ、そこでは、党派構成が衆参で類似していることが前提となっている。したがって、二〇〇七年の通常選挙により生じた衆参の間の「ねじれ」を考慮するとなると、権限が対等で、党派構成が違う「強い両院制」に位置づけられそうである。ただ、上記の「強い両院制」に位置づけられている国がすべて連邦制であることを考えると、このカテゴリーには丸ごと当てはまらないとしても、少なくとも〇・五ポイント程度は上積みされることになろうから、「ねじれ」後の参議院は、「中間的な強さ」によりも「より強い」両院制に位置づけられることになろう。

4 強い両院制と議院内閣制の相克
――オーストラリアの憲法危機（一九七五年）の教訓

最後に、「強い両院制」と「議院内閣制」の関係について指摘しておきたい。ここで、「議院内閣制」とは、内閣ないし行政府が議会に対して責任を負う政治システムを指すものとする。そうすると、仮に、それが「強い二院制」と密接に結合する場合、そこでは、両院がともに内閣の責任を問い、内閣は上下各院に対して、等しく信任を取りつけなくてはならないはずである。そして、上述のレイプハルトの一覧表（3参照）にみられるように、「強い二院制」とは、二つの、対等の権限を有する、人的構成を異にする形で形成された議会を指すものであり、したがって、そこでは、二つの権限をほぼ同じくする両院間において、異なる政治的多数派が形成せられ、党派的な「ねじれ」の生じている状態である、ということになる。しかも、そうした「ねじれ」が生じている議会に対して、内閣が、等しく信頼を獲得し、等しく責任を負うことは、至難の業だということになる。要するに、内閣は、互いに一致しない二つの多数派の信任を取りつけなくては、政権を運営することができないという、まことに困難な問題に直面することになる。

そして、「強い二院制」に位置づけられるオーストラリアで、一九七五年、実際に、この問題が表面化したのであった。それは、いわゆる「一九七五年の憲法危機」と呼ばれる、かの国はじまって以来の深刻な事態であった。

オーストラリア連邦憲法は、「立法に関する両議院の権限」について、上院は、原則として、「すべての法律案について下院と同等の権限を有する」（五三条五項）と定める。そして、そこで、両院間に意思の不一致が生じた場合、総督は、上下両院を同時に解散することができるものとされている（五七条一項）。しかしながら、解散・総選挙後、新たに招集された議会でも、依然として、上下両院間の意思の不一致が解消されない場合、総督は、両院の議員よりなる

「合同会議」を招集し、この「合同会議」において最終決着(総議員の過半数)が図られる仕組みになっている(五七条二項、三項)。

一九七五年一一月一一日、カー総督は、野党・自由党が多数を占める上院で予算法案審議が行き詰まるという状況のもとで、労働党のホイットラム首相が下院の与党・多数派の党首であるにも拘わらず、これを解任した。上院による予算法案の拒否も、総督による首相の解任も、憲法上の規定に違反した行為ではなかったが(2)、かの国の憲法慣習として、下院が議決した予算法案を上院が阻止することはあり得ず、当然ながら総督がそれを理由に下院多数派を率いる首相を解任することもあり得ないものとされていた。しかし、総督が、こうした憲法慣習上のルールからして、想定外の「ご乱心」ともいえる行動に出たことは、オーストラリアにおけるウェストミンスター型の立憲政治に対する既成観念を少なからず混乱に陥れ、重大な「憲法危機」として捉えられたのである。

カー総督は、ホイットラム首相を解任した直後、野党である自由党の党首フレーザーに対し、予算法案の上院通過と両院同時解散の助言を含ませて、これを暫定首相に任命した。その結果、予算法案は直ちに上院で可決され、下院ではフレーザー首相の不信任が決議されたが、総督はフレーザーの助言に基づき両院を解散した。総選挙の結果は、フレーザー率いる野党・自由党の地すべり的勝利に終わり、混乱に終止符が打たれたのであった(3)。

この事例について、議院内閣制とは、そもそも、下院に対して内閣が責任を負うシステムであり、そのために、下院第一党の党首が首相となって内閣を率いなければならないとの見地からすると、カー総督によるホイットラム首相の解任は、正当な根拠を欠くものとされることになろう。他方、両院とも民選議員からなり、しかも権限が対等の両院制のもとでの内閣の議会責任は、下院のみならず上院に対してもまた、もとより等しく負うべきものだとする見地からすると、上院との間で信任関係が崩壊し、国政の運営が立ちいかなくなった場合、首相は、総辞職か両院の解散・総選挙のいずれかを選択すべきだとし、総督の行為が正当化されることになろう。

一九七五年の憲法危機は、上述のごとく、総選挙においてフレーザー自由党が両院で大勝し、懸案の「ねじれ」は解消された。しかしながら、もし、当該選挙の結果、逆の「ねじれ」が生じ、フレーザー自由党が下院で多数派を占め、ホイットラム労働党が上院で多数派となった場合、もしくは、上下各院が選挙前とまったく同じ党派構成となり、依然として「ねじれ」状態が解消されない場合、懸案事項については、憲法上、合同会議で決着を図りうるとしても、そもそも、総督は、国政運営の要となる首相に誰を任命すべきか、という問題が直ちに生起したはずである。上院の定数(七六人)が下院のそれ(一五〇人)のほぼ半数であり、両院間の意思の不一致を解消する「合同会議」では、下院の意思が優位する形になっていることからすると、この場合、下院第一党の党首を首相に任命すべきだということになろう。しかし、これが少しも問題の解決にならないことは明白である。

そこで、このような場合、二大政党間の「大連立」しか、解決策は存しないとする有力な見解も示されている[4]。

> 政府は、……選挙せられた二つの〔党派構成を異にする〕院に対して、首尾一貫した形で、同時に責任を負うことはできない。なぜなら、これは、二つの相互に敵対する多数派に対する責任を意味するからだ。しかし、そこには、一つの極めて重要な要件が付け加えられなくてはならぬ。つまり、議院内閣制と強い二院制とが相容れないのは、内閣が下院において、弱い多数派の基盤のうえに形成される傾向がある場合に限られるということだ。もし、内閣が大連立のように、二つの院を跨ぐ安定した多数派の基盤のうえに形成されるなら、それは、二つの院の支持をうるに、何ら問題はないであろう。

要するに、強い二院制議会における「二つの相互に敵対する多数派」の問題に対する明白な解決策は、両院を跨ぐ大規模な連立内閣の形成以外にはない、というのである。ウェストミンスター型デモクラシー観からする典型的な解決策である(なお、二〇〇七年一一月の下院総選挙の結果、ラッド率いる労働党が一一年半ぶりに政権を奪回し、保守連合優位の上院と対峙する「ねじれ」議会の様相を呈している)。

この言説から、二〇〇七年七月の通常選挙後における日本の政治状況が想起されるのではなかろうか。しかし、上記の言説には違和感を禁じ得ないものの、その過激さゆえに、問題の本質を浮き彫りにする。そもそも、常に大連立でなければ安定した政権運営ができない議院内閣制というのは、議院内閣制の正常な形といえるであろうか。「議院内閣制」という概念ないし理念からして、問題がないであろうか。イギリスなどの議院内閣制の理念ないし制度を育んできた国々で、上院が下院に服従しなければならぬと考えられているのはなぜか。

より一般化していえば、議院内閣制の統治システムのもとで、議会が二つの院で構成される場合、その一つが他の一つに服さなければならぬのはなぜか、ということになる。それは、これらの国々で発達させてきた「議院内閣制」の観念に由来するものと思われる。すなわち、議院内閣制のもとでは、内閣は、通常、一院に対してのみ責任を負い、しかも、その責任を負う院は、他院に比してヨリ国民と密接でなければならぬと、強く信じられているということである。もちろん、その前提として、通常、上院は、下院に比してヨリ小さな権力しか持たず、また、その選出方法も、下院のように国民の直接選挙によるべきでないと考えられている（逆に、両院間に優劣がつけがたく、両院がともに民選議員で構成され、しかも完全に対等な権限を保持するなら、内閣は、理論的には、両院に対して等しく責任を負い、さらに両院ともに解散権を行使しうるものとされなければならないであろう）。

したがって、二つの院がその権限において対等、もしくはほぼ対等であって、ともに国民によって選ばれ、構成されるものである場合、両者がまったく同一の党派的ないし人的構成でない限り、国政運営上、困難な事態が直ちに生ずることになる。しかし、そうした二つの院が、同じ党派構成であって、同じように行動するならば、一つは余計なものであろうし、そうかと言って、わざわざ別の行動をとるならば、それは迷惑至極もしくは有害なものだとの譏《そし》りを免れないであろう。ここに、両院ともに、直接公選制を採用し、内閣が「国会に対し連帯して責任を負ふ」（憲法六六条三項）議院内閣制、しかも、衆参両院ではなく、衆議院のみを解散する（憲法七条三号、六九条）形の議院内閣制を採用した日本国憲法の下の統治システムの運用の難しさ、そして、憲法上、三分の二という高い再議決要件（憲法五九条二項）によって衆議院とほぼ対等の立法権を保持する参議院の存在ないし役割、すなわち、そのあり方を考えるうえでの難しさがある。

（1） 二院制から一院制に移行した経験のある一院制国家の一覧につき、田中嘉彦『二院制（シリーズ憲法の論点⑥）』国立国会図書館調査及び立法考査局、二〇〇五年、八頁表4参照。

（2） ただ、総督が、何らの警告なしに首相に解任を言い渡した点が問題となる。事前に警告を与えれば、首相が女王に総督の解任を奏請することもあり得たからである。とはいえ、当時、女王は、憲法上明確に総督の権限内にあると規定されている事項に介入するのは適切でない、との見解を保持していたとのことであり、したがって、事前に通知していたとしても、女王の介入があり得たかは疑問である。

（3） 山田邦夫「オーストラリアの憲法事情」『諸外国の憲法事情3』国立国会図書館調査及び立法考査局、二〇〇三年、一〇二頁以下参照。

（4） R. S. Parker, "Political Projections and Partisan Perspectives", *Politics* 11, no.1 (May 1976), p.15, cited in: A. Lijphart, *Democracies*, Yale U.P., 1984, p.103f.

Ⅲ　政権の政治手法と憲法問題

7　政治の「大統領化」と小泉政権

はじめに

議院内閣制の統治システムの下では、党首と政権公約《マニフェスト》を前面に押し出して議会（下院）選挙を戦い、多数の議席を獲得した政党が、単独で、もしくは他党と連立を組んで、通常、自らの党首を「首相」に仕立て、内閣を組織し、その公約を立法化し、実現してゆく。この「首相」について、近年、先進諸国で、「大統領化」ということが話題となっている。そこでは「大統領化」という言葉の下に、一体、どのようなことが理解されているのか。それはまた、わが国の特質とされる政府・与党の「二重権力構造」ないし「二元的立法過程」に何らかの変化をもたらすものか否か。これが本章の検討課題である。

一　古典的議院内閣制論と政治の「大統領化」

1　政治の「大統領化」

マス・メディアの発達に伴い、議院内閣制・大統領制もしくは大統領制的議院内閣制（準大統領制）といった政治

[1]形態の違いを超え、至る所で、政治の「大統領化」(‘presidentialization’ of politics)が進行している。[2] もとより、そのことは、一九六〇年代半ばに、わが国でも深瀬忠一により、「イギリスは、もはや一世紀前バジョットの描写したような古典的議会制の下にはない」としたうえで、次のように指摘されていた。[3]

戦後の今日では、バジョットの言った立法・執行部間のバックルの役割は首相に転移したから、「首相統治制」(Primeministerial Government)と呼ぶべきだとする者(クロスマン)があり、また首相を「選挙された君主」であるとする文献が公表されているところからみても、首相がイギリスの統治機構上占める「頂点」ないし中核的地位をうかがわしめる。さらにフランスに眼を転ずるとき、現行第五共和制下の政治が、「共和的君主制《レパブリカン・モナキー》」と規定され、ド・ゴールが自ら「共和的君主《モナルク・レピュブリカン》」(ドブレ)として「フランスをほとんど一手に握って支配」していると観察されているのである。さらにジュヴネルは、近代議会制のほぼ二世紀にわたる歴史的展開が「非君主化《デモナルシザシオン》」の方向になされたのに対し、現代は議会政治《グヴェルヌマン・パルルマンテール》から「王位制」(Principat)——すなわち政治団体が事実上ただ一人の頭によって支配されているような現代の体制——に大きく転回し、権力が人格化する《ペルソナリザシオン・デュ・プヴワール》普遍的傾向があるとし、各国民は政治を「一人の人間の特徴《トレ》によって代表させる習慣をとりもどす」ようになった事実を争い得ぬものとしている。

「君主」を「大統領」に置き換えれば、そこで指摘されている「権力の人格化」が、ここで問題にしようとしている政治の「大統領化」を指示するものであることは言うまでもなかろう。

2　バジョットの範型にみる議会の「大統領」選出機能

そこで改めて、バジョットの描いた古典的な議院内閣制《パーラメンタリー・ガヴァメント》、すなわち、「立法府により選出された委員会の政治[4]」という仕組みの下で、「大統領」について、どのように語られていたかを確認しておこう。

バジョットは、選挙を通じて直接国民に基礎を置き、絶大な権力を保持するイギリス下院について叙述する中で、「下院は選挙院であり、我々の大統領を選挙する会議体である」とし、そのうえで、「現在では、その選挙が下院の最も重要な機能となっている」と説く(5)。ここでは、アメリカ合衆国大統領の選挙人団が念頭に置かれている。それは、「国民のなかの最も賢明な人々によって構成し(そのことが期待された)、十分な討議の後、国民のなかの最も賢明な者を大統領に選ぶことを企図したもの(6)」である。しかし、実際には、周知のごとく、政党が、早くから選挙人の選出に介入し、その結果、各州の選挙人団は、誰を大統領に選ぶかについて、既にその候補を特定している党員の集合体と化し、有力な二つの政党のいずれの候補が全州を通じて絶対多数を制するかが明確となった時点で、次期大統領は誰かが判明する。こうして、賢人会議による最高の賢者の選出という当初の企図は画餅に帰すのである。

これは、バジョットの時代はもとより、現在の合衆国における大統領選挙人団の実相である。

そのバジョットが、イギリス下院を「我々の大統領を選挙する会議体」と語るとき、そこで含意されていたのは、下院は、合衆国憲法の創設者が大統領選挙人団に期待したと同じ役割を実際に演じている、ということであった。アメリカの企図は挫折した。しかし、その企図は、わが「大統領」、すなわち、首相を選挙する下院において現実のものとなっているのだ、と言うのである。しかも、下院は、首相の選出権だけでなく、罷免権をも保持しているので、大統領を選挙する任務を終えれば消滅してしまう大統領選挙人団とは異なり、首相選出後も、首相との関係は継続し、「下院が首相を誘導《ガイド》し、首相が下院を指導《リード》する(7)」。そこでは、首相とその閣僚(内閣)は、下院の信任を保持するがゆえに、職務に従事しうるのであって、その信任を失うや、下院によって罷免され、それらの地位を失うことになる。これは、内閣を立法府の一委員会とする論理的帰結である。しかしながら、内閣は、他のいかなる立法府の委員会も保持しない権力、すなわち、任命権者たる下院を解散する権力を保持する委員会であって、下院の信任を失い、罷免の窮地に立つときでも、辞任せず、下院の解散・総選挙を通じて新たに組織される「次の下院」に訴えるという選択を

なすことができるのである。(8)

3　首相と大統領の選出過程の類似化

上記バジョットの範型が示されたのは一八六七年のことであるが、その後における議院内閣制の展開を踏まえたうえで、この古典的な範型の問題点を一つだけ指摘するならば、それは、国民もしくは選挙民に基盤を置く近代政党の存在ないしその果たす役割に関する認識の欠如である。もとより、上記の範型が示されたのが、一九世紀イギリスにおける選挙権の漸進的な拡大に伴って、それまでの院内政党が、院外に触手を伸ばし、新たな選挙民の組織化に着手し始めたまさにそのときであったことを考えるならば、ここで、かかる近代政党に対する認識の欠如を摘示することは、望蜀以外の何ものでもない。クロスマンによれば、バジョットが近代的な組織政党について予知すらしなかった主たる理由は、①当時、そうした政党が既に最も影響力のあるものとなっていたアメリカを一度も訪れなかったこと、②院内から選挙区への政党組織の伸張による「選挙民政治」(constituency government)の展開を、議員の「自由」を前提とする上記範型と真っ向から対立するものと見ていたことにある。(9)

爾来、一世紀余に及ぶイギリス政治は、バジョットの意図とは正反対の「選挙民政治」へと向かう。ウィアーは、名著『立法府』の中で、イギリスにおいても、組織的な政党選挙の進展によって、首相の選出が、合衆国大統領の選出過程と類似の様相を呈しているとし、次のように指摘する。(10)

周知のごとく、イギリスでも、総選挙後、某党が下院で絶対多数を占めることが明白となるや、誰が首相になるかが判明する。政府の形成過程において、下院は、アメリカの選挙人団と同様、送信団体、記録団体、いな、ゲームの結果を読みとることができるスコアボードのようなものである。政府の形成という問題――それは、政府活動の形成ないし政変と区別せられるべきものであるが――について、今日では、アメリカの選挙人団と同じように何も議論しない。それは、結果を登録するだけであり、それ自体、選挙人によって送信された決定の帰結である。

これが、一九六〇年代に「権力の人格化」として捉えられたイギリスにおける古典的な議院内閣制の変化の実相であり、二一世紀初頭の現在、政治の「大統領化」として語られている問題の前提である。

二　政治の「大統領化」の諸相

1　政治の「大統領化」の意味

政治の「大統領化」とは何か。上述のごとく、古典的議院内閣制に変化をもたらしたものは、組織政党の登場とその展開であった。いわゆる「政党政治」の進展である。したがって、ここで、政治の「大統領化」とは、議院内閣制の枠組みの下において、政党を基軸とした従来の政治のあり方が、首相を中心に「より大統領的なもの」となることを意味する。

では、首相が「より大統領的なもの」になるとは、どういうことか。これは、大統領制との類比で理解せざるを得ない。

ポグァンケとウェッブによれば、大統領制は、大統領に対して、執行権力を指導する多くの資源《リソース》を提供すると同時に、議会の政党に対抗して、大統領に(逆に、議会にも)相当の自律性《オートノミー》を付与するものである。すなわち、それは、次のようなものである[11]。

まず第一に、政府の長たる大統領に、執行権力を率いる優越的な資源《リソース》を提供する。それは、大統領が議会に対して責任を負うものではなく、通常の場合、直接、国民によって正当化され、議会の介入なしに内閣を組織する権力を保持するということから引き出されるものである。要するに、大統領は、議会など外部の関与なしに、執行部門を統括し、統治を行うことができるのである。

第二に、大統領の政治指導における自律性である。大統領は、その職にある間、自らの政党の政治圧力に対して十分な保護が与えられている。これもまた、政府と議会との厳格な分立原則から導かれるものである。このことは、しかしながら、その反面で、議会の政党は、大統領反対派のみならず、支持派もまた、その政府に反対するフリーハンドを保持することを意味する。すなわち、大統領は、自己の政党に対して、相当程度の自律性を享受する一方で、その指導力は、直接、国民の支持に依存する。したがって、大統領の政治指導の自律性の強さは、政党の組織的な統制を基礎とするものではなく、選挙の結果に依存する。

第三に、選挙過程の人格化である。これは、直接には、大統領という最高位の選出ポストに自然と衆目が集まることに由来し、そして、選挙過程のすべての側面が、大統領候補者の個性によって決定的に形づくられることを意味する。

この大統領との類比において、上記「より大統領的なもの」とは、憲法の議院内閣制の規定にかかわりなく、国政において、事実上、首相の権力資源《リソース》及び自律性が増大し、国民による指導者選択の選挙過程が顕著となることを意味するのである。(12)

2　政党政治の「大統領化」

議院内閣制は、上述(一3参照)のごとく、政党政治を基礎とする(なお、後述二3も併せ参照)。では、上記「大統領化」によって、政党政治は、どのような変化を蒙ることになるのか。ポグァンケとウェッブは、(1)政府と政党(与党)(2)政党内部(3)選挙過程に分け、その変化の様を次のように分析している。

(1)　政府と政党(与党)

政府部内における首相の自律的統制領域の拡大は、閣僚等の任免権や一定の政策決定権といった公式の権力(上記二―1の「権力資源」)が首相に付与されることから帰結するが、しかし、実質上、首相の指導者としての力は、選挙の際、その個性に訴えることで獲得した個人的信任《パーソナル・マンデイト》の増大(後述(3)参照)から導かれる。したがって、そこでの自律性は、選挙における選挙民の広汎な支持の獲得によるものであり、その支持を成功裏に保持し得る首相の持続的能力により条件づけられている。有権者迎合《イレクトラリスト》の現代において、政党(与党)は、その党首たる首相の個性が選挙での勝利という報償を提供する限り、彼または彼女の「思い通りにさせる」のである。「大統領化」された政府の下では、それゆえ、政党を通じて《スルー》の政治ではなく、政党を素通り《パースト》した政治の様相を帯びることになる(13)。

(2)　政党内部

「大統領化」は、政党内部の権力について、有力派閥の合従連衡から、党首(議会多数派の場合には、通常、首相)の指導力ないし自律性の増大へと向かう変化を見てとることができる。これには、末端党員による党首の直接選挙の導入といった制度改革も含まれる。その結果、党内派閥の指導者たることが、党首となり得る決定的な権力基盤たることを止め、むしろ、党員はもとより、国民に対するアピール度や弁舌の巧みさが、党首たり得る要件となる。広汎な末端党員から信任《マンデイト》を受けた党首は、政策問題について、党内のサブ・リーダーや中間層を迂回し、直接、末端党員または国民に訴えようとする。また、来るべき選挙において勝利するために、党首は、自ら政策綱領を策定し、独自の「政策」として個性化することが期待される。

ただ留意すべきは、この人格化された指導力・自律性の増大は、党首ポストへの権力資源の集約をもたらすものではあっても、党首による政党機構《マシーン》そのものの統制《コントロール》に向かうものではないということである。党首の下に集約された資源は、通常、政策立案と国民向け活動に投入されるのである。たしかに、党首は党規の変更を通じて、政党機構に対する統制を強化することで、自らの指導力を強化しようとすることもある。しかし、これは危険な賭けである。というのは、そこでは、トップの座を視野に収める党内中間層による反撃を招き得るからである。彼らが党首の支配を受け容れる用意があるのは、選挙において彼または彼女が国民に訴える見込みがあると考えるからであって、党首のためにする党内の権力機構の変更には反発するに相違ないからである。要するに、政党内部においても、党首の「大統領化」は、選挙の勝敗に条件づけられたものであり、その地位は、選挙に勝つ限りにおいて強くなるが、しかし、選挙に敗れた場合に極めて脆いものである(14)。

(3) 選挙過程

政治の「大統領化」が最も顕著に現れるのは、選挙過程においてである。まず第一に、党首は、選挙の「顔」として、その個性と指導力が、選挙キャンペーンを通して強調される(15)。しかし、これは、選挙権の拡大に伴って議院内閣制下の総選挙が首相に対する国民投票的《プレビシット》性格を帯びて来たとして、従前から指摘のあるところであり(16)、特段目新しいわけではない。とはいえ、第二に、党首の個性と指導力、そして、その公約の提示の仕方が選挙の勝敗を決するまでになったのは、一九六〇年代以降における電波メディアの発達、とりわけテレビの普及を通じてである。テレビは、政治上の争点の複雑さを減ずるために、政策よりも、個性に焦点を合わせる傾向があり、そのため、政治家もまた、瞬時に視聴者を捉え得るワンフレーズに集中するようになる(17)。さらに、冷戦終結後、従来の政党を支えてきた社会的基盤が流動化し、政党の社会的統合力が衰退したことに伴う無党派層の拡大(18)と近年のＩＴ技術の進展は、ますますもって、上記メディア選挙の色彩を濃厚にする。第三に、いわゆる「イデオロギーの終焉」によって、相互に異なる体系的な政策課題を提示することが難しくなり、高度に論争的な争点が欠如するなかで、たとえ、その党首の指導力に疑問符が付くとしても、政党は、意識的に、党首の「個性」ないし「指導力」を際立たせることでしか、メディア選挙を勝ち抜くことはできないものとなる(19)。

こうした選挙過程における重層的な変化が、前世紀末から今世紀初頭にかけて、目に見える形となって現れてきたのが、「大統領化」という言葉で語られている上記のような政治の変化であった。

3 「大統領化」の限界

議会に政党はつきものであり、両者はいわば形影相伴う関係にある。けだし、選挙と議会の双方において、国民の間の種々の異なる意見が統合され、表明されなくてはならない以上、そうした諸々の意見を何らかの形で組織することが必要であり、まさに、その組織の主体が政党だからである[20]。とりわけ、議会構成員のなかから首相が選任され、その首相の下で、同じ議会構成員を中心に内閣が組織される議院内閣制の下においては、意見集約組織としてのみならず、政権獲得組織として、政党は極めて重要な役割を担う。政権の獲得に敗れた政党は、反対党ないし野党として、政権党と対峙して内閣の国政運営を批判し、来るべき総選挙において捲土重来を期することになる。こうして、議院内閣制の下での政治は、自ずと、政党が国政運営の要となる政党政治となる。したがって、政党(与党)を素通りする政治の「大統領化」は、この議院内閣制に固有な政党政治と鋭い緊張関係に立つ。それゆえ、政治の「大統領化」が一定の限界を超え、首相の権力基盤たる与党との関係が破綻するような場合には、同時に、その権力の動揺ないし失墜を招くことになる。狆《チン》がイヌ科の壁を超えて猫になり得ないと同様、首相もまた、議院内閣制という枠を超えて、大統領とはなり得ないのである。

三　「大統領化」の下における政党規律とその限界

1　規律政党による政府に対し従順な立法部の現出

ところで、ヘーファナンとウェッブによれば「実際に、執行部内を指揮する権威において、イギリス首相は、合衆国大統領に匹敵する執行権力を保持するのみならず、立法部内に信頼しうる多数派を保持することで、弱くなり受け身《リアクティヴ》となった立法部をも指揮しうる能力が付与されることにより、広汎な立法権をも掌中に収めることとなる」[21]。ここで「受け身の《リアクティヴ》」立法部とは、マーザイが、――公選の大統領に対して異議《ノー》を唱え、政策形成において大きな役割を果たす世界最強の活発な《アクティヴ》立法部であるアメリカ連邦議会との対比で――規律政党を通じて活動することで、政策形成における立法部の役割が最小化し、首相の指示に、通常、素直に従うイギリス議会をモデルに構成した作業仮説である[22]。この作業仮説が、イギリスにおける議会と政府の関係をほぼ的確に摘示するものであることは、クリックが、イギリス議会について、「法律案の立案、作成、修正、拒否および受諾という厳密な意味における立法機能は、アメリカ連邦議会とは比較にならぬほどその重要さに欠ける」としたうえで、次のように述べていることからも明らかである[23]。

> さらに驚くべきことに、イギリスはかくあるべきでないと真剣に異議を唱える団体がほとんど存在しないということである。すべての重要立法は政府立法であり、極めて僅かの例外を除いて、実質的な修正なしに議会を通過する。すなわち、〔議会における政府提出法案の〕明白な敗北は政治的には想定外であり、さらに、〔同法案の〕撤回もまた極めて稀である。

そして、このように、政府が議会の立法過程を十分に掌握することができるのは、「政党の規律がその極致にある」[24]

からだとされる。議会は、したがって、「立法府《レジスレイチャー》」という別称のごとく、「法の定立《レジスレイション》」、すなわち、法律の制定を任務とする機関であるにもかかわらず、政府の政策が表明された法案に「影響を与える」機関、立法機能を分有する機関ではあっても、決して、それを独占するものではない[25]。立法府が、憲法上、いかなる地位を保持していようとも、「公共政策の主要な方策は、政府から〔法案として〕提出されるのである[26]」。野党は、政府法案の策定からは完全に締め出されているが、しかし、議会の立法過程において、法案審査を通じて、政府の政策批判ないし監視の主役を演ずるのである[27]。

上述の理解は、高橋和之の「アクション・コントロール」モデルを想起させる。高橋は、「政治」の領域と「法」が支配する領域を峻別し[28]、前者の領域における「政治」活動には、アクション（とくに、政策目標に向かってのイニシアティヴ）が必要であるが、アクションは常に少数者（極限的には個人）に発し、それが多数の「同意」を調達しながら推進させるという展開をたどる、としたうえで、次のように述べる[29]。

まさに政治はダイナミックであるがゆえに、暴走する危険ももつ。したがって、アクションは常にコントロールとセットに考えなければならない。コントロールの役割は、多数者でも担いうる。ゆえに、日本国憲法の下では、アクションを内閣（とくに、首相）が担い、政治的なコントロールは国会が担うというイメージで捉えるのが適切なのである。かかるイメージで政治を捉えれば、国会の中心的な権限である法律の制定さえ、政策の「決定」というよりは、コントロールの行使として現れるであろう。

高橋モデルにおいても、最大のアクターたる首相がその「政策」を推進するためには、与党・多数派の「同意」の調達が前提とされている。まさに、この同意「調達」の結果、多数派の支配する議会は首相ないし政府に対して従順《リアクティヴ》なものとなる。それが「同意の調達」の意味するところである。とすれば、高橋の言う「コントロールの役割は、多数者でも担いうる」とは、①議会の委員会等において、党派を超えた「議員」「委員」「専門家」としての意識が強く働き、与党議員もまた、その見地から政府法案の欠陥を摘示し、是正等のために積極的に活動するか、②政府が与党の「同意」調達に失敗し、立法過程において内閣提出法案に対して、本来、支持するはずの与党が反対、修正等の挙にでる場合ということになろう。しかし、①は、フランスやドイツ等の大陸型議院内閣制に見られるところであるが[30]、ウェストミンスター型の高橋モデルとは齟齬を来す。そして、②は、もとより議院内閣制にとって異常事態であり、そのノーマルな運用として論じられるべき枠組みのなかで語り得る事柄ではない。議院内閣制の枠組みの中では、高橋の言う「アクション」に対する「コントロール」の役割は、党派を超えた「議員」等としての一体性や与党内の反乱・分裂といった事態を除いて、通常、政府の反対党たる野党がその担い手となる。シュテルンベルガーの指摘するごとく、「少数派が政府に反対し、政府の活動を絶えずコントロールし、少数派の側において、その都度、政治的対案を提示する機会を有しないならば、そこでは、〔与党内の緊張が緩み〕政府を支える結束力のある多数派がほとんど存在しないがゆえに、強力な「政府」すら存在しない[31]」。要するに、政府の「アクション」の強弱は、政府を「コントロール」する野党の強さによって決まるのである。

2 政党「規律」と議員の「独立」

政党規律とは、政党所属の議員が議会で結束して行動するために服すべきおきてであり、党内において一定の強制力を伴うものである[32]。イギリス議会史を繙くまでもなく、議会と政党とは表裏一体をなして発達をみたものであるが、議院内閣制が確立し、内閣ないし首相主導の政治が行われる中で、政党の「結束」、そして、その結束を維持するための「規律」は、政党に支えられた内閣が議会に対して、さらには、議会を通じて国民に対して、政治責任ないし説明責任を全うするうえで、不可欠なものと考えられてきた。ここでの問題は、議会内における意思決定の場面で、一致した行動を維持するために採られる政党「規律」のあり方である。

そもそも、議員となるためには、選挙で当選を果たさなければならないが、その選挙を勝ち抜くためには、通常、自らの政治信条や政策と一致もしくは近接する目標を掲げる政党に加入するか、その推薦を受けることになる。政党と党員ないし党友の関係は、「鉄の団結」を誇るものから、「烏合の衆」に近いものまで多様であり得るが、しかし、その関係は、本来、両者の間の政策的な「合意」ないし党員等の「自発性」に基礎を置くものである(33)。しかも、当選を果たし、議員となるや、当該議員は、議会の構成員として、法的に対等であり、発言・表決免責特権を享受し、議会外の選挙民はもとより、議会内の所属会派(政党)の言いなりにも、決してなり得ない存在である。「彼ら〔議員〕は、議会への出席を促されることはあっても、表決に加わるかどうかは、本人に任されて(34)」おり、また、発言はもとより、賛否いずれの表決をも、自らの良心に基づいてなし得べきものだからである。

3　院内幹事による「説得」

多数の議員により構成される議会においては、議員を糾合する政党ないし会派が大きければ大きいほど、自らの意図をよりよく実現することができる。しかし、大政党ほど、その意図を実現するためには、党内における強い規律保持が求められる。ただ、議員は憲法上、「自由な職務の遂行を保障し、その独立をひそかに傷つけようとする圧力に対して保護された……一定の「地位」を享受する(35)」ことからして、その規律保持の手段は、通常、政党指導部の「説得」に求めざるを得ない。イギリス下院の院内幹事《ホイップ》の活動がその典型例である。

カウリーは、イギリスにおいて、院内幹事は、少なくとも一八世紀以来、議会生活の本質的部分であったとし、その活動について、「管理運営」「情報交換」「口説き」の三つに分けたうえで、大要、次のように述べている(36)。

①　管理運営　これは、表決に際して多数を確保するという政府の要請に由来するもので、院内幹事の最も古くからの活動である(野党院内幹事も、党内をまとめ、できるだけ多数を確保すべく試みるという点では同じ)。

その活動には、議事運営の管理、他党(会派)との交渉、所属議員の掌握といったものが含まれる。このことから、院内幹事は、「牧羊犬」というよりも、むしろ、「羊飼い」だと評される。議会での表決にあたって、議員たちは、通常、各表決の内容について熟知しないので、彼らを安全に正しい投票者控え室へと誘導する「羊飼い」に感謝するのである。いかなる政府も、この院内幹事の実効的な管理運営なくしては、長続きしない。

② 情報交換　院内幹事は、首相・党首などの政党指導部と平議員との間の情報の通路《チャネル》である。管理運営の一環として、彼らは、平議員に対して指導部の計画を伝え、指導部に対して平議員の見解を伝えることが要請される。とくに、平議員の不満が昂じている場合には、政府の耳目となり、平議員たちの反感を探知し、前途に待ちかまえる難題について、政府に対して警告するのである。ある院内幹事の語るごとく、「我々は、〔平議員に対して、その〕広汎な支持がなければ、もはや、政策は遂行できない」と、慈悲に縋って懇請し、嘆願するのである。

③ 口説き　院内幹事の第三の役割は、部外者の興味を惹き、批判も多い「口説き」である。ある議員が政党の方針から外れた行動をとりそうな場合、当該議員を口説き、柵の中に引き戻すのが院内幹事の役割である。院内幹事が「口説き」に使う手管の中で、その極めつけは、ロンドン中心部の売店の片隅に置かれたコンドーム入り封筒であった。その封筒には、家庭の価値を精力的に訴えるある有名な議員の裸体写真が入っていた。その写真には、複数の裸体女性と一匹の犬も写っていた。これが売店に置かれたのは、彼が議会で造反を企てそうになったときであった。彼は院内幹事の事務所に行き、持参の酒を差し出すと、件の封筒が投げ出された。それを開封した彼は蒼白となり、以後、在職中、院内幹事の言いなりになったと言うのである。

これは、口説きというよりも、むしろ脅しであろうが、こうした真偽定かでない裏話には、尾ひれがつきものであろう。造反者は、しかしながら、最終的には離党しても議員としての地位を失うものではないことから、院内幹事のいかなる説得も、確信的造反者には通用しないので、そこで使用できる手段には自ずから限界がある。

4　党内「派閥」のボトムアップ機能

政党規律の問題は、どうすれば、議事手続における法案採決の場において、政党指導者が平議員の足並みを揃えさせ得るか、ということにある。しかし、これを別の角度から見るならば、政党所属の平議員たちが、逆に、いかにして、政党指導者に「規律」を課し、その望むところを実現させ得るか、という問題でもある。

これに関連して、党内における派閥《ファクション》の存在が重要である。ここで、派閥とは、政党内で声を上げるために結集した所属議員の一部からなる集団を指す。ボウラーとファレル及びカッツは、派閥集団とは、ある特定の政策ないし個人の意図の実現を目指すものであって、それには、党内の結束の乱れと規律違反の危険を伴うとの評価もあり得るとしたうえで、次のように述べる(37)。

〔しかしながら、他方で、〕派閥は、その指導者が政党の政策論議に参加し、もし、ある政策に関してその路線にズレがあるならば、議会の場での一致した投票にヒビが入ることを政党指導者に明確にすることで、平議員が政党指導者に対し規律を課するうえで役立つものである。この意味で、派閥は、政党指導者が党内のどこに自分の支持者がおり、また、どこに反対者がいるかを知るのに役立つ。

したがって、派閥は、絶対に有害だというよりも、むしろ、政党指導者が、どのような政策ないし行動ならば堪え忍び得るものであるか、どのようなものならその限界を超えるものかを知るうえで有用である。これと同様、まさに派閥の存在は、平議員自らが党内における種々の投票ブロックの規模を知ることで、何が許容されるかを理解するのに役立つ。

要するに、政党規律は、いわば「対面通行路(38)」であり、党内において、指導者は人事と資金さらには分割支配によって優位に立ち、平議員を規律し得る一方、平議員は派閥集団でこれに対抗し、両者の間の調整を通じて、指導者をも規律し得るというのである。

四　与党の二元構造と政治の「大統領化」に伴うその「変化」？

1　範例としてのイギリス型議院内閣制

わが国の議院内閣制の特質をどのように理解し、評価すべきかについては、初期の衆議院解散（第一回解散一九四八年一二月、第二回解散一九五二年八月）をめぐる論争以来の課題であるが、いわゆる七条解散が定着するにつれて、日本国憲法の下における議院内閣制は、内閣の解散権行使に制約のあるフランス型ではなく、内閣が自由な解散権を保持するイギリス型だとする考え方が支配的となった(39)。しかし、そこで、日本がイギリス型だとされたのは、あくまで、内閣の解散権行使に対する制約の有無ないし解散権行使のあり方に関する基本的な考え方であって、議院内閣制の下での立法過程のあり方まで視野に置いたうえでのものではなかった。けだし、後者の立法過程は、選挙の方法、議事手続やその慣行、政党制・官僚制や両院制のあり方、政治文化や歴史等、様々な要因が複雑に絡み合いながら、議院内閣制という制度の基本枠組みの中で、少なからず特色のある独自のものを形づくっているからである。

しかし、その後も、わが国の議院内閣制の運用において、イギリス型がその範例とされる(40)。すなわち、イギリス型が、改めて、わが国の憲法運用上、模範とすべき目標として提示されたのは、いわゆる五五年体制の成立時とその崩壊後の政治改革の流れの中においてである。一九五五年の左右社会党の統一及び自由と日本民主の保守合同による自民党の発足は、これからの日本はイギリスのような二大政党制に向かうものと期待をもって迎えられた。しかし、東西冷戦構造は、国内政治における二大政党間の政治的イデオロギー対立となって現れ、一九六〇年日米安保条約改定と高度経済成長の下で、自民党が長期安定政権を確立するに伴って、その期待は潰え去り、政権交替どころか、一党優位体制の下で、族議員・官僚・財界の癒着が構造化し、政策形成において有力族議員と官僚の支配する「政党－官僚政治」[41]の体制(後述2)に堕してしまった。一九八九年の東西冷戦終結と九〇年代初頭に始まる構造不況、そして一九九三年の自民党の分裂・細川政権の誕生による五五年体制の崩壊後の政治・行政改革のなかで、またしても、イギリス型が――サッチャー政権の「保守革命」による経済再生と相俟って――わが国が目指すべきモデルとして語られることになる。そして、議院内閣制下の立法過程ないし政策形成の側面に限ってこれをみても、そこでは、二大政党制の確立による政権交替、政権公約を実施し得る強力な内閣の形成と首相のリーダーシップの強化、そのための選挙制度の抜本改正といった動向のなかで、既述のごとき「大統領化」の様相を強めたイギリス型がその模範とされたのである。[42]

2　日本型立法過程の特質としての与党・内閣の二元的権力構造

そうしたなかで、五五年体制下の立法過程もしくは政策決定過程について、与党と内閣の「権力の二重構造」ないし「二重権力の存在」が、イギリス型とは異なる日本型の特質として指摘されてきた。[43]すなわち、長期にわたる自民党による一党優位体制の下で、与党と内閣との間に「権力の分割」[44]が生じ、内閣提出法案について、イギリス型のように内閣だけで決められ得るわけではなく、事前に与党のインフォーマルな了承を得なければならないとの慣行が成立した。いわゆる「事前審査制」[45]である。この二元的構造の特質について、ミュールガンは次のように指摘している。[46]

このシステムにおいて、政策は自民党と「政府」(実際には諸省庁を指し、その結び付きは「政府・自民党」と公称される)との相互作用の中で形成される。このシステムは、首相が顕著なリーダーシップを発揮する強力な内閣を生み出すものではなく、政党－官僚制による政策形成という二元的権力構造を生み出すものであって、そこでは、首相とその内閣が上位というよりも、むしろ、下位の役割を演じる。そのため、日本は内閣政治《キャビネット・ガヴァメント》ではない。それは、政党・官僚政治《パーティー・ビューロークラティク・ガヴァメント》である。まさしく、それは、内閣が中州に取り残されたシステムである。内閣は、政党ー官僚の政策形成から立ち現れた政策の追認者たるにとどまる。政策の流れは、トップダウンではなく、ボトムアップである。首相とその内閣は、政策形成サイクルの始点ではなく、終点に位置する。政務調査会による事前審査が必須の条件であるだけでなく、政策が内閣に到達するに先立って、閣議の前日に開かれる各省事務次官会議の承認をも得なければならない。この事務次官会議を通過しない限り、閣議決定には至らないのである。

内閣提出法案に対する審査は、自民党の場合、政務調査会部会→同審議会→総務会の順に行われるが、総務会決定によって、衆参両院の所属議員に対して、強度の党議拘束がかけられ、内閣は、党側から無修正による国会通過を取りつけたうえで、法案の国会提出に至ることになる。中州に取り残された内閣の無為は、政党側の無修正による法案通過の保証により贖われるのである。なお、連立政権下においては、さらに、連立与党の政策責任者会議で協議・調整のうえ決定される。また、野党も、所属議員の提出法案について事前審査を行うだけでなく、内閣提出法案についても、国会対策上、早期に党議決定し、当該法案に反対する場合には、会期末審議未了による廃案を目指すことになる。そのため、川崎政司の指摘するように、「国会の審議が硬直的・形式的となり、議員同士での実質的な審議がほとんど行われていない状況にある」ばかりか、「党議による統制は、ほとんどすべての案件を対象として、表決だけでなく審議における発言にまで実質的に及んでおり、議員の活動は大きく制約され」(47)ることになってしまったのである。(48)

3　首相のリーダーシップと内閣機能の強化及び与党の事前審査廃止論

小泉純一郎内閣誕生の三カ月前に施行された中央省庁等改革関連法やそれに先立つ内閣法の改正は、中州に取り残されていた内閣を政府の政策決定の中枢としてリセットしようとするものであった。まず、首相のリーダーシップを強化する目的で、一九九九年の内閣法改正により、同法四条二項に「内閣総理大臣は、内閣の重要政策に関する基本的な方針その他の案件を発議することができる」旨の規定が追加された。これにより、従来、首相の閣議主宰権(同項)に含まれるものと解されてきたものが、法改正によって明確にされたのである。次いで、首相がリーダーシップを発揮し得るために、首相を補佐する内閣官房の機能が強化されたことである。とりわけ注目すべきは、内閣官房が行う「内閣の重要政策に関する基本的な方針」の企画・立案と総合調整(内閣法一二条二項)であり、首相は、この補佐の下に作成した「基本的な方針」を他の閣僚に周知し了承を得るために、上記内閣法四条二項に基づいて閣議に諮ることとなる。さらに、内閣には、首相を主任の大臣とする強力な内閣府が置かれる(内閣府設置法二条、六条)。そして、内閣府には、「内閣の重要政策に関して行政各部の施策の統一を図るために必要となる企画及び立案並びに総合調整に資するため、内閣総理大臣又は内閣官房長官をその長とし、関係大臣及び学識経験を有する者等の合議により処理することが適当な事務をつかさどらせるための機関」として経済財政諮問会議等の機関が置かれた(内閣府設置法一八条)。

これらは、いずれも橋本政権の下で行われた行政改革の成果である。小泉政権の下で自民党国家戦略本部国家ビジョン策定委員会がまとめた提言では、従来の個別利害調整型・積み上げ型の政策決定から、首相を中心とする内閣主導体制の構築、官僚主導の排除、族議員政治との訣別を唱え、内閣と党の政策決定の一元化を目指して、与党審査の事前承認制を事前の審議制に改めることを提示したが、党内からその内容だけでなく党内手続の面でも批判が続出し、一元化の具体策は先送りにされた(49)。

4　小泉首相の大統領的政治手法と与党内調整の軋み

とはいえ、上記内閣機能の強化に向けインフラ整備がなされたことから、小泉内閣の下で、首相の強いリーダーシップを発揮し得る前提条件は整った。そして、いわゆる郵政民営化関連六法案の立法過程は、小泉首相の大統領的な政治手法と従来の二元的構造との間の軋轢が臨界に達したことを示すものであった。その概要は、以下のとおりである。[50]

(1)　基本方針の決定と与党協議及び国会提出

小泉内閣(二〇〇一年四月発足)は、首相の持論とする郵政民営化に向けた作業を開始し、私的諮問機関等を用いた準備の後、経済財政諮問会議に諮り、その最終報告を得た後、二〇〇四年九月「郵政民営化の基本方針」を閣議決定、法案作成の作業に入る。二〇〇五年四月上旬、政府は与党に法案骨子を提示、同月下旬には政府・与党間で合意がなされた。その内容は、株式の完全処分イコール完全民営化だと主張する首相側と、経営一体化のため各社間の株保有の余地を残そうとする党側との双方の顔を立てた玉虫色の決着であった。そして、法案提出の承認権を有する自民党政調審議会では「法案を了解する」ことが宣言され、また、同党総務会でも、あえて「党議拘束」には触れず、第一六二回国会への提出が了承されたにとどまり、反対派との間での対立がとけないまま、法案は、国会審議の場に持ち込まれることになった。

二〇〇五年四月二七日、郵政民営化関連六法案(以下「法案」と略記)は閣議決定のうえ、内閣から衆議院に提出された。

(2)　自民党内反対派議員からの対案不受理と与党修正

六月三日、自民党内の郵政民営化反対派議員から法案に対する対案が提出されたが、会派の機関承認がないため、受理されず。郵政民営化そのものに対して抵抗を貫こうとする自民党内の反対派と「法案は修正しない」とする首相との拮抗状況の中で、自民党執行部は、解散回避のため、法案修正の可能性を探り、首相には「政府案と内容が変わっていないからいい」と言わしめ、反対派には、「ともかく修正がなされ党議拘束がかけられたのだから賛成せざるを得ない」と言わしめ得る修正案の策定を模索。そして、六月二八日の総務会では、修正案が多数決で了承(慣例は全会一致)、国会での採決時に党議拘束をかけることが確認された。しかし、反対派議員からは、「了承が得られていない」「国会議員として投票の自由を持っている」などと反発の声が上がる。

(3)　委員会及び本会議採決

七月四日、特別委員会での質疑は終局を迎える。この間、審査時間は一〇九時間を超過した。質疑終了後、討論を行い、順次、各案について採決の結果、修正案提出の四法案は、各々賛成多数をもって修正議決すべきものと決し、それ以外の二法案は、各々原案のとおり可決すべきものと決した。なお、この日の委員会では、自民党所属委員は、上記法案及び修正案に全員が賛成した。しかし、翌五日の衆議院本会議において波瀾があった。すなわち、そこでは、六法案が一括議題とされ、記名採決の結果、賛成二三三、反対二二八の五票差で、委員長報告のとおり議決された。自民党内から五一人の造反者(反対三七人、欠席・棄権一四人)が出たためである。このような大量の造反者が出たのは、反対派を抑えつけようと執行部が強調した「欠席でも除名」との発言で、議員の間に、「どうせ厳罰に問われるならば、欠席でも反対でも同じ」との開き直りが生まれたことによる。また、同じ派閥の長や幹部の間で、法案に対する賛否の態度が分かれ、派閥の司令塔が機能しなくなり、派閥を通じての締めつけが効かなかったことにもよるものである。政府は、本会議後の臨時閣議で、反対票を投じた副大臣、政務官四人を同日付で解任した。

(4)　首相の「参議院否決は不信任、衆議院解散」発言とその波紋

小泉首相は、七月六日、記者団に、法案が参議院で否決された場合には内閣不信任と考え、衆議院の解散・総選挙に臨む考えを示唆し、主要国首脳会議(英国)に旅立つ。また、英国滞在中も、同行記者団に、法案が参議院で否決さ

れれば、衆議院解散・総選挙に踏み切る強気の考えを繰り返す。これに対し、与党内から、「参議院の否決で衆議院解散は理屈に合わない」との反発の声が上がる。さらに、帰国後、七月一二日の与党幹部との会談でも、小泉首相は、参議院で法案が否決された場合、衆議院解散に踏み切る考え方を改めて示唆した。

(5) 解散の重圧化での参議院審議

七月一三日の参議院本会議での法案の趣旨説明・質疑、翌一四日の特別委員会での趣旨説明等により、参議院審議が本格化するが、その法案審査は、上記小泉発言により、「参議院否決なら衆議院解散」という異常な重圧の下に推移した。参議院自民党では、党内から一八人の造反者が出れば法案が否決されかねないことから、審議と並行して、参議院自民党幹部による反対派議員に対する説得工作も本格化する。

(6) 解散回避の要請と首相の拒否

法案の審議日程について、与党は八月四日に特別委員会で採決することを提案していたが、野党が慎重審議を求めて反対したこと等を理由に、四日の採決を見送り、集中審議を行うことを決定した。そして、八月五日、特別委員会は、賛成多数をもって法案を可決し、一五項目の附帯決議を付した(審議時間は八二時間)。

ところで、その前日四日、首相の出身派閥森派の福田康夫前官房長官、中川秀直国会対策委員長が、官邸で首相と個別会談、党内で高まっている解散回避論や総選挙となれば自民党が下野するリスクなどを説き、解散の回避を訴えるが、しかし、首相の答えは「ノー」であった。また、翌六日、森喜朗前首相も首相の説得に当たるが、功を奏しなかった。

(7) 中曾根ショックと参議院本会議での否決

八月五日午前、それまで態度を明らかにしていなかった参議院亀井派会長の中曾根弘文議員が参議院自民党執行部に電話し、法案に反対することを通告した。そして、昼には、参議院亀井派の会合で「議院内閣制の危機だ。参議院の自由な審議権を無視された」と発言し、同院亀井派から予想以上の造反者が出る見込みとなり、八月八日の本会議において法案が否決される見通しが強まる。自民党執行部は、それでも、八日ぎりぎりまで、賛否両派の妥協の途を探り、反対派議員への説得工作を続行する。また、衆議院解散をなんとか回避したい公明党も、八日午前、法案修正や本会議先延ばしなどの調整を自民党に提示したが、合意に至らず、万策尽きる。

八日午後一時開催の本会議において、法案は反対一二五票、賛成一〇八票で否決された。自民党から二二人が反対に回り、否決ラインの一八人を超える大量造反となった。

(8) 衆議院解散

本会議否決の同法案は、直ちに衆議院に返付された。しかし、内閣は、首相の決断で、衆議院の解散を閣議決定した。閣議において島村宜伸農相が「衆議院を解散しても参議院の構成は変わらない」などとして最後まで署名を拒否したため、閣議を中断し、首相と別室で話し合うも物別れに終わり、農相を罷免、自ら農相を兼務したうえで、解散詔書への署名を取りまとめた。衆議院本会議が開かれ、河野洋平議長に詔書が伝達、議長はそれを朗読し、ここに衆議院は解散された。

(9) 総選挙とその結果

小泉首相は、法案に自民党内から反対票を投じた候補者がいる全選挙区(公明党の候補者がいる選挙区は除く)に対抗候補を擁立するよう武部勤幹事長に指示するとともに、青木幹雄ら幹部と会談し、特別会に法案を提出し、成立を目指すことを確認した。九月一一日、総選挙が執行され、自民党は二九六(解散時二一二)と大幅に議席を増やし、公明党の三一議席と合わせて与党で全議席の三分の二(三二〇議席)を超す三二七議席に達し、小泉自民党総裁は続投することになった。民主党の獲得議席は一一三(解散時一七七)に終わり、岡田克也代表が辞任し、前原誠司が新たな代表となった。法案に反対した自民党議員三七名中一七名が当選し、国民新党、新党日本及び無所属に分かれた。各党の獲得議席は、自民党二九六、民主党一一三、公明党三一、共産党九、社民党七、国民新党四、新党日本一、諸派一、無所属一八であった。[51]

⑽　特別会の召集と法案の成立

九月二一日、特別会（第一六三回国会）が召集され、憲法七〇条の規定に基づいて小泉内閣が総辞職を決定した後、衆参両院において内閣総理大臣の指名が行われ、いずれの院においても小泉純一郎が最多の得票を獲得し、所定の手続を経て、第三次小泉内閣が成立、全閣僚が再任された。九月三〇日、与党は法案提出の党内手続を終了した。自民自民党総務会は実質二分で法案を了承した。同日、法案審査のための特別委員会が設置され、二六日から活動を開始し、一〇月一一日、法案は原案のとおり可決された。そして、続く本会議でも、賛成三三八、反対一三八で委員長報告のとおり可決された。先の通常国会で法案に反対し、総選挙で当選した元自民党議員一七人のうち一一人が賛成に転じた。審議時間は約一四時間であった。参議院での審議ないし審査は、翌一二日に始まり、二日後の一四日終了した。本会議での採決の結果は、賛成一三四、反対一〇〇であった。前回反対票を投じた自民党議員のうち一九名が賛成票を投じ、一名は欠席。また、前回反対票を投じた元自民党議員二名（現・国民新党）は反対票を投じた。審議時間は約一二時間であった。

むすびにかえて――リーダーシップとコンセンサス

丸山眞男によれば、「議会制における首相のリーダーシップは通常、①彼の率いる政党内部、②議会、③国民という三つの次元において発揮され、そのおのおのはかならずしも一致しないので、これらの相互関係を考察しなければ彼の機能と役割は十分に認識されえない[52]」。この指摘に基づいて、上記法案をめぐる首相と自民党内反対派との相克を総括するならば、たとえ、選挙を通じて国民から大きな支持と信頼を得て内閣を組織した首相であっても、政権公約《マニフェスト》として示したものが必ずしも十分に議員の理解を得られておらず、それを具体化した法案について、党内のコンセンサスの取りつけに失敗したならば、議会において自らが目指す立法を実現することはできないということになる。大臣任免権を保持する首相が、自己のリーダーシップを発揮して閣内を纏め上げ、一定の方向に導くことは容易であろう。近年の内閣法の改正(四3参照)は、そのための条件整備であった。しかし、内閣が議会に法案を提出する前であれ、議会での法案審議が熟した後の表決間際であれ、いずれにしろ、自ら率いる政党の同意ないし支持を得なければ、議会で法案が確実に可決成立する展望は開かれない。とりわけ、わが国のように、衆議院と同様、国民に直接の基礎をもつ参議院が、立法権行使に関して、衆議院とほぼ対等の権限を保持する両院制の場合、法案に対する衆参両院に跨る与党内コンセンサスの取りつけは、法案の成立にとって必須の要件となる。第一六二回国会における法案の否決は、最大与党である自民党内のコンセンサス取りつけの失敗以外の何ものでもない。「大統領的首相だけでは」法律は通らない、「大統領的首相と議院内閣制的総理とを両方一緒に」やらなければうまくいかないとの中曾根康弘元首相の指摘は、上記法案審議以前になされたものだが[53]、小泉型政治主導のアキレス腱を衝くものと言えよう。

上記コンセンサスの取りつけ問題は、党三役が閣内にあれば解消するというものでもなければ、自民党の政調会の事前審査権や総務会の承認権を奪って内閣に一元化すれば解決するというものでもない。政府法案に関する与党内における実質的なコンセンサスの取りつけが「二元主義」だと言うのならば、議院内閣制下の立法過程において、「二元的構造」は不可避である。一体化論は、イギリスをモデルとするものであるが、イギリスで政府・与党が「一体化」しているとされるのは、そもそも、内閣が「立法府の一委員会」(一2参照)と考えられ、しかも、そこでは、下院与党議員のほぼ三分の一がそのメンバーとなっており[54]、内閣と議会を別個のものとして観念することができないからである。このような政府・与党の一体化にもかかわらず、平議員の造反を防ぐために院内幹事による議員の説得が必要なのである(三3参照)。

もっとも、たしかに、大山礼子の指摘するように、国会審議というオープンな場で、政府と与党が政府提出法案をめぐって政策論について堂々と論議を闘わせ、法案修正を加えれば、わが国の立法過程の透明性が高まるだけでなく、国会の立法機能も強化される可能性はある。[55] とはいえ、委員会において党派を超えた帰属意識が議員の間で強い大陸型ではなく、委員会や本会議を問わず所属議員に対する政党規律が強いイギリス型をモデルに、わが国の議院内閣制のあり方を問題にする限り、多数党の内閣が支配する国会は、憲法上、「国権の最高機関」の地位にあるとしても、実際にはリアクティヴな存在にとどまらざるを得ないであろう。それがアクティヴとなり、内閣に対するコントロールの主体となり得るのは、与党内の造反、与党の分裂といった事態を除けば、政府・与党に対抗する野党の力量如何にかかっているのである(三1参照)[56]。

(1) 「議院内閣制」「大統領制」及び「大統領制的議院内閣制」の理念型的な相違点については、さしあたり高見『芦部憲法学を読む——統治機構論』有斐閣、二〇〇四年、二二八頁以下参照。

(2) L. LeDuc, R. G. Niemi & P. Norris (ed.), *Comparing Democracies——Elections and Voting in Global Perspective*, SAGE Publications, 1996, p. 286.

(3) 深瀬忠一「議会制民主主義の展開」芦部信喜編『岩波講座現代法3 現代の立法』(岩波書店、一九六五年、五八・五九頁。

(4) W. Bagehot, *The English Constitution*, The Fontana Library, 1963, p. 239. そこでは、内閣は、直接国民に基礎を置く独自の尊厳と強大な権力を保持する下院が、「自ら信頼し熟知する人物のうちから、国民を支配するために選んだ管理委員会」であり(*ibid.*, p. 67)、「国家の立法的部分を、国家の執行的部分へ結びつけるハイフン、バンドの締め金」に喩えられている(*ibid.*, p. 68)。

(5) Bagehot, *supra* note 4 at 150f. なお、引用文中の傍点は筆者。

(6) Bagehot, *supra* note 4 at 150.

（7）　首相は、下院が追従すると信ずる方向に進むのであり、下院を指導しなければならない。駿馬は、手綱さばきの上手な騎手を好むように、下院はすぐれた指導を受けることを喜ぶのである。イギリスの政治生活のすべては、閣僚と議会との間の応答にあり、任命された者が指導し、任命した者がその指導の下で沸き立つのだ。Bagehot, *supra* note 4 at 151.

（8）　内閣は、つくられたものであるが、つくったものを破壊することができ、生まれにおいて伝来的であるが、行動においては破壊的である。Bagehot, *supra* note 4 at 69.

（9）　R. H. S. Crossman, "Introduction", Bagehot, *supra* note 4 at 39f.

（10）　もっとも、アメリカの大統領選挙人は、大統領の選任という役割を終えるや、その権力を使い果たし、地元に引き返すのに対して、イギリス下院のメンバーは、ウェストミンスターに留まり、政府を支え、もしくはこれを批判し、そして、ときとして、政府を倒しもするのである。K. C. Wheare, *Legislatures*, 2nd ed., Oxford U. P., 1968, p. 63.

（11）　Th. Poguntke & P. Webb, "The Presidentialization of Politics in Democratic Societies――A Framework for Analysis", in: Poguntke & Webb (ed.), *The Presidentialization of Politics――A Comparative Study of Modern Democracies*, Oxford U. P., 2005, p. 4f.

（12）　Poguntke & Webb, *supra* note 11 at 5.

（13）　Poguntke & Webb, *supra* note 11 at 8f.

（14）　Poguntke & Webb, *supra* note 11 at 9f.

（15）　Poguntke & Webb, *supra* note 11 at 10.

（16）　B. Crick, *The Reform of Parliament*, Weidebfeld & Nicolson, 1964, p. 35.

（17）　Poguntke & Webb, *supra* note 11 at 14f.

（18）　Poguntke & Webb, *supra* note 11 at 15.

（19）　Poguntke & Webb, *supra* note 11 at 10f.

（20）　宮沢俊義『憲法講話』岩波書店、一九六七年、一六〇頁。

（21）　R. Heffernan & P. Webb, "The British Prime Minister: Much More Than 'First Among Equals'", in: Poguntke & Webb (ed.), *supra* note 11 at 28.

（22）　M. L. Mezey, *Comparative Legislatures*, Duke U. P., 1979, pp. 37f., 87f.

(23) B. Crick, "Parliament in the British Political System", in: A. Kornberg & L. D. Musolf (ed.), *Legislatures in Developmental Perspective*, Duke U. P., 1970, p. 51f. *cf.* Mezey, *supra* note 22 at 39.
(24) Crick, *supra* note 23 at 52.
(25) D. M. Olson, *The Legislative Process——A Comparative Approach*, Harper & Row, 1980, p. 12.
(26) P. Norton, "Introduction——The Institution of Parliaments", in: Norton (ed.), *Parliaments and Governments in Western Europe*, Frank Cass, 1998, p. 5.
(27) Mezey, *supra* note 22 at 103f.
(28) 「政治」の領域で展開される「政策」的な政治論議も、法律案という鋳型のなかで法的論議を可能とする形に変容され、議事手続という法的規制の枠組みのなかで「審議」ないし「審査」され、そして、最終的に、法律として公布され、行政機関や裁判所によって法的論理に基づいて解釈・適用されてゆくわけであるから、「法」の支配する領域と截然と区別されるものではない。*cf.* K. Tuori, "Legislation between Politics and Law", in: L. J. Wintgens, *Legisprudence*, Hart, 2002, p. 99f.
(29) 高橋和之『現代立憲主義の制度構想』有斐閣、二〇〇六年、一〇頁。なお、引用文中の傍点は筆者。
(30) 大山礼子『比較議会政治論——ウェストミンスターモデルと欧州大陸型モデル』岩波書店、二〇〇三年、八二頁以下参照。
(31) D. Sternberger, "Gewaltenteilung und parlamentariche Regierung in der Bundesrepublik Deutschland", in: K. Kluxen (hrsg.), *Parlamentarismus*, Kiepenheuer & Witsch, 1967, S. 339.
(32) 政党の「結束」と「規律」の関係について、ハーザンは、「政党の結束が壊れはじめたとき、政党をまとめてゆく制度的メカニズムが必要となり、そこで、規律が働くようになる」と指摘する。R. H. Hazan, "Does Cohesion Equal Discipline? Towards a Conceptual Delineation", *The Journal of Legislative Studies*, vol. 9, no. 4, 2003, p. 5.
(33) D. M. Olson, "Cohesion and Discipline Revisited——Contingent Unity in the Parliamentary Party Group", *The Journal of Legislative Studies*, vol. 9, no. 4, 2003, p. 176.
(34) S. Bowler, D. M. Farrell & R. S. Katz, "Party Cohesion, Party Discipline, and Parliaments", in: Bowler, Farrell & Katz (ed.), *Party Discipline and Parliamentary Government*, Ohio State U. P., 1999, p. 9.
(35) M. V. der Hulst, *The parliamentary Mandate——A Global Comparative Study*, Inter-Parliamentary Union, 2000, p. 27.
(36) P. Cowley, "Whips and rebels", *Political Review*, Feb. 2005, p. 2f.

(37) Bowler, Farrell & Katz, *supra* note 34 at 15f.

(38) Bowler, Farrell & Katz, *supra* note 34 at 16.

(39) 高見・前出注(1)二四三頁以下参照。

(40) イギリス型の議院内閣制は、遡って、明治の開国以来、識者の間で、わが国が目指すべき手本とされており、この一貫したアングロマニアこそ一つの研究テーマを構成し得るものと思われる。

(41) A. G. Mulgan, "Japan's 'Un-Westminster' System――Impediments to Reform in a Crisis Economy", *Government and Opposition*, vol. 38, no. 1, 2003, p. 84.

(42) この動向をいち早く捉え、イギリス型を、ポスト五五年体制の確立に向け目指すべき方途として提示したのが、高橋和之『国民内閣制の理念と運用』有斐閣、一九九四年所収の諸論稿である。

(43) 大山・前出注(30)二二六頁。

(44) Mulgan, *supra* note 41 at 76.

(45) 詳しくは、中島誠『立法学』法律文化社、二〇〇四年、八一頁以下を見よ。

(46) Mulgan, *supra* note 41 at 84. 大山は、与党・内閣の二元的権力構造は、日本独自のものではなく、「政府と与党会派とは別々の存在であって、両者の協議の成否が政府の政策実現を左右する」欧州大陸型の議院内閣制にも共通して見られるものだとし、ただ、大陸型と比較して、「事前審査の極端な精緻化と事前審査への官僚の直接参加」の二点に、日本の立法過程の特色が認められるとする。大山・前出注(30)二二六頁以下。各省協議の実際につき、田丸大『法案作成と省庁官僚制』信山社、二〇〇〇年、二五頁以下参照。

(47) 川崎政司「国会審議の過程――国会審議のシステムとルール(16)」『国会月報』二〇〇一年五月号、四三頁。

(48) また、そうした中で、議院運営委員会という正規の機関ではなく、与野党の国会対策委員会(国対)というインフォーマルな組織が、舞台裏で国会運営の根回しを行う。村川一郎『政策決定過程』信山社出版、二〇〇〇年、八二頁以下、吉田善明「「議運」と「国対」」『ジュリスト』九五五号、一九九〇年、九三頁以下参照。

(49) 中島・前出注(45)一〇五頁。もっとも、二〇〇三年総選挙後の第二次小泉内閣の下で、政策決定の主導権を首相官邸に握られたことを踏まえ、自民党は、政府との連繋を緊密にし、党主導、政治主導の政策決定システムを構築するために、政務官と党の副部長を兼務させる体制をとった。『日本経済新聞』二〇〇三年一一月一九日参照。

(50) 以下の記述につき、安達良二「郵政民営化関連法案について」『Research Bureau 論究』二号、二〇〇六年、二九五頁以下、遠藤茂男「郵政民営化関連六法案の審議過程と議事手続き」『議会政治研究』七六号、二〇〇五年、四九頁以下、及び新聞各紙の関連記事参照。

(51) 遠藤・前出注(50)六一頁参照。

(52) 丸山眞男「政治学事典執筆項目 リーダーシップ」松沢弘陽・植手通有編『丸山眞男集6』岩波書店、一九九五年、一二四頁。

(53) 二〇〇四年二月一九日開催の自民党立党五〇年プロジェクト基本理念委員会総会での講演。http://www.jimin.jp/jimin/project/index3.html

(54) 大山・前出注(30)三九頁。

(55) 大山礼子『国会学入門 第二版』三省堂、二〇〇三年、一一〇頁。

(56) ただし、郵政民営化関連法案について、解散・総選挙を挟んで、第一六三回国会まで展望すれば、小泉首相の目指した意図は実現したと言える。これをどう評価すべきかは、本章の射程外とした小泉解散の問題点を含め、別途、検討を要する課題である。小泉解散の問題点については、次章参照。

8　小泉解散の「非立憲」性

はじめに

衆議院において賛成多数で可決され、参議院に送付された内閣提出法案が、参議院で否決されたとき、内閣（内閣総理大臣）が、これを内閣に対する不信任だとして衆議院を解散することは、日本国憲法上どのように評価すべきか。これが、いわゆる小泉解散（二〇〇五年八月八日）の最大の争点であり、本章における憲法学上の検討課題である。

もとより、最高裁は、内閣による衆議院の解散について、これを「極めて政治性の高い国家統治の基本に関する行為」であり、その「有効無効を審査することは司法裁判所の権限の外」にあるとし、司法審査の対象外とするので、[1]ここで、小泉解散が「違憲」か、それとも「合憲」かといったことを議論する実益は乏しい。しかしながら、内閣の解散権行使が「極めて政治性の高い」行為であるとしても、それは憲法上の権力ないし権限の行使にかかわる問題であり、したがって、その濫用にわたる不当な行使は許されないことはもとより、憲法の原則に照らして、当該行為を「違憲ではなくとも非立憲だ」[2]と評することもありうるだろう。ここでの憲法学的検討もまた、小泉解散が上記の意味で「不当」または「非立憲」と評価すべきものであったか否かという観点からするものである。

二〇〇五年の小泉解散が、憲法七条に基づいて、内閣は実質的解散権を全く自由に行使しうるとの見解（通説）に立つならば、そもそも当該解散について「不当」ないし「非立憲」を云々する余地はない。しかし、この通説的見地に立ち、内閣の自由な解散権が認められるとしても、「解散は国民に対して内閣が信を問う制度であるから、それにふさわしい理由が存在しなければならない[3]」とする見解も成り立ちうる。そして、この見解からは、解散理由の是非によっては、「不当な」もしくは「非立憲的」と評すべき解散もありうることになる。

二〇〇五年八月の解散理由について、小泉首相自身は、参議院における法案否決を内閣に対する不信任だと受け止めたからだという以上のことは語っていないが、識者の見解として、「衆院が可決した法案を参院が否決した場合、衆院が出席議員の三分の二以上の多数で再可決すれば法案が成立するのであり、衆院で三分の二以上の議席を確保するために解散することは認められてよい[4]」とするものがある。しかし、ここで正当な解散理由(コーズ)として、憲法五九条二項の再議決権を持ち出すことは、解散・総選挙の趣旨や議会政のあり方からして、果たして、是認されうるであろうか。

本章では、上記の問題を中心に、小泉解散が日本国憲法上の解散権行使としては「不当」で「非立憲的」なものであったこと、したがって、あくまで異常な解散の事例として位置づけるべきであり、「国民投票的」解散に新たな途を拓いた事例として積極的に評価すべきものではないこと、さらに、そこでは、解散に至る立法過程において参議院の権限行使のあり方が根底から問われたことなどを指摘したい。

一　再議決権(憲法五九条二項)は衆議院解散のコーズたりうるか

(1)　積極説。学説で、衆議院解散のコーズとして憲法五九条二項の再議決権に積極的に言及するものは、管見に属するかぎり次の三つであるが、しかし、それらは、以下のとおりいずれも有力説である。

①「参議院が衆議院およびその支持の上に成立している内閣に対して反対する立場をとり、しかも衆議院が三分の二以上の議席を獲得するために総選挙に訴える必要がある場合」(5)

②「参議院が衆議院および内閣の重要な政策決定に反対し、しかも衆議院がその反対を排除するため三分の二の多数を獲得しなければならないとき、総選挙に訴える必要があると判断された場合」(6)

③「内閣が衆議院の多数と対立をしていないときであり、〔解散・総選挙の国民投票的機能に着目し〕内閣と参議院の対立を衆議院の特別多数によって克服(五九条二項)しようとして、衆議院を解散する場合」(7)

積極説の起点をなす①説は、一九五一年一一月二六日の両院法規委員会における次の問答に、その端を発するものである。(8)

鬼丸義齊(委員)　……そこで衆議院に常に絶対多数の与党をもつ内閣であっても、参議院がほとんど野党色が強くて、実質的に内閣反対の態度に出ることも、必ずしも考えられないことはないと思います。その場合に内閣としては、国務遂行上において、どうしても衆議院に三分の二というものを持つにあらざれば、できないという必要が生じて来る。その場合には、やはり国民の意思を問うて、衆議院の三分の二の同意を保つべき議員を獲得すべきために、解散しなければならぬ場合も、現実の問題からいたしましても、また理論の上からいたしましてもあり得ると思うのですが、どうですか。

佐藤功(参考人)　それはあり得ると思います。

(2)　上記積極説に対しては、学説上、これまで、「国民の直接公選による参議院のその様に強硬な反対を、解散という方法により、性急に解決をはかることは危険である」(9)との指摘がなされているにとどまる。

二　三分の二の議席獲得を目指す解散・総選挙の無理と非理

解散は、内閣と国会との意見が対立する問題について、国民に訴えてその判定を待つという民主的な性格を持つ[10]。しかし、その解散が、参議院で否決された一内閣提出法案について、衆議院再議決の要件をクリアーするためになされるということは、憲法五九条二項の再議決制度の本旨に照らして、是認されうるであろうか。そもそも、直接の目的が与党議席三分の二の確保という結果にあるような総選挙は、選挙の本質からして、まっとうなものと言えるであろうか。まず前者から見てみよう。

(1) 再議決制度の本旨といわゆる「見なし解散」の無理

憲法五九条二項の再議決制度は、マッカーサー草案に示された一院制国会が、日本政府の要望で、衆参両院よりなる二院制へと変更されたことに伴って導入されたものであることは言うまでもない。そして、当初の日本案には、イギリス型の停止的拒否制度が採用されていたが(「衆議院ニ於テ引続キ三回可決シテ参議院ニ移シタル法律案ハ衆議院ニ於テ之ニ関スル最初ノ議事ヲ開キタル日ヨリ二年ヲ経過シタルトキハ参議院ノ議決アルト否トヲ問ハズ法律トシテ成立ス」)、いわゆるミッドナイト・カンファレンス(一九四六年三月四―五日)において、GHQ側から提示され(「衆議院ニ於テ可決シ参議院ニ於テ否決シタル法律案ハ衆議院ニ於テ出席議員三分ノ二以上ノ多数ヲ以テ再度可決スルトキハ法律トシテ成立ス」)、日本側も、「この方が原案よりも単純・明快のように感じられたので、賛成の意を表明した」ものである[11]。また、法律案に関する両院協議会制度について、日本政府は、帝国議会での審議のなかで、国会法において当該制度を整備すると説明してきたが、「憲法上の疑義を閉ざすためにも明文を設ける必要がある」との貴族院での一部強硬意見を受け入れ、貴族院修正の形で憲法五九条三項に明記された[12]。

上記経緯からも明らかなごとく、法律案の再議決および両院協議会に関する憲法規定は、自律権を有する衆参両院の関係を規律するものであり、明治憲法とは異なり国会だけで完結する法律の成立時期を指示するものであって、そもそも、内閣と国会の関係を律するものではない。もちろん、内閣提出法案について、内閣は、国会におけるその帰趨に利害関係を有することから、いわゆる郵政民営化関連法案のように、衆議院で可決された政府法案が、参議院で否決された場合(修正された場合も同じ)、衆議院が憲法五九条の再議決権行使の手続に着手するか(これらの場合、衆議院が先に可決した原案が議決対象となる)、それとも、参議院に対して両院協議会を開くことを求めるかは、重大な関心事たらざるを得ないことは言うまでもない。しかし、参議院で否決され返付されてきた法案について、憲法五九条の上記諸規定に基づく衆議院の主体的なアクションを見極めもせず、内閣が、即座に、いわゆる見なし解散に打って出ることは、拙速との譏りを免れないであろう。解散のあった八月八日、河野洋平衆議院議長が、細田博之官房長官に対して、「(衆参で)議決が異なった場合、両院協議会で調整することや、衆院で三分の二以上(の賛成)を求めて再チャレンジする道がある」と伝え、そのうえで、「政府があれだけ執念を燃やした法案を、二つの方法が残されているのに、その努力をせずにすぐ解散というのはどういうことでしょう[13]」と述べたことは、憲法五九条に照らして正鵠を射たものといえる。

首相による解散権行使が「拙速」との譏りを受けないためには、少なくとも、参議院から返付された内閣提出法案について、衆議院が開催を求めた両院協議会での協議の不成立を待つか、それとも、再議決での原案否決を待つか、さらには衆議院が本来起こすべきであった何らのアクションをも起こさなかったことを見極める必要があったものと思われる。けだし、そこでは、国会内のイニシアティヴは、当該法案を否決した参議院から衆議院に移行しており、したがって、当該法案を成立させ得なかった責めは、衆議院に帰せしめうるからである。この場合に、内閣は、衆議院の態度を以て、内閣に対する「不信任」行為と見なし、解散権を正当に行使しうるのである。この意味で、二〇〇五年の見なし解散は、憲法上、国会ないし両院の自主性・自律的取扱いに委ねられている事項に対して不当に介入した道理(コーズ)を欠く「無理」な解散であった。

なお、やや些事にわたるが、「参議院否決なら衆議院解散」という重苦しい空気のもとで行われた参議院での審議、とくに、参議院にとっての生命線である法案修正権を封じられた形での審査は、到底、尋常な立法活動と言いうるものではなかったことにも留意しておきたい。

(2) 再議決権行使に必要な三分の二の議席獲得を解散の口実とすることの非理

参議院で否決された政府法案について、内閣は、当該法案に賛成する与党多数派が三分の二の議席を確保し、再議決権(憲法五九条二項)を行使しうるようにするとして衆議院の解散・総選挙に訴えることの奇妙さは、まず第一に、憲法規定の趣旨ないし性格上の問題にある。すなわち、①当該法案は、解散と同時に廃案となり、そもそも再議決の手続に進めないこと(憲法五二条二項は、第三項とともに、同一会期内においてのみ適用があるルールであることに留意せよ)、②総選挙の後に初めて国会の召集があったとき、内閣は総辞職しなければならないことから、解散・総選挙が当該法案そのものの再議決に、決して直結するものではないという点にある。もちろん、総選挙の結果、上記法案に賛成する与党が三分の二の議席を確保し、一旦、総辞職した首相が、特別会において改めて首班指名を受け、同然の内閣を組織して同一内容の法案を改めて上程し、衆議院通過後、参議院において否決された場合、たしかに、衆議院において再議決権が行使されうる可能性はある。しかし、この場合でも、特別会に新たに提出された政府法案は、さきに廃案となった政府法案そのものではなく、また、衆議院には、再議決の他に、参議院に対して両院協議会の開催を求めるという選択肢もありうるのである。このように、憲法規定の趣旨・性格からしても、再議決権の行使を解散権行使のコーズとすることには論理的に筋が通らない。

第二点は、選挙というものの性格ないし本質からして、政府・与党が三分の二という議席獲得を求めることの危うさにある。それは、たとえば、一九五一年一一月一三日の両院法規委員会において、関口泰参考人が「多数を制していても、三分の二でなければ施策を実行することができない。そのために解散するというのは、不条理ではない」と論じたのに対して、高橋英吉委員長が述べた、次のような危惧である。[14]

そうすると、そういう目的だと、一つの政略的な目的ということになって、内閣が自分の施策を実行して行く上において、多数を獲得しなければならないから、それで解散をして、多数獲得の手段にする。明治憲法時代で言えば、非常な選挙干渉とか、その他のことがあって、実際上においては、歴史的な現実から言いますれば、不純な多数が獲得できるわけです。そういう場合には必ず政府党が勝つというような日本の慣習だったんですが、今のところはそこまで干渉はできますまいから、現在のところはよいけれども、将来はやはりそういうふうな目的、すなわち政略的な目的で、多数を獲得するために解散するということになると、政府の権力で、ありとあらゆる方法を講じて多数を獲得するという弊害が起こりやすいというふうにも思われます……。

同様の危惧は、同月一六日の両院法規委員会における尾高朝雄参考人によっても表明されている。[15]

一九三三年の一月三〇日に、ドイツにおきましてはヒトラー内閣が成立しております。……そのときのドイツ国会は一院制のライヒス・タークとなっております。その勢力分野の情勢をもってしては、ナチスの政策を強硬に行って行くには不十分である、こう考えて、国会の解散を断行いたしました。そうして、その間にいろいろの(選挙)干渉その他のことも行われたと思うのでございますけれども、あたらめてナチ党あるいはヒトラー内閣の与党を強くしておきまして、三月二三日だったと思いますが、有名な授権法……というものを上程いたしまして、翌二四日、圧倒的多数で可決して、ドイツの共和民主制というものが崩壊して、独裁政治に切りかわっておるのであります。

これらの危惧は、戦後の民主国家においては、もとより、単なる杞憂にすぎぬとして一笑に付されるかも知れない。

しかし、民主的な選挙制度というものは、存外、特定利害の影響を受けやすいものであり[16]、ましてや、政府・与党が一体となって、法定の加重議決要件をクリアーするための選挙に本気で打って出る場合は、上記危惧を一笑に付すわけにはいかないであろう。

シュテルンベルガーによれば、そもそも選挙は、候補者の「提示」と国民による「選定」という二つの段階に区分される[17]。前者の「提示」は、現在では、政党がその役割を担っている。この政党が主体となって候補者を「提示」する選挙のもとで、とりわけメディアの進展に伴って、政党の統一的な選挙公約が、党首の「顔」の好感度とともに、集票の決め手となってくる。しかし、選挙の本質は、極論するならば、選挙公約に示された政策の選択ないし党首の選出ではなく(これは政党選挙の随伴物)、あくまで、提示された複数の候補者のなかから、国民が国民の代表者たるにふさわしい人物(議員)を「自由に決定」することにある[18]。ここで、政府与党が「与党三分の二の議席獲得」を持ち出すことは、国民の自由な決定権を愚弄するものであろう。その意味で、八月八日の衆議院解散直後、小泉首相が「民営化賛成の自民党と公明党で過半数を獲得できなければ私は退陣する[19]」と言明したのは当然のことである。当該解散が「民営化賛成の与党議席三分の二を獲得する」ためではないのは、上記のような問題を意識したうえのことだと、ここでは好意的に理解しておきたい。

三　内閣がその命運をかけ提出した法律案について、衆議院がこれを可決した場合は、参議院はいかなる対応をなすべきか

ここでの議論の前提は、いわゆる郵政民営化関連法案が、小泉自民党総裁が総選挙で政党の政権公約として掲げ、

国民多数の信任を得て、国会で首相に指名され組閣した内閣の命運をかけた重要法案だということである。その政府提出の重要法案が衆議院で可決され、参議院に送付されたとき、参議院はどう対応すべきかというのが、ここでの問題である。これは、下院(衆議院)を政権基盤とする議院内閣制のもとで、直接民選型の上院(参議院)はいかなる存在理由を有するか、下院との関係において、通常、いかに振る舞うべきか、という難問に連なる一つの問題である。

この難問にまで立ち入る余裕はないので、ここでは、上記論点について、二〇〇二年二月一四日の衆議院憲法調査会における高橋和之参考人の陳述を素材に、現行憲法の枠内での問題解決の難しさを指摘するにとどめる。

高橋は、当日の陳述において、「参議院は不信任権はないが、内閣の重要法案を否決するという形で事実上不信任を行うことが可能であり、それに対して、内閣は参議院の解散権をもって」おらず、この「不均衡」から、「日本の議院内閣制は参議院との関係で機能不全を起こす危険性を持っている」とし、それゆえ、「運用上、参議院が議院内閣制の正常な機能を阻害しないようにするための方法を考えていく必要」があるとしたうえで、次のように述べている。[20]

……直近の衆議院選挙で国民の多数の支持を得た政策を遂行するための法律(案)が提案されたときに、参議院がそれを否決するとすれば、これは、(内閣の)アクションに対するコントロールというよりは、アクション自体を否定するものではないでしょうか。ですから、参議院がこのような行為に出ることは自制すべきではないかと考えます。自制するという慣行を形成していく必要があるだろうと思います。そのためには、参議院を真に良識の府、理性の府となるように政党規律を緩和するなどの措置が必要でありましょう。ただし、自制することとの引きかえに、別途コントロールの手段は与えなければならないと思います。

要は、議院内閣制を民主的に機能させるには何が必要かということを良識に従ってプラグマティックに考えていけば、必要なルールは、ちょうどイギリスの憲法習律と言われるものが慣習的に形成されていったように、日本においても形成されていくことができるのではないかと考えております。

参議院が、イギリスのように貴族院型の上院であるならば、上記の立言で済む。しかし、衆議院議員と全く同じく「全国民を代表する選挙された議員」(憲法四三条)からなり、立法権に関してもほぼ対等の権力を有する参議院については、果たして、イギリス議会の議事慣習を参考にせよということで済むのかどうかという疑問が、直ちに生ずる。谷垣禎一委員の質疑は、この点にかかわる。

谷垣(委員)　議院内閣制の趣旨から考えて、先ほど先生は自制するような慣行をつくれというふうにおっしゃいました。これはなかなか実は難しいなと思いますのは、イギリスの場合には貴族制を背景にした上院でございますから、民主制の進展とともに、やはり直接選挙を経ていない貴族は自制させよというような議論が可能であったんだろうと思いますが、我が国の場合は参議院も国民から直接選挙された議員でございますから、あなたたちは自制しなきゃいけないんだよと我々の方から言うのもなかなか難しいなという気がいたします。

そうしますと結局、我が国の憲法上、昔は参議院はカーボンコピーなんて言われましたけれども、衆議院と参議院の権限が、予算や何かを別としますとほとんど同じ権限だというところに問題の根源があって、なかなか自制だけではうまくいかないんじゃないかという印象を私は持っているんです……。

イギリスにおける自制の慣行が、「貴族院は、総選挙時のマニフェストに言及された政府提出法案について、同法案を否決しない」といういわゆるソールズベリー慣行を指すとすれば、貴族院とは憲法上の地位も権限も異なる参議院において、かかる慣行の形成を期待することは困難だとの谷垣の指摘は正当である。高橋も、「全くおっしゃるとおりで、難しいところなんです」と応じているところをみると、この点は否定していないもののように思われる。ただ、高橋は、谷垣に対する応答のなかで、参議院が自制すべきか否かは、「選挙の前後で」違うのではないかとして、次のように述べる(21)。

……参議院の選挙が終わって、その結果参議院で与党が少数派になったというような場合は、これは国民の意見を聞いてきたわけですから(自制せずに)頑張ってもいいんだろうと思うんです。私がさっき申し上げたのは、それとは逆の立場で、参議院が反対している。そこで国民の信を問うという意味で衆議院を解散して、その結果与党が勝ってきた場合には、参議院は自制すべきではないか。以前の勢力比で頑張り続けるとしたら、これはやはり国民の大きな批判を受けてもしようがないのであって、そういった点について、マスコミなんかも筋を通した批判をして参議院の自制を求めるということをやっていけば、難しいけれども可能ではないだろうかというふうに期待しております。

ここで、「参議院が反対している。そこで国民の信を問うという意味で衆議院を解散して」とは、内閣提出の重要法案について、それが衆議院を通過したにもかかわらず、参議院がこれを否決ないし修正し、衆議院に返付ないし回付されてきたので、衆議院は両院協議会の開催を要求したが協議に失敗したか、または、原案の再議決に成功しなかったので、「国会と内閣が決定的に対立し、正常な国政運営が困難になった」とのコーズで、内閣は衆議院を解散したものと解しておく。上記・高橋陳述では、参議院が自制すべきか否かを判断する決め手として、国政選挙への時間的な近接度が挙げられている。これは、おそらく、衆参いずれもが、国民の直接選挙によって選ばれた議員で構成されるところから、選出時点からの時間差でしか、議員の体現する民意の鮮度を測りようがないとの考え方に基づくものと推察される。

しかし、憲法は、参議院に衆議院と全く同じ役割を与えているわけではない。半数改選で、しかも、任期が六年と衆議院に比して長く、さらに、解散もない参議院に期待されている役割は、長期的な視点に立った国政審議であり、法案審査であろう。したがって、そこでは、民意の鮮度を基準に、自制が云々せらるべきはずのものではないことは、「そもそも第二院の存在意義があるとすれば、それは国民の意思を第一院とは異なる方式で集約することにあり、衆議院の結果によって参議院の意思が変わることは、安易に想定されていない」と、豊永郁子の適切に指摘するところである。[22] ことほどさように、民主的第二院に自制を求める説得力のある論理を見出すことは決して容易ではないのである。それゆえ、仮に説得力ある「自制」の論理を見出すことができないとすれば、憲法四三条の「選挙」は、直接選挙のみならず間接選挙をも含みうると解し、民意から距離を置く参議院の構成にしたうえで、「自制」を促すか、あるいは、憲法を改正して、参議院が法案を否決しても、一定期間をおけば、衆議院は過半数の賛成で成立させることができる停止的拒否権的なものにでも変更するほかあるまい。

むすび

二〇〇五年八月の総選挙の「執行費用」は七四五億円、有権者一人あたりでは七二一円の税負担であり、二年前の総選挙でも七三六億円の税金が投じられたという。[23] しかも、前回選挙(二〇〇三年一一月)で政権公約とされた郵政民営化関連法案が最大与党の党内事情、それも、衆議院議員ではなく、参議院与党議員の反乱で否決され、既述のように、スジの通らない解散・総選挙に大量の税金が投入されたのである。解散という最後の手段に訴え、総選挙を実施して、これだけの費用をかけなければ解決し得なかった問題であったのだろうか。それとも、小泉劇場の木戸銭として高くなかったとでも言うのであろうか。

(1) 最大判昭和三五年六月八日民集一四巻七号一二〇六頁。
(2) 佐々木惣一『立憲非立憲』弘文堂書房、一九一八年、八九頁。
(3) 芦部信喜『憲法　第三版』岩波書店、二〇〇二年、三〇五頁

（4）『読売新聞』二〇〇五年七月一四日（吉田和真・解説記事「憲法学説いろいろ――問われる正当性」における土井真一のコメント）。

（5）佐藤功『日本国憲法概説　全訂第五版』学陽書房、一九九六年、四一五頁。

（6）小林直樹『新版　憲法講義　下』東京大学出版会、一九八一年、二一四頁。

（7）樋口陽一『憲法Ⅰ』青林書院、一九九八年、三一九頁。

（8）http://kokkai.ndl.go.jp/cgi-bin/KENSAKU/swk_dispdoc_speaker.cgi?SESSION=1766&SRV_ID=1&SAVED_RID=2&DOC_ID=10607&DTOTAL=1&DPOS=1&

（9）深瀬忠一「衆議院の解散」『日本国憲法体系　第四巻』有斐閣、一九六二年、二〇七頁注（11）。

（10）清宮四郎『憲法Ⅰ　第三版』有斐閣、一九七九年、二三一頁参照。

（11）佐藤達夫、佐藤功補訂『日本国憲法成立史　第三巻』有斐閣、一九九四年、一三六頁。

（12）佐藤達夫、佐藤功補訂『日本国憲法成立史　第四巻』有斐閣、一九九四年、九五二頁。

（13）『朝日新聞』二〇〇五年八月九日。

（14）http://kokkai.ndl.go,jp/cgi-bin/KENSAKU/swk_dispdoc_speaker.cgi?SESSION-1766&SRV_ID=1&SAVED_RID=1&DOC_ID=10605&DTOTAL=1&DPOS=1&

（15）http://kokkai.ndl.go,jp/cgi-bin/KENSAKU/swk_dispdoc_speaker.cgi?SESSION=2168&SRV_ID=1&SAVED_RID_ID=10606&DTOTAL=3&DPOS=3

（16）S. Rose-Ackerman, *Corruption and Government*, Cambridge U.P., 1999, p. 142.

（17）D. Sternberger, *Nicht alle Staatsgewalt geht vom Volke aus*, W. Kohlhammer, 1971, S. 121f.

（18）Sternberger, *supra* note 17 at 151.

（19）『日本経済新聞』二〇〇五年八月九日。

（20）http://kokkai.ndl.go.jp/cgi-bin/KENSAKU/swk_disdok_speaker.cgi?SESSION=5468&RSV_ID=8&SAVED_RID=1&DOC_ID=10195&DYOTAL=1&DPOS=1&

（21）http://kokkai.ndl.go.jp/cgi-bin/KENSAKU/swk_disdok_speaker.cgi?SESSION=5468&SRV_ID=1&DOC_ID=10195&DTOTAL=1&DPOS=1&

(22)『読売新聞』二〇〇五年八月一〇日。
(23)『朝日新聞』二〇〇五年九月一一日。

補論Ⅲ　安倍政権から福田政権へ

1　二〇〇七年参議院議員通常選挙における自民大敗の要因

通常、社会の変動期には明確なビジョンを保持し強い指導力を発揮する型の政治家が待望される。そして、逆に、その安定期には、バランス感覚に秀で調整力に長ける型の政治家が要請されることになろう。しかし、前者の変動期であっても、長期にわたる改革の継続に倦み疲れ、もしくは、余りにも性急な変革に危機感を募らせた「人心」が、「息つくひま」(Breathing Space)をもつことを求め[1]、かかる強い指導者から離反し、場合によっては、その更迭を要求することもありえよう。

二〇〇七年七月二九日施行の第二一回通常選挙の結果、自民党は六四の改選議席を大きく割り込む三七議席の獲得にとどまり、歴史的大敗を喫した。そのため、非改選議席と合わせても、八三の議席を保持するにとどまり、当該選挙で三二の改選議席を六〇議席まで伸ばし、非改選議席と合わせて一〇九議席にまで勢力を拡大した民主党に、参議院第一党の地位を譲った。また、公明党も議席を減らし(一二の改選議席で九議席の獲得(非改選を合わせても一九議席))、その結果、政権を支える与党は、参議院議員定数二四二の過半数を大きく下回ることになった。他方、第一党となった民主党も、他の野党勢力等の協力を得なければ参議院で自らの意思を貫くことができない[2]。とはいえ、この選挙の結果、参議院では、民主党を中心に野党が主導権を握り、衆議院では、自民・公明の連立与党が三分の二を超える勢力を保持して、参議院に対峙する「ねじれ」国会が現出することになったのである。

安倍晋三首相の率いる自民党がさきの参議院議員選挙で大敗した要因としては、①五〇〇〇万件におよぶ年金保険料の記録漏れ問題、②事務所費や光熱費等のずさんな処理に起因する「政治と金」をめぐる閣僚の不祥事、③女性を「産む機械」にたとえ、原爆投下を「仕方ない」とするなどの相次ぐ閣僚の問題発言等のほか、④通常選挙の「中間選挙」的性格、すなわち、解散・総選挙のように、ときの政権が有利な時点を選び、もしくは不利な時点を回避して施行することはできず、三年ごとに定時に施行され、さらに、その選挙区の広さから有権者と候補者の接触も、小選挙区を基礎とする総選挙ほど密接でなく、上記のような不利な条件が重なれば、政権政党にとって厳しい結果がストレートに現れやすい選挙の特質が働いたことがあげられるであろう。

しかし、自民大敗の実質的な要因としては、さらに、次の二つを指摘することができよう。一つは、「改革を止めるな」とのスローガンのもとで前内閣が推進した新自由主義的な「構造改革」を継承し、それによって生じた社会のひずみ、貧富の拡大、都市と農村、中央と地方の深刻な格差の亢進に有効な対策を講じえなかったこと。そして、いま一つは、「戦後レジームからの脱却」「美しい国づくり」を政権独自のスローガンとして掲げ、憲法改正・教育改革・公務員制度改革などを官邸主導で断行しようとしたことである。そのため、後にみるように、憲法改正国民投票法案、教育基本法改正案やいわゆる教育関連三法案、国家公務員法改正案等の立法において、小泉政権の遺産ともいえる衆議院議席の三分の二を超える巨大与党による強引な国会運営が行われた。この官邸が国会を頤指する安倍の政治手法に対して、参議院選挙をまえに、野党のみならず与党や国民の間でも強い警戒心を呼び起こした。そして、小沢民主党は、「生活第一」のスローガンのもとに、小泉・安倍の両政権下で亢進し、深刻化した「格差問題」を争点とし、地方・弱者の保護を公約としてかかげる選挙戦略を果敢に展開することで、上記警戒心と相俟って、果てしない「改革」に疲れた民心を動かし、二〇〇七年七月の参議院通常選挙に圧勝したといえよう。

2　安倍政権と第一六六回国会(二〇〇七年一月二五日―七月五日)

安倍晋三がいわゆる首班指名を受け、小泉内閣に代わって新内閣を組織し、第一六五回国会(二〇〇六年九月二六日―一二月一九日)で最初の所信表明演説を行ったのは、二〇〇六年九月二九日の衆参両院の本会議においてであった。その演説のなかで、安倍首相は、「美しい国」の実現にむけ「美しい国づくり内閣」を組織したとし、継続扱いとされていた教育基本法改正案の成立を最重要課題に設定し、野党の反対を押し切って成立させた。いささか強引ではあったが、しかし、野党も、衆議院では採決に欠席したり内閣不信任決議案を提出、参議院では伊吹文明文部科学大臣問責決議案を提出したものの、国会審議そのものに大きな波瀾はなかった。

ところが、翌二〇〇七年一月四日の年頭記者会見で、安倍首相が「憲法改正をぜひ私の内閣で目指していきたい」と述べ、憲法改正を七月の通常選挙の争点に据える方針を明らかにし、さらに、第一六六回国会冒頭の施政方針演説(一月二六日)で、「戦後レジーム」の見直しを進める決意を強調し、継続扱いとされていた「憲法改正国民投票法案」(与党提案の議員立法)の成立に強い意欲を示したことから、野党はこれに猛反発する。野党は、先の会期末に与党・民主党の実務者間で協議が整いかけていた同法案の成立阻止にむけ舵を切る(同法案は、五月一四日、参議院本会議で自公などの賛成多数で可決成立)。また、安倍内閣は、この国会に、教員免許の更新制などを盛り込んだ「教育再生関連三法案」や押しつけ的天下り斡旋の廃止を意図した「公務員制度改革法案」といった安倍カラーの濃い法案、さらに会期中に浮上した年金問題に対する国民の不安に対処するための「宙に浮いた年金」の時効をなくす特例法案や国民の批判が強い社会保険庁を分割する法案等を泥縄式に国会に提出し、衆参両院を支配する与党の「数の力」を頼りに、強行採決・中間報告などに訴え、強引に政府法案の成立をはかった。
この国会が、いかに異常であったかは、①強行採決等により国会が空転する「不正常な採決」が、過去五年間で一一回にとどまるのに対して、この国会だけで一四回も数えたこと、②不信任決議案や問責決議案の採決は一二回で、第六一回国会(一九六八年一二月二七日―一九六九年八月五日)の一四件に次いで戦後二番目の多さだったこと、③懲罰動議も一八件提出されたことなどからも明らかである。[3] それは、「数の力でブルドーザーのように法案を通していく与党の強引さ」[4]が目立った国会であり、こうした安倍内閣の強権的な国会運営が、上記のごとく、七月の通常選挙による参議院議席の与野党逆転に少なからず影響を与えたことは否めないであろう。

3 福田内閣と第一六八回国会
(二〇〇七年九月一〇日―二〇〇八年一月一五日)

二〇〇七年七月の通常選挙後に召集、院の構成を行った第一六七回国会(二〇〇七年八月七日―同月一〇日)は、参議院第一党となった民主党・江田五月議員を参議院議長に選出した。参議院議長が自民党以外から選ばれたのは、自民党結党(一九五五年)以来初めてであり、参議院における与野党逆転を強く印象づけた。

同年九月一〇日召集の第一六八回国会の会期は、当初、一一月一〇日までの六二日間であったが、二度の会期延長で翌年一月一五日までの越年国会となり、最終的に一二八日間の長期国会となった。二度の会期延長は、竹下登内閣のもとで税制改革関連法案(消費税導入等)の審議、リクルート社未公開株譲渡問題の追及などで長期化した第一一三回国会(一九八八年七月一九日―一二月二八日)以来一九年ぶりであり、また、越年国会は、細川護煕内閣のもとで政治改革関連法案が争点となり、協議に難渋した第一二八回国会(一九九三年九月一七日―一九九四年一月二九日)以来一四年ぶりであった。第一六八回国会が異例の長期国会となったのは、主として、次の二つのことに起因するものと思われる。一つは、九月一一日の衆参両院での所信表明演説後、翌一二日衆議院での代表質問の直前に安倍首相が突如辞意を表明したことである。[5]そのため、急遽、自民党総裁選挙を実施、福田康夫が総裁に選出され、同月二五日、国会で首班指名をうけ[6]新内閣を組織し(安倍改造内閣の閣僚の大半を登用)、改めて新首相が所信表明演説を行う(一〇月一日)まで国会は自然休会に入り、三週間もの空白が生じたからである。そして、いま一つは、これと関連して、いわゆるテロ対策特別措置法にもとづくインド洋上における海上自衛隊の給油活動等の期限切れを控え、その延長か、撤収かが、国会での最大の争点となったことである。上記政変により国会の審議入りが大幅に遅れたことから、福田内閣は早々に当該法律の延長を断念(一一月一日失効、艦船は帰還)、それに代わる一年の限時法として新テロ対策特措法案を国会に提出したが、しかし、前防衛次官・守屋武昌と業者の癒着や補給活動に関して給油量訂正等の問題が発覚し、新法案に反対する野党の攻勢により、国会審議が難航、参議院で店ざらしとなり、政府・与党は、越年後、五七年ぶりの衆議院再議決権(憲法五九条二項)の行使により最終決着をつけざるを得なかったことによる。

福田首相は、一〇月一日の所信表明演説の冒頭、国会運営について、ねじれ国会の状況から、衆参で議決が異なる場合、国として新しい政策を進めていくことが困難になるが、政権担当者として、野党側と重要な政策課題につき誠意をもって話し合いながら国政を進めていくとし、対決(多数派型)から対話(合意型)へと、前政権からの路線転換の態度を鮮明にした。とはいえ、首相がリーダーシップを発揮し、直ちに政府・与党と野党間の対話や協議、合意の形成に向けた動きを示すこととはならず、幹事長や国対まかせに終始したことは、当初会期の一一月一〇日まで、たった一本の法律[7]しか成立をみなかったことからも明らかである。この閉塞状況を突き動かしたのは、究極の多数派による「ねじれ」国会の解消策ともいうべき、福田首相と小沢民主党代表との間における自民・民主の大連立をめぐる動き(一一月初旬)であった。民主党内のほぼ一致した猛反発により、大連立構想が潰え去った後、与野党協議の気運が急速に強まったのは、「大連立という極端なねじれ解消策」が現実味を帯びて登場してきたことで、「「このままでは国会審議がますます形骸化する」との危機感が与野党間に出てきたからかもしれない」(8)と評されている。

実際に、会期延長後の国会では、与野党双方が国民の視線を意識し、国民生活の安全・安心にかかわる法案を中心に、委員会等の場で与野党間の合意形成に努め、終わってみれば、第一六八回国会に内閣が新規に提出した一〇件の法案はすべて成立し、継続審議九件のうち四件が成立している。また、議員立法も一二件が成立し、全体で二六件の成立は、前年秋の第一六五回国会を一件上まわる結果となっている。もっとも、これらの法案のなかには、修正協議にむけた糸口すらつかめず、会期末間近に、参議院で否決され、返付後、衆議院において憲法五九条第二項にもとづいて再可決された上記・新テロ対策特措法案も含まれている。ねじれ国会のもとで、政府与党と野党は、ともに、対決型から対話型の国会運営への転換を模索し始めたが、新たな方式の確立は次回国会以降の課題となろう(9)。

(1) 岡義武「近代政治家のストラテジー」『岡義武著作集 第八巻』岩波書店、一九九三年、二七九頁。
(2) 二〇〇八年三月現在、民主党は参議院で国民新党等と統一会派を組み、過半数に二議席を欠く。
(3) 『朝日新聞』二〇〇七年六月三〇日付参照。
(4) 『朝日新聞』二〇〇七年六月三〇日付社説。
(5) 七月の通常選挙での自民大敗後、安倍首相は、参議院選挙は衆議院選挙のような政権に直結する選挙ではないとして(とはいえ、選挙中、「私と小沢さんのどちらが首相にふさわしいか、国民に聞きたい」などと訴えていた)、内閣改造を断行して政権の浮上を目指したが、自身が長を務める団体による国の補助金不正受給で新農相が早々に辞任したこともあり、民心の掌握に失敗したことから、首相の「国際公約」でもあったいわゆるテロ特措法の延長がねじれ国会のもとで困難になったことが辞任の動機である。安倍首相は、辞任表明の記者会見で、「国民の支持、信頼の面で、力強く政策を前に進めていくことは困難な状況だ。自らがけじめをつけることによって局面を打開しなければならないとの判断にいたった」と語る。もっとも、後に、このときの突然の辞任は、体調の悪化が最大の原因であったことを明らかにしている。『読売年鑑二〇〇八』四〇頁参照。

（6）衆議院は福田を指名、参議院は民主党代表・小沢一郎を指名、両院協議会を開催したが成案を得られず、憲法六七条二項により、衆議院の指名のとおり福田が首相指名された。
（7）被災者生活再建支援法の一部改正がそれである。本改正については、与党と民主党がほぼ同じ内容の法案をそれぞれ提出していたところ、本文で述べるごとく、大連立の動きに刺激され、話し合いの気運が急速に高まり、世論の後押しもあって、一一月九日、一挙に全会一致で可決成立させた。
（8）『毎日新聞』二〇〇八年一月一五日付社説。なお、自民・民主超党派七議員の緊急提言「機能不全の国会を改革する八つの方策」『中央公論』二〇〇八年三月、一九八頁以下参照。
（9）第一六九回国会（二〇〇八年一月一八日–六月二一日）においても、次期総選挙をにらんだ与野党間の政治的駆け引きが優先し、ねじれのもとでの新たな国会運営のルールを確立するには至らなかった。与野党による衆参の分割支配は、以下の事例において明確に示された。①現行憲法下で初めての福田総理に対する問責決議案の可決（六月一一日の参議院）と一六年ぶり二度目の内閣信任決議（同月一二日の衆議院）。②参議院の審議引き延ばしによる揮発油税の暫定税率維持を含む租税特別措置法改正案の年度内不成立（四月一日からガソリン値下げ）と憲法五九条を用いた衆議院による同案の「みなし否決」（同条四項）および「再可決」（同条二項）にもとづく成立（五月一日から再値上げ）。③道路整備費財源特例法改正案の参議院否決（五月一二日）と衆議院の再可決（同月一三日）。④日銀の人事案件に対する参議院の不同意（総裁候補二人、副総裁候補二人）と審議未了（審議委員候補一人）。⑤在日米軍駐留経費の日本側負担（思いやり予算）に関する新特別協定の参議院「不承認」と憲法六一条の衆議院優越規定にもとづく「国会の承認」（四月二五日）。⑥衆議院通過後、三〇日以内に参議院の議決しなかった条約九本にも、憲法六一条が適用、自然承認。また、日本と東南アジア諸国連合（ＡＳＥＡＮ）の経済連携協定など六条約の自然承認を目的とした六日間の会期延長。⑦参議院における二〇〇六年度決算・同予備費の不承諾（『読売新聞』二〇〇八年六月二二日付参照）。

この国会に政府の提出した法案八〇件のうち成立したのは六三件、成立率は七八％にとどまった。常会で八〇％台を割り込んだのは、リクルート事件に揺れた一九八八年一二月召集の常会以来である。そうしたなかで、与党と民主党の修正協議を経て成立させた国家公務員制度改革基本法や改正少年法などのように、また、与野党合意で議員立法として成立させた改正被爆者援護法やハンセン病問題基本法など、「与野党が問題意識を共有し、成立させる意欲があれば、ねじれ国会でも法案処理が進むことを実証した」（『日本経済新聞』二〇〇八年六月二一日付）。総選挙の跫音が近づくにつれ、こうした議会人として行うべき当たり前のことも、しかしながら、ますます難しくなりつつあり、次の総選挙後でなければ、ねじれ下の国会運営のあり方もみえてこない。そして、来るべき選挙の結果如何によっては、いわゆる政界(政党)再編による衆参を跨ぐ与党多数派や連立与党が形成され、本文で指摘した対話型の国会運営という課題そのものが雲散霧消してしまうこともあり得よう。

Ⅳ　より良き立法を求めて

9　あるべき立法者像と立法のあり方

一　問題の所在

一九四五年一二月、すなわち敗戦の年の暮れのことであるが、末弘厳太郎は、わが国の立法作業について、それはかつて、「刀匠が専ら経験と熟練と勘とに依って刀剣を鍛えたと同じように、何ら科学的自覚の下に科学的操作に依って行われていない」と語っている。[1] この末弘の言葉が、今日においてもなお、その新鮮な響きを失っていないのは、この間、彼によって提唱された、単なる技術《クンスト》ではない、学《レーレ》としての立法学がさほど進展をみず、彼の意図した立法学に価する業績が、ほとんど現れていないことによるものと思われる。誠に遺憾であるが、わが国において、「総合的な立法学研究は今後の課題」であるとする芦部信喜の指摘[2]を確認することから、本章を始めなければならないのである。もとより、この四〇年間、小林直樹[3]を中心に、立法学の必要性とその可能性について様々な検討がなされ[4]、わけても、立法過程の分野において、実証的・比較法的研究の成果が累積されてきたのは周知のことである。[5] ただ、そこでの主たる関心は、具体的なある法律が作られる事実経過の分析、すなわち、立法を推進する勢力とそれに反対する勢力との間の対抗関係と諸利害の調整、立法諸機関の実際的機能といった事実や行動を分析し、記述することに向けられていたように思われる。それは、戦後支配的となった法社会学的関心から、とくに、経験科学的性格を強く帯び、その結果、そこでは、賢明な立法、より良い立法のあり方を究明するという理念的、規範的な問題意識が少なからずゆるがせにされたのではなかったか、と思う。本章は、こうした実証的な立法過程研究において等閑にされていたと思われる理念的な視角から、ありうべきひとつの立法モデルを措いてみようとするものである。

では、なぜ、ここで、理念的な立法モデルを措こうとするのか。それは、裁判所、とくに最高裁判所による法令審査というものが、国会の立法について、一定のあり方を要請しているのではないかと考えるからである。法令審査のあり方について、近年、憲法訴訟理論の進展とともに、その深化が図られているが、ここで指摘したいことは、そこで説かれている「立法裁量」とか「合憲性の推定」、あるいは「司法の自己制限」ないし「司法消極主義」といった一連の考え方が、ひとつのあるべき理想的な立法者像というものを前提として成り立っているのではないのか、ということである。すなわち、そこでは、かつて、ロックナー対ニューヨーク事件の少数意見の中で、オリヴァー・ヴェンデル・ホウムズ裁判官が「合理的人間《リーズナブル・マン》」として描き出した[6]ような、合理的・理性的な判断をなしうる平均人、普通人といった人間像が、裁判官のみならず、立法者についても前提とされているのではないかということである。たとえば、司法消極主義の重要な論拠のひとつとして、「裁判所は本来非民主的な機関であるから、国民を代表する議会の意思は最大限に尊重する必要がある[7]」ということが指摘されるが、その背後には、さらに、合理的な立法をなす者という「立法者像」があり、こうした賢明な判断をなしうる立法者というものが措定されて初めて、消極主義の司法哲学が成り立つのではないのか、それによって、「司法の自己制限」「合憲性の推定」「立法府の裁量」といったことも、同時に語りうるのではないのか、ということである。もし、そうであるとするならば、裁判官の場合と同様に、立法者についても、ひとまず、「リーズナブル・マン」という人間像を措いてみることは、より良い立法のあり方を考えるうえで、不可欠の前提となるのではないか、と思うのである。

それでは、より良い立法のあり方を明らかにするうえで参考となるような発想なり、考え方が、わが国における従来の立法学研究の中に全く存在しなかったかどうか。少なくとも、次の二つの考え方が検討されて然るべきものと思われる。

そのひとつは、立法と司法ないし裁判を法形成における二つの主要な要素とみる考え方である。小野清一郎は、一九六三年の「立法過程の理論」と題する論文の中で、法を、権力組織により確認、形成、強行されるものであると捉えたうえで、立法とはその一般的な形成過程であり、司法とはその特殊的な形成過程であると語り(8)、この考え方を示している。また、芦部は、岩波講座・現代法(『現代の立法』)の中で、「議会による立法を広く一国の法形成過程ないし法執行過程の一環として考察し」、「立法ないし法律の機能をとくに裁判による法の形成《ロウ・メイキング》と関連させて考えること」が肝要であるとし、——立法と裁判の性質上の差異に留意しながらも、——両者は、「機能的には、法の形成という「同じ道を歩んでいる」」として、その機能的類似性を指摘する(9)。立法と裁判との安易なアナロジーは、もとより「妥当ではない(10)」としても、あるべき立法者像を描き出し、それにもとづいて、より良い立法の方法を究明しようとする場合、立法者をあるべき理想的な裁判官像と重ね合わせ、裁判との類比において立法のあり方を考えてみることも、ひとつの試みとして許されるのではないか、と思うのである。

より良い立法のあり方を問ううえで、今ひとつ、「立法の客観化・科学化」という問題意識が重要であると思われる。これは、末弘が戦後いちはやく提起した問題でもあった。すなわち、彼は、上述の裁判とのアナロジーにおいて立法の客観化を問題とし、裁判官が事件の法的処理に際して、諸々の具体的事実の中から、法規の適用に必要な特定の法的事実を「選択構成」するように、立法者もまた、複雑多様な社会的事実の中から、不必要な夾雑物を取り除き、「法的規律に必要にして十分なだけの法的事実を選択し」、それを類型《タイプ》として「把握し構成する」ことが必要であり、それによって、「初めて当該法的事実に適合する法的技術を考え得るに至る」と語るのである(11)。また、一九五〇年のシンポジウム「日本の法学」の中で、末弘は、彼にとって立法学とは、「要するに、社会的要求を法という形に拵えていく、その過程を科学的にすること」、すなわち、立法の背景をなす政治的・経済的・社会的な諸事情を調べ上げ、その基礎のうえに立って立法をなすことであると述べる。[12] これと同じ趣旨の見解を、奥平康弘は、一九六五年の「立法過程からみた勤評法制」と題する論文の中で、わが国における立法過程の問題点として、「立法を基礎づける事実の究明への無関心という側面」を取り上げ、いわゆる立法事実といわれるものの確定が、立法に際して重視されなければならない、という形で示している。[13] これもまた、より良い立法のあり方を考えるうえで、逸することのできない発想であろうと思われる。

以上、立法学に関するわが国の学説の中から、賢明な、より良い立法のあり方を問ううえで参考になると思われる二つのものを示したのであるが、次に、こうした発想なり考え方をさらに大胆に展開し、発展させつつあると思われるドイツの立法学、とくに、ペーター・ノールとその周辺の学説を素材に、立法学のひとつの可能性について検討してみようと思う。[14] そのさい、まず初めに、立法を裁判との類似性、連続性において捉えるノールの見解を紹介し、そのうえで、いわゆる立法事実の究明を基礎に、立法的判断の客観化を図ろうとする、ひとつの立法モデルを示すことにする。

二　立法と裁判の類似性・連続性

まず始めに、ノールの立法学を導く「立法者像」について一言しておくことにする。もとより、論者によって、様々な立法者像が描かれうるが、ノールの立法者像は、モーセやプラトンの哲人王にみられるような卓越した洞察力・判断力を有する超人ではなく、まさしく、ホウムズの「リーズナブル・マン」に示される、合理的判断をなす普通人、通常人であるように思われる。彼は、この立法者像をもとに、立法のあり方を問い、それによって、「正しい法の定立」「望ましい社会状態の実現」という、立法学の実用法学としての実践的課題を果たそうとするのである(15)。

そこで、いま少し、彼の「立法者《ゲゼッツ・ゲーバー》」の観念をみておくならば、それは、特定の人間ないし団体を指すというよりも、むしろ、立法の全過程を簡約して表現する象徴的な形式であり、したがって、そこには、立法にかかわるすべての機関と過程が含まれており、立法者とは、それゆえ、彼の表現によれば、「多元的な、異質なものよりなる複合体(16)」ということになる。このノールの用法において、とくに留意すべき点は、憲法により、法律の制定・公布をなす権能を付与された議会ないしそのメンバー、委員会、内閣、大統領といった諸々の国家機関のみならず、市民、政党、圧力団体、世論といった立法過程に対して事実上大きな影響力を行使するものもまた、そこに含まれているということである。すなわち、そこでは、公的な機関と私人・団体の複合体として「立法者」というものが観念されているのである(17)。

このうちで、裁判との類似性が最も顕著に認められるのは、いうまでもなく、法的な最高機関たる議会である。議会が裁判に類似する根拠のひとつとして、芦部は、「議会自体が案出する立法はほとんどなく、議会は国民生活の諸準則を変える提案に対する賛否の議論を衡量し、それに判定を下す法廷である」とするアメリカ立法学の見解を紹介しているが(18)、ノールもまた、イエス・オア・ノーの決定をなすことによって、破毀院《カサトーリシュ》的(19)に活動する議会のうちに、裁判との類似性を見出している。

もとより、この議会に象徴される立法と裁判の類似性は、ケルゼンの指摘を俟つまでもなく、両者がともに法の定立と法の適用という二つながらの作用を営むものであるということからも明らかである。ただ、ノールの指摘において重要と思われるのは、両者の間の単なる機能的類似性を越えて、それらが相互に補完し、代替し合う連続的な関係にあるとする点である。すなわち、ノールは、一方で、裁判官によりケース・バイ・ケースに形成された法が、立法者の手で、最終的に法典化され、一般的な解決が図られうること、他方、それとは逆に、法典化に際して、立法者が意図的に一定の判断を裁判官に委ねるということがありうることから、立法と裁判の間に一定の相互補完性のあることを指摘し、この連続的な関連性を最も端的に示すものとして、スイス民法第一条のいわゆる立法的方法、つまり、法律に欠缺のある場合、裁判官は、まずもって慣習法により裁判すべきであるが、しかし、その拠るべき慣習法が存在しない場合、「裁判官は、自ら立法者として定立したであろう規則にもとづいて決定すべき」ものとする規定を挙げるのである。(20)

こうして、立法と裁判の類似性・連続性が語られる場合、そこでは、とくに、法の定立における両者の本質的な同質性が、その前提として観念されているのであるが、しかし、一般に法の定立といっても、裁判官による法定立の場合、通常、立法者が予め設定した法的条件の下で行われるものであり、その限りで、両者の法定立の間に重要な差異があることに留意しなければならないものと思われる。ただ、この点に関して、ドイツの立法学では、憲法裁判所の特異な地位というものが問題となる。

連邦憲法裁判所の性格について、一九五〇年代のドイツで、有名な論争が展開されたが(21)、ノールは、これを、連邦議会と並ぶ政治的・立法的機関とみるべきではなく、憲法にもとづいて紛争を解決する裁判機関であることを強調したうえで、ただ、その規範統制活動《ノルメン・コントロール》については、それが立法活動に匹敵すること、すなわち、立法者が、立法を求める当事者の要求を十分吟味することなく鵜呑みにしてしまうか、もしくは、その強い要求に屈し、立法の客観的必要性を基礎づけることを怠る場合に、憲法裁判所は、規範統制手続を通じて、いわゆる立法事実を究明し、それにより、立法者のゆるがせにした考量を補完するものであるとする。したがって、立法者もまた、この立法事実の究明を立法手続の基本的な要件とすることにより、立法の際に生ずる不備・欠陥を未然に防ぐことができるというのである。(22)

ところで、これと関連して、ノールは、賢明な、より良い立法のあり方を問うその視角から、立法学における最も重要な課題として、立法者の価値判断、価値選択の問題を取り上げる。そこで、最後に、この点に触れておくと、立法者の決定にとって極めて重要な政治的判断の問題について、彼は、それを合理的な価値判断に対する「混乱要因」とみる。[23] そして、まさしく、この点が、彼の立法学の最大の問題点として指摘されるのであるが、[24] しかし、彼の理論に即してみる限り、――その当否は別として――少なくとも、ノール自身、この問題について、予め、ひとつの解答を与えているように思われる。すなわち、それは、立法の際、関係当事者の主張、立証により問題点が明確にされ、経験的事実の究明にもとづいてその具体的な解決案が示されうるならば、それによって立法者の価値選択は容易となり、その合理的な判断が可能になるとする考え方である。ノールは、これを「経験的探究は、広く、価値判断に取って代わることができる」という言葉で表現している。[25] もちろん、事実の究明が価値判断に代わりうるというのは、誇張にすぎないと思われるが、それはともかくとして、ここでは、この問題について、ノールなりにひとつの解答を準備しているということを指摘しておくことにする。

以上、ノールの立法学の簡単な内容紹介から、良質の立法を実現するためには、立法的判断の客観化、合理化が図られなければならないということが問題点として浮かび上がる。それでは、一体、どのようにすれば、立法的判断の客観化を実現することができるか。もとより、それは、筆者の手にあまる問題であるが、これについて、ノール周辺の学説をもにらみ合わせながら、以下、ひとつの立法モデルを提示してみることにする。

三　立法者の合理的判断モデル

さてそこで、あらためて、わが国の学説に立ち返ってみると、より良い立法をどのようにして実現すべきかという、立法のあり方についての問いかけが、もとより、わが国における実証的な立法学研究の課題でもあったことは、戦後逸早く立法過程の研究に取り組み、ケース・スタディを積み重ねながら、その実際の解明を試みてきた小林直樹が、

「立法過程への理性の投入」「立法の合理化」「正しい法の実現」ということを、立法学研究の重要な課題としてきたことからも明らかである。[26] そして、リーズナブルな判断をなしうる立法者という立法者像を前提に立法のあり方を問おうとする本章の視角から、わが国の立法学研究の中でとくに注目に価すると思われるのは、平井宜雄が一九七六年の論文「法政策学序説」において示した、合理的決定モデルである。平井によれば、決定とは、人間が一定の目標を達成するために特定の行動を意識的に選択することであり、それは、達成さるべき目標の定立に始まり、それに必要な情報の収集、そして、可能な選択肢の定立とその評価および決定を経て実際の行動に至るというプロセスである。[27] よくできたモデルではあるが、このモデルに問題があるとすれば、それは、決定過程を達成されるべき目標の定立から出発させていることにあろうかと思われる。すなわち、ある目標を立てるには、その前提として、何らかの形で実際的な解決を迫られている具体的な問題があり、したがって、その問題点を明確にし、その背景、原因を解明することが、目標の定立に先行するのではないのかということである。この点で、決定に際して、まず何よりも問題の所在を明らかにし、その背景、原因を解明することを重視するヘルマン・ヒルの決定モデル[28]は、平井モデルの前提部分を補うものとして注目される。そこで、この平井、ヒルの決定モデルを綜合して、立法者のありうべき意思決定モデルを構成してみると、まず第一に問題点の理解、第二に現状分析、第三に原因の解明、第四に立法目的とその明確化、第五に目的達成の前提条件、第六に目的達成の手段とその評価、第七に決定とその理由づけ、そして第八に事後的コントロールという段階なプロセスをひとまず描いてみることができる。もちろん、これは、あくまで暫定的なモデルにすぎず、また、その段階な区分も全く便宜的なものであり、したがって、それは、実際には、第一ないし第七、第八の各パートが相互に密接に関連しながら、ひとつの決定へと向かう総体的なプロセスを意味するものである。

(1) 問題点の理解

最初に、ここでの「立法者」という言葉の用い方であるが、ここでは、ノールが示した私人・団体を含む広義の用法ではなく、専ら、公的な立法諸機関を簡約して表現するものとしてこの言葉を用いることにする。

さて、この狭義の立法者の総体的な意思決定過程をみてゆく場合、まず始めに、問題の喚起《プロブレーム・イムプルス》ということが問題となる。これは、ノールによれば、個人がある行為をなす際の動機《モティーフ》にあたるものであり、立法者の活動の引き金となる刺激を意味するものである。したがって、それは、十分に強くなければ立法者に伝わらず、民主国家においては、通常、いわゆる世論によって担われない限り、立法者の耳にまで到達しないとされる。[29] ヒルによれば、こうした外からの刺激、問題喚起と並んで、立法者は、立法にかかわる社会的、経済的、政治的な諸々の問題について、自らそれを発見する努力を怠ってはならない。すなわち、立法にかかわるすべての機関は各々その領域に帰属するデータを収集し、様々なメディアを通じて流される世論の動向を摑み、関係する諸団体と接触を図る必要があるとするのである。[30]

こうした外からの刺激、もしくは自らの調査によって、問題となる点が立法者の認識し理解しうるところとなるに至るならば、その問題点は、さらに明確なものとされなければならない。それは、主として、次に述べる「現状分析」によって果たされることになる。

⑵　現状分析

現状、すなわち、問題を孕む現実の状態に関する厳密な分析は、立法者が喚起された問題点を明確にし、その具体的な立法をなすうえで欠くことのできない前提作業である。より良い立法の実現をその課題とする立法学において、いかにして立法者がこの現状分析を行うかということは、極めて重要な問題である。ヒルによれば、それは、各種の実態調査、専門家の証言、当事者からの事情聴取、関係諸団体の立法手続への参加、データ・バンクの利用等によって果たすべきものとされる。[31] もとより、こうした諸々の手段を尽くしたとしても、なお、立法者の決定にとって重要な前提となる現状、事実状態が十分に解明されるという保証は必ずしもないのであるが、しかし、ノールによれば、立法者は、裁判官よりも、総じて、より豊かな現状分析能力を保持するのみならず、さらに、時として、裁判類似の対審手続を用いることにより、事実状態の綿密な分析をなすことが期待できるというのである。[32]

(3) 原因の解明

次に、この現状分析との関連で、その現状を規定する要因を解明することが不可欠のものとして要請される。この問題を孕む現状とそれを規定する要因の関係について、ノールは、医学上の症候《ジムプトーム》と原因《ウーアザッヘ》の概念を用いて次のように説く。「医学の世界において、症候は、その原因が究明され、除去されるとともに消え去ってしまう付随的な現象である。したがって、たとえば、重症の結核患者に対して咳止めの薬をいくら投与しても結核が治るものではない。しかしながら、ある場合には、咳止め薬の投与によって、咳の症候を和らげることが必要であり、この場合、咳の症候もまた、ひとつの原因として、その抑制が期待されているのである」と。[33]

もとより、立法の対象となる社会問題については、その複雑な性格からして、この意味での症候と原因を区分することは決して容易ではない。しかし、その原因ではなく、特定の症候を抑制する意図から、しばしば立法がなされうることは、たとえば、犯罪原因として、社会環境、人間関係、遺伝的素質、個人的性格といった様々なものが挙げられる中で、立法者は、そうした原因の除去ではなく、刑罰という威嚇的手段を用いて、現実の犯罪という症候群を抑制する、いわば対症療法をとらざるをえないことからも明らかである。

(4) 立法目的とその明確化

ここであらためて、実際の立法は、この八つに区分したステップが、順次段階的に踏まれることによってなされるものと考えてはならないということを強調しておきたい。というのは、これまで、第一から第三の各パートで述べた、立法者の、主として現状分析にかかわる問題は、実は、価値の問題、立法目的の明確化という問題と相互に密接に関連しているとみることができるからである。すなわち、正確な現状認識なしに立法目的を定立することはおおよそ不可能であるが、しかし、同時に、価値ないし目的の問題を全く抜きにして現状分析を行うこともまた、不可能である、といえるからである。したがって、ノールによれば、立法者がある問題に気づき、その現状を分析し、原因を解明しようとする挙に出るのは、ありうべき状態を既存のそれと比較し前者を後者よりもヨリ高く評価することによるというのである。(34)

ところで、現状と対比されるこのヨリ望ましい未来像は、通常、「目標」ないし「目的」の観念で示される。ブルックハルト・クレムズは、この目標《ツィール》と目的《ツヴェック》を概念上区分し、そこから、次のような興味深い結論を引き出している。まず、目標の場合であるが、これは、Xという人物がYという目標を保持するという形で示される。これに対して、目的の場合、Xという人物がYという目的のためにZという手段を用いる、もしくはZという行為をなすという形で示される。この両者の区分によってクレムズが明らかにしようとしたのは、目標がありうべき状態を単なる理想として静態的《スターティシュ》に示すにとどまるものであるのに対して、目的は、それを実現する具体的な手段ないし行為と結びついた現実的なものであるという点にある。(35) すなわち、立法者が既存の状態と対比して描く、ありうべき将来の状態とは、この意味での目標と区分される目的でなくてはならないということになるのである。したがって、ノールによれば、刑法は、犯罪なき社会という理想の目標ではなく、刑罰という威嚇的手段を用いて現実の犯罪と闘うことをその目的とし、公法は、完全な平等社会の実現をめざすものではなく、場合によっては、逆の差別的手段を用いて不平等と闘うことをその目的とし、また、家族法は、平和でしあわせな家庭の実現をめざすものではなく、家族生活における最も重大な混乱を防止し、それを取り除くことをその目的とするものである、ということになるのである。(36) 要するに、ある理想的な目標は、そのままでは立法の目的とはなりえず、それを現実化する手段を伴うことによって初めて具体的な立法目的に転化しうるというのである。

(5)　目的達成の前提条件

ここでは、とくに、立法者がなしうる能力上の限界の有無ということが問題となる。これに関して、ド・ロルムの

「議会は、女を男にし、男を女にする以外のことであるならば、どんな事でもなしうる」という有名な言葉について一言しておくことにする。ダイシーは、これをイギリス議会の全能性を示すものとするが[37]、しかし、それは、私の理解では、ダイシーの読み込みであり、少なくともド・ロルムが『イギリス憲法論』で語る文脈に即して読む限り、右の言葉は、議会立法権の全能性ではなく、むしろ、その本質的な限界を象徴的に示すものと解する方が妥当であるように思われる。すなわち、そこでは、娘を息子と呼ぶ法的擬制《ロー・フィクション》を用いて訴権を拡大することができた古代ローマの法学者と比較して、イギリス議会は女を男にし、男を女にするだけの能力を保持せず、したがって、その力においてローマの法学者に劣るものである（"the Roman Jurisconsults were possessed of still greater power than the English Parliament."）ということが語られているからである[38]。

それはともかくとして、スイス民法典の父、オイゲン・フーバーは、その起草体験を書き綴った本の中で、立法に際して立法者の留意すべき事柄を次のように語る。立法者は、そもそも、白紙の状態《タブラ・ラサ》において立法をなすものではなく、立法にあたっては、まず第一に、男性と女性、大人と子供といった人間の特性、および夫婦・親子・隣人・共同体といった社会関係、第二に、昼夜といった純然たる自然現象とともに、山林や田畑、工場や交通機関といった生活と労働を支える自然的・社会的条件、そして、第三に、法的伝統といった諸々の条件を考慮しなければならない。しかも、立法者は、こうした立法を制約する基本的な諸条件に適合することによって、最もよくその立法目的を達成することができるというのである[39]。フーバーと同様、ノールもまた、立法者は立法を規定する「事実の存在法則性《ザインス・ゲゼッツリヒカイト》」に服すべきであり、それによって初めて、その目的を現実化しうるとともに、立法を条件づける事実に対して有効な働きかけをなしうると語るのである[40]。

なお、ここで、フーバーが第三の条件として挙げた「法的伝統」について付言するならば、この法的伝統の下で、フーバーは、専ら、慣習法の問題を論じているが、しかし、立法者が配慮すべきものとして、この他にも、憲法、条約、法律、法制度といった様々なものがあることは言うまでもない。そして、立法の際、憲法をはじめとする既存の法体系との整合性を図ることは、立法者の果たすべき基本的な課題である。ここでは、とくに、立法者に対する憲法上の要請についてみておくと、憲法の各規定が、立法者に対して、実際、どの程度、規範的な拘束力を有するのかという問題は、もとより、憲法解釈学に固有のテーマであるが、立法学にとって重要な問題は、この憲法の規範的意味を、立法者が、一体、どのようにして捉え、それに服するのかという点にある。そのひとつの方式として、立法者が、法令審査権を有する裁判所の見解に留意し、その下に服するということが考えられる。たとえば、ハンス・シュナイダーは、ドイツ連邦憲法裁判所の判例を分析し、そこで示されている、立法に際して立法者の守るべきミニマムな三つの原則というものを指摘する。それは、まず第一に、平等原則、すなわち、恣意的な差別取扱いの禁止である。これは、法律で異なる取扱いをなす場合、実質的な根拠がなくてはならず、それを欠く場合、立法者に恣意ありとするものである。第二に、基本法の法治国家原理から派生する比例原則があげられる。これは、立法目的とそれを達成する手段とが相互に適切な関係にあることを要求するものである。第三に、――これも、主として、法治国家原理に由来するものであるが――、法律上の文言が明確でなくてはならないという原則である。この平等、比例、明確性という、憲法裁判所の判例から引き出される三つの原則が、立法者の、憲法上遵守すべき「ミニマムな要件」として指摘されるのである。(41)

(6) 目的達成の手段とその評価

ここでは、まず、目的と手段の関係が問題となる。これについて、ノールは、「社会の中で、あらゆる要素は、目的であり、しかも同時に手段でもある」とするディートリッヒ・シントラーの言葉を引きながら、(42)両者はつねに相互に転換しうるものであり、それゆえ、「きわめて限定的にのみこれを区分することができる」と語る。(43)ただ、刑罰、課税、損害賠償といった、立法の際、通常用いられる法的サンクションは、純粋に道具的な性質を持ち、したがって、立法者の力量は、この限られた制裁措置と結びつく有効な目的達成手段の開発如何にかかっているとも言えるのである。[44]

ところで、立法目的が明確にされた場合、立法者は、通常、その目的を達成しうる複数の手段を立て、その中から特定の手段を選択するが、問題は、その選択基準にある。ヒルによれば、選ばれた手段が、一般に、適切であるか否かは、立法者がその認識手段を尽くしたうえで行う予測、すなわち、当該手段によって、立法者の意図した成果がほぼ確実に達成されうるという、目的達成の蓋然性にもとづいて判断すべきものとされる。[45]

さらに、手段の選択に際しては、さきに述べた憲法上の比例原則により、とくに、「諸々の適切な手段の中から、まったく同一の効果を、当事者に対する最小限の負担において達成しうるものが優先されなければならない[46]」。これは、要するに、鶏を裂くに牛刀をもってすべきではないということであるが、これと関連して、シュナイダーは、とくに、国民の基本権に触れる立法については、「単にその手段が適切であるというにとどまらず、さらに、それが、当該立法目的を達成するうえで必要なものであることが要請される」と語り、したがって、立法者の採用した手段よりも、ヨリゆるやかな規制手段を用いて同一の効果をあげることが期待できる場合には、後者の必要性の要件は充たされたことにはならないとするのである。[47]

(7) 決定とその理由づけ

こうして、立法者は、複数の手段の中からそのひとつを選択し、最終的な決定を行うのであるが、その際、フォーマルな決定を導く個々の手続について、可能な限りそれを公開し、その決定に至る根拠をできるだけ詳しく公表することが要請される。けだし、それによって、法律の規範内容に関する理解が容易となり、憲法裁判所による立法者意思の確定、適切な事後審査が可能となるからである。[48]

(8) 事後的コントロール

立法は、上述のごとく、立法者による問題点の理解・認識に始まり、フォーマルな決定をもって終結するのであるが、しかし、この決定をもって立法の全サイクルが完結したとみることはできない。そこでは、さらに、その決定が果たして妥当なものであったか否かについて、立法者自らが事後的に審査し、コントロールを加えることが期待されているのである。この事後的コントロールは、第一に、立法者がその一般的な立法改善義務を尽くすことにより、第二に、法律の施行状況について政府から報告を得ることにより、そして、第三に、裁判所の法令審査、国民の選挙と請願、世論や学界の論議等を契機として果たすべきものとされるのである(49)。

四　むすび

本章は、合理的な判断をなしうる者というひとつの理念的な立法者像を前提に、立法者がヨリ良質の立法をなすために、その意思決定に際して考慮すべき若干の事柄を指摘しようとしたものである。したがって、そこでは、本来、立法学の中心テーマをなす立法の実定的な制度・手続・技術に関する問題、さらには、その前提をなす「立法」の概念、法規範論といった重要な基本問題が全く取り扱われていない。この意味で、本章は、立法学がカバーする広汎な問題領域のごく一部分を極めて限られた視角から眺めてみようとしたにすぎない。

（1）　末弘厳太郎「立法学に関する多少の考察」『法学協会雑誌』六四巻一号、一九四六年、一頁。

（2）　芦部信喜「日本の立法を考えるにあたって」『ジュリスト』八〇五号、一九八四年、一〇頁〔同『人権と議会政』有斐閣、一九九六年、三三二頁〕。

（3）　小林直樹『立法学研究　理論と動態』三省堂、一九八四年。

（4）　たとえば、高田源清「立法法学の必要性」『法政研究』一九巻二号、一九五一年、一四三頁以下、松尾敬一「立法学の必

要性と可能性」『神戸法学雑誌』六巻一・二号、一九五六年、二〇三頁以下、小野清一郎「立法過程の理論」『法律時報』三五巻一号、一九六三年、四一頁以下、芦部信喜編『現代の立法』岩波書店、一九六五年、池田政章「立法・立法過程」『日本国憲法体系補巻』有斐閣、一九七一年、一頁以下、『法律時報臨増　民事立法学』一九八一年。

（5）最近〔一九八五年当時〕の研究成果として、比較立法過程研究会編『議会における立法過程の比較法的研究』勁草書房、一九八〇年、渡辺久丸『現代日本の立法過程』法律文化社、一九八〇年、『ジュリスト　日本の立法』八〇五号、一九八四年、中村睦男他『選挙法の立法過程に関する実証的比較法的研究』北海道大学法学部、一九八四年、等。〔法科大学院・公共政策大学院の発足に伴い、立法技術のノウハウが教育科目として展開されるようになり、現在では「立法学」のテキストも公刊されるようになってきている。代表的な著作として、大森政輔・鎌田薫編『立法学講義』商事法務、二〇〇六年参照。〕

（6）Lochner vs. New York, 198 U. S. 45, 74 (1904).

（7）芦部信喜『憲法訴訟の理論』有斐閣、一九七三年、三二頁、同『司法のあり方と人権』東京大学出版会、一九八三年、一〇二頁。

（8）小野・前出注（4）『法律時報』三五巻一号、四三頁。

（9）芦部信喜「現代における立法」同編『現代の立法』岩波書店、一九六五年、一四頁以下〔同『憲法と議会政』東京大学出版会、一九七一年、二四四頁以下〕。

（10）芦部・前出注（9）一五頁〔二四六頁〕。

（11）末弘・前出注（1）一四―一五頁。

（12）日本評論社編『日本の法学』日本評論社、一九五〇年、二〇八―二〇九頁。

（13）奥平康弘「立法過程からみた勤評法制」『法律時報』三七巻九号、一九六五年、一二頁。

（14）ドイツ立法学の歴史を播いてみると、良き立法をいかにして実現するかという問題が、少なくとも、一八世紀啓蒙主義の時代に、理性に適う方法で良き法律を作るための規則、法則を探究するという形で研究がなされ、いくつかの大学で、すでにそれが講じられていたということを知ることができる。たとえば、プロイセン一般ラント法の父、カール・ゴットリープ・スヴァレツは、フランクフルト・アン・デァ・オーデルの大学において、ヨハヒム・ゲオルク・ダルイェスという、クリスティアン・ヴォルフの弟子から、立法技術に関する講義を聴いたと伝えられている。H. Schneider, *Gesetzgebung*, C. F. Müller Juristischer Verlag, 1982, S. 1f. [3. Aufl. (2002) S. 1f.] なお、ダルイェスの立法学について、vgl. R. Schulze, *Policey und Geset-*

zgebungslehre im 18. Jahrhundert, Duncker & Humblot, 1982, S. 95f.

それはともかくとして、ドイツにおける最初の立法学ブームは、一九世紀初めの、法典編纂の可否をめぐるチボーとサヴィニーの論争がその大きな契機となっている。このことは、わが国立法学研究の嚆矢となった穂積陳重の『法典論』(哲学書院、一八九〇年)において詳述されているところである。『明治文化全集』一三巻、日本評論社、五三二頁以下参照[日本立法資料全集別巻3『法典論』信山社出版、一九九一年]。

これに対して、第二の立法学ブームとなったのは、一九世紀末から二〇世紀初頭のドイツ民法典の制定、刑法改正作業に関連して、コーラー、ヘーデマン、フォン・マイヤー、ツィテルマンといった民事法学者、ワッハ、テザァール、ベーリングといった刑事法学者が、相次いで立法に関する意見を表明した頃のことである。こうした二〇世紀初頭の、立法および立法学に対する関心も、しかしながら、当時支配的となった実証主義法学の下で衰退し、それとともに、法学の関心は、法律が作られる過程ではなく、専ら、すでに完成されている法律そのものに向けられるようになる。H. Schneider, a. a. O., S. 2.

ところで、ヴァイマール共和国の崩壊とナチズムの経験は、立法学研究においても、新たな局面をもたらすことになる。すなわち、戦後、ナチスの体験から、立法者を拘束するもの、立法者がしてはならないものは何かということが問われ、これに対して、ドイツの統治システムは、立法者に憲法的制約を課し、立法的作品を憲法裁判所の虫めがね(ルーペ)の下に置くという形で、一定の解決をはかるのである。これに対応して、法学の分野でも、従来のドグマーティクに対する反省、とくに法学教育において、大学はこれまで、法の作り手、製作者ではなく、専ら、法の使い手、すなわち、その適用者、解釈者の養成にのみ努めてきたことに対する反省が語られるようになり、ショイナーの提言にみられるごとく、精緻な法解釈学に匹敵しうる法の製作学、立法学を、憲法および憲法学に不可欠なものとして樹立する必要性が提起されるに至るのである。U. Scheuner, “Die Funktion des Gesetzes im Sozialstaat”, in: *Recht als Prozess und Gefüge : Festschrift für Hans Huber zum 80. Geburtstag*, Stämpfli, 1981, S. 141. この課題は、「どのようにすれば、法律的規範によって、社会状態に最も望ましい影響を与えうるのか」という視角から、立法的判断のあり方を探究するノールによって遂行された。しかし、彼は、一九八二年一〇月、五六歳という若さでこの世を去ったのである。その立法学に関する業績については、追悼論集(R. Hauser et al. (hrsg.), *Gedächtnisschrift für Peter Noll*, Schulthess, 1984 所収の諸論稿のうち、とくに、G. Stratenwerth, “Peter Noll——eine Skizze seines wissenschaftlichen Werkes”, K. Eichenberger, “Die Gesetzgebungslehre in der Staatspraxis”, K. Rolinski, “Argumentationsfiguren, eine Einflussgrösse der informellen Gesetzgeber?”, H. Schultz, “Gesetzgebung als Aufgabe der Rechtswissenschaft in der

Schweiz" 参照。
なお、アメリカでは、いわゆる fact-finding がより良い立法を形成するための不可欠の前提作業とされ、立法学のテキストにおいても、立法調査の問題に多くの紙数が費やされている(たとえば、Nutting & Dickerson, *Legislation*, 5th ed., West Pub. Co., 1978, p. 73f.; Hetzel, *Legislative Law and Process*, Michie Co., 1980, p. 605f.; Linde, Bunn, Paff & Church, *Legislative and Administrative Process*, 2nd ed., Foundation Press, 1981, p. 652f.; Read, MacDonald, Fordham & Pierce, *Materials on Legislation*, 4th ed., Foundation Press, 1982, p. 289f.)が、とくに両者の密接な関係を指摘するものとして、see Hart & Sacks, *The Legal Process, Basic Problems in the Making and Application of Law* (1958 tentative ed.), p. 715f. [ed. by W. Eskridge & P. Frickey, The Foundation Press, Inc, 1994, p. 964f.] また、イギリスの立法学においても同種の関心が払われていることについて、*cf.* Miers & Page, *Legislation*, Sweet & Maxwell, 1982, p. 66f. (69).

(15) P. Noll, *Gesetzgebungslehre*, Rowohlt, 1973, S. 44, 63f. したがって、ノールの立法学の前提をなす立法者の行為もまた、「すぐれて自覚的な、十分に事情を知ったうえで行う、理性的・合目的的」な行為として、理念的に捉えられる。Vgl. P. Noll, "Von der Rechtsprechungswissenschaft zur Gesetzgebungswissenschaft", in: *Jahrbuch für Rechtssoziologie und Rechtstheorie*, Bd. 2, Westdeutscher Verlag, 1972, S. 535.

(16) P. Noll, a. a. O. (Anm. 15), S. 44f.

(17) P. Noll, a. a. O. (Anm. 15), S. 72. *cf.* F. K. Beutel, *Some Potentialities of Experimental Jurisprudence as a New Branch of Social Science*, Univ. of Nebraska, 1957.

(18) 芦部・前出注(9)一五頁[一四五頁]。*cf.* Read et al., *Cases and other Materials on Legislation*, 2nd ed., Foundation Press, 1959, p. 67f.

(19) P. Noll, a. a. O. (Anm. 15), S. 45. なお、刑部荘「破毀裁判所の任務と性質」高見編『刑部荘著作集』慈学社、二〇〇八年、七一三頁以下参照。

(20) P. Noll, a. a. O. (Anm. 15), S. 49.

(21) Vgl. "Der Status des Bundesverfassungsgerichts: Eine Materialsammlung mit einer Einleitung von G. Leibholz", in: *JÖR*, Bd. 6 (1957), S. 109f.

(22) P. Noll, a. a. O. (Anm. 15), S. 50f.

(23) P. Noll, a.a.O. (Anm. 15), S. 86.
(24) Vgl. B. Krems, *Grundfragen der Gesetzgebungslehre*, Duncker & Humblot, 1979, S. 35.
(25) P. Noll, a.a.O. (Anm. 15), S. 125.
(26) 小林・前出注(3)六四頁以下。
(27) 平井宜雄「法政策学序説(2)」『ジュリスト』六一四号、一九七六年、一〇八頁。〔なお、この引用箇所は、平井『法政策学』有斐閣、第一版一九八七年、第二版一九九五年では採用されていないが、行論の関係上、維持することとする。〕
(28) H. Hill, *Einführung in die Gesetzgebungslehre*, C. F. Müller Juristischer Verlag, 1982, S. 65f.
(29) P. Noll, a.a.O. (Anm. 15), S. 72f.
(30) H. Hill, a.a.O. (Anm. 28), S. 67.
(31) H. Hill, a.a.O. (Anm. 28), S. 68.
(32) P. Noll, a.a.O. (Anm. 15), S. 94f.
(33) P. Noll, a.a.O. (Anm. 15), S. 87.
(34) P. Noll, a.a.O. (Anm. 15), S. 82.
(35) B. Krems, a.a.O. (Anm. 24), S. 118f.
(36) P. Noll, a.a.O. (Anm. 15), S. 85.
(37) A. V. Dicey, *Introduction to the Study of the Law of the Constitution*, 10th ed., Macmillan, 1959, p. 43.
(38) J. L. de Lolme, *The Constitution of England*, 3rd ed. (1781), p. 134 & n. (a). なお、大石真「公布再考」『国学院法学』一七巻三号、一九七九年、一八頁注(4)参照。
(39) E. Huber, *Recht und Rechtsverwirklichung——Probleme der Gesetzgebung und der Rechtsphilosophie*, 2. Aufl., Helbing & Lichtenhahn, 1925, S. 281f.
(40) P. Noll, a.a.O. (Anm. 15), S. 99.
(41) H. Schneider, a.a.O (Anm. 14), S. 38f. [3. Aufl., S. 42f.]もっとも、第三の明確性の原則は、刑事立法の分野において厳格に遵守されなくてはならないが、しかし、民事の立法や社会経済的な立法などの分野では、裁判官や行政官が柔軟に対処することのできる「包括的概念」「しなやかな概念」が用いられることにつき、vgl. H. Schneider, a.a.O. (Anm. 14), S. 42f. [3.

Aufl., S. 46f.]

(42) Vgl. D. Schindler, *Verfassungsrecht und soziale Struktur*, Schulthess, 1932, S. 64.

(43) P. Noll, a. a. O. (Anm. 15), S. 108f.

(44) P. Noll, a. a. O. (Anm. 15), S. 110.

(45) H. Hill, a. a. O. (Anm. 28), S. 74. なお、高見「立法府の予測に対する裁判的統制について——西ドイツにおける判例・学説を素材に」芦部信喜先生還暦記念論文集刊行会編『憲法訴訟と人権の理論』有斐閣、一九八五年参照。

(46) H. Hill, a. a. O. (Anm. 28), S. 77.

(47) H. Schneider, a. a. O. (Anm. 14), S. 41 [3. Aufl., S. 45].

(48) H. Hill, a. a. O. (Anm. 28), S. 79f. Vgl. L. Kißler, *Die Öffentlichkeitsfunktion des Deutschen Bundestages*, Duncker & Humblot, 1976.

(49) H. Frohn, "Gesetzgebung und rationales Entscheidungsverhalten", in: *Gesetzesbegriff und Gewaltenteilung*, Athenaum, 1981, S. 53f.; H. Hill, a. a. O. (Anm. 28), S. 80f. なお、立法におけるコントロールのシステムについて、vgl. N. Luhmann, *Rechtssoziologie*, 2. Aufl., Westdeutscher Verlag, 1983, S. 282f., 291f.

10　立法の「合理性」もしくは‘Legisprudence’の可能性について

はじめに

(1)　同じprudentiaの働きではあっても、*Juris*prudenceのそれと*Legis*prudenceのそれとでは、かなり違うのではないか。二年前、法学部から立法府の一組織に移り、立法現場の一角に身を置きながら、Scientiaとしての統治機構論をあれこれ模索する筆者の現在(二〇〇四年、国立国会図書館在職当時)の心境である。ここでは、この筆者の心象風景の一端を綴ってみることにする。したがって、それは、もとより何ら体系性のないパッチワークに過ぎない。

冒頭の心境は、まず何よりも、筆者自身の自省に導く。とりわけ、一九八四年一〇月の日本公法学会第四九回総会テーマ「現代の立法」に関連して、第一部会で筆者の行った報告「あるべき立法者像と立法のあり方」において取り上げた「立法の合理性」について、そのアプローチの視点・方法をも含めて、いま一度、現時点で、考え直してみる必要性を痛感する。

(2)　八四年報告では、経験科学的性格が強い戦後の立法過程論に対して、「ありうべきひとつの立法モデル」を探究するという理念的・規範論的視点から、「合理的判断をなす立法者」像を措定し、その判断枠組み・判断手法について概観した(本書第9章)。そこでの狙いは、裁判官の法令審査とのアナロジーで、「立法者の合理的判断モデル」を提示してみるということにあった。この裁判官の視点からする立法の「合理性」へのアプローチは、もとより裁判官の判断と法的推論の過程に関心をもつ *Jurisprudence* の発想であり、立法ないし立法者に固有の「合理性」を問うものではなく、*Legisprudence* への視角に欠けるものであった。

(3) 八四年報告の問題点は、「より良い立法」のあり方を問うに急なあまり、裁判官と立法者における判断の「合理性」の違いを少なからず看過してしまったことにある。それゆえ、ここでは、両者の判断枠組みの異同を明らかにする前提として、さしあたり、立法を立法たらしめる要件について考えてみよう。それは、制定される法律の規範内容に対する判断基準ではなく、そもそも法律の制定に際して守られるべき基本要件、その要件が満たされなければ、いくら正式の立法機関が定立したものであっても、およそ「法律」とは呼び得ない限界を画するものとは何かを明らかにすることである。

ここでは、まず、立法の大枠、外延、法的限界を考える手がかりとして、フラーが語る「立法に関する黙示の法」の検討から始めよう。

一　立法者が守るべき諸原則

(1) フラーが創作した有名な寓話《アレゴリー》の一つに、偉大な立法者として歴史にその名を刻もうとの決意のもとに王位に就いたが、しかし、失敗に失敗を重ね、失意のうち急逝するレックス王の物語がある。(1) この失敗譚には、立法の際に必ず遵守せられるべき「要請」(desiderata)(2) として、次の八つのものが含まれている。すなわち、それは、①一般的でなければならぬこと、②公布されなくてはならぬこと、③原則として、将来に向かって効力を有するものであり、過去に遡って効力を有するものであってはならぬこと、④明確であり、理解しうるものでなくてはならぬこと、⑤矛盾するものであってはならぬこと、⑥不可能を強いるものであってはならぬこと、⑦時の経過のなかで、ある程度、一定したものでなくてはならぬこと、そして、⑧表明された法的ルールとその公的執行との間に一致が存在しなくてはならぬということである。

これらのうち、⑦と⑧は、ここで問題とする立法者ないし立法機関による法律の制定に当たって守られるべきものというよりも、むしろ、主として、制定後における法律の運用に際して留意せられるべき「要請」である。また、立法準則である④⑤⑥も、少なからず、法律の解釈によって賄いうるものでもある。したがって、上記の①②③といったところが、本来、立法に際して遵守せられるべきものであろう。それは、①法律の一般性、②法律の公布、③法律不遡及の原則として、従来、議論されてきたものである。

後年、フラーが、「立法に関する黙示の法」(3)と題する論攷のなかで、あらためて立法者が遵守すべき「一定の黙示的前提」の解明を試みたとき、そこでは、①～③の原則が議論の俎上に乗せられていたのであった。

(2) フラーは、立法作用には、その成果物である法律の性質と形式について「一定の黙示の前提」ないし「暗黙の期待」が伴うとし、次のような「いささか特異な例」を用いて、問題点を浮き彫りにする。(4)

新興国家において、長期にわたる議論の末、成文憲法が採択されたと、想定してみよう。この憲法は入念に起草され、そこでは、誰が立法をなすことができるか、立法者はどのようなルールにもとづいて国民を拘束する法律を定立しなければならないかが、明確に規定されていた。この新憲法には、また、最高立法権は議会に付与せられるべきこと、その議員は、憲法が自ら明確に定める選挙の投票手続に従って選出されなくてはならないことが明定されていた、と仮定しよう。これらのルールが忠実に執行され、議会が創設された。そこで、集会した議員がなした最初の決議は、今後、議会が制定するすべての法律は国民に対して秘密とする、というものであった。この決議は、憲法の規定に少しも反するところはなかった。けだし、当該憲法には、合衆国憲法と同様、法律の公布について全く触れられていなかったからである。

この例は、レックス王が初めて法典編纂を手がけたこともあって、その内容に自信が持てず、臣民に対して、「法典を作ったので、これからはそれにのっとって判決を下すことにするが、しばらくの間は法典の内容は自分と書記だけが知っていて、その他の者には公式の国家機密として知らせない(5)」と布告したことを想起させる。レックス王の例では、臣民が、自分たちを拘束するルールが何であるかを確かめるすべもなく裁きを受けるのは極めて不愉快だ、と言明したことになっている。これは、そもそも国民に対して何らかの拘束力を有する「法律」の性質からして、その内容は、国民が知りうる状態に置かれなければならぬというものである。したがって、上記の「いささか特異な例」は、それが「法律」である以上、憲法に規定があるなしにかかわらず、それは、当然、「公布」せられるべきものであるという点を明らかにしたものである。

では、憲法上、当然のごとく規定せられるべきものが実際には規定されていないということは、「憲法の欠缺」といえるであろうか。フラーは、ここでも、次のような小咄を引きながら応答している(6)。

ある人が、「子どもたちに何かゲームのやり方を教えてやってくれ」と言った。そこで、私は、子どもたちに、「サイコロ賭博」のやり方を教えようとしたところ、この人物は、「そんなゲームじゃない！」と叫んだ。私にゲームのやり方を教えるよう命じた者の脳裏にあっては、「サイコロ賭博」は初めから除外されなくてはならぬものであったのだろうか？

この場合、ゲームのやり方を教えるよう命じた者は、おそらく、次のように答えるであろう(7)。

もちろん、私は、「ゲーム」のなかに、「サイコロ賭博」が含まれているとは考えていなかった。それは、私が「サイコロ賭博」を最初から意識して「ゲーム」から除外したということではなく、そもそも、そのような「ゲーム」は私の脳裏にまったく浮かぶことすらなかったということである。私の頭のなかに、そうした異様な事態を想起する余地は少しもなかったのだ。

フラーは、このように応答したうえで、上記の例について、「憲法起草者が、立法者との間で、法的な良識と分別の範囲(limits of legal decency and sanity)に関する暗黙の理解を共有すると想定しえない限り、憲法の起草は不可能だ。もし、憲法起草者が、立法権力による総ての逸脱に対して機先を制しようとするならば、その憲法は異様な化け物館のようなものになってしまうだろう」(8)と結んでいる。

(3) 他方、憲法で明定された原則を厳格に遵守し、立法者の活動を完全に規制することが、「法的な良識と分別」に合致しない場合もありうる。

ある法律が国民の活動を規制するものとして制定・公布された場合、その法律は、通常、将来に向かって国民の活動を規制する効力を有するものでなくてはならず、過去、すなわち、当該法律が発効する以前に国民が何をなすべきであったかを指示するものであってはならぬ。このことは、いわゆる「レーム一揆」の直後、「国家緊急防衛の処分」に関して発せられた事後法を想起するならば、自ずから明らかであろう。それは、次の一箇条からなる一九三四年七月三日公布の法律であった(9)。

一九三四年六月三〇日及び七月一日及び二日、謀反者の攻撃を鎮圧するために遂行せられた処分は、国家の緊急防衛の為の正当な権利の行使である。

この法律に基づいて、ヒトラー政権の内部にあって、「第二革命」を遂行しようとしたとして、ヒトラーの指示により、突撃隊参謀長レームらに報復を加え、殺害した前日までの三日間にわたる行為は、事後的に「正当な法の執行」であったとされ、罪に問われることはなかったからである(10)。

通常、憲法は、こうした立法者による「恣意」的な権力行使がありうることを想定し、事後法による処罰を禁じているのである。ただ、法律はすべて将来に向かってのみその効力を有するべきかどうかは問題である。けだし、法律不遡及の原則を厳格に貫く場合に、「法的な良識と分別」に合致しない事態が生じうることも、当然、ありうるからである。

これについて、フラーは、次のような架空の例を設定し、問題点を摘示する。[11] それは、「遡及法は、極めて侵害的、強圧的、不公正である。如何なる遡及法も、したがって、民事上の請求または犯罪の処罰のために制定されてはならない。」と規定するニューハンプシャー憲法二三条（一七八四年六月二日採択）の適用事例にヒントを得たものである。

ある議会がある法律を制定し、そのなかで、爾後、結婚式の挙行者は、州が提供する文書に記載したうえ、挙式後五日以内にそれを当局に提出しなければ、いかなる婚姻も有効でないものとした。この法律が発効する直前、火災が州の印刷局を襲い、半年間、州は同法所定の文書を提供することができない状態となった。一方、議会は休会となり、同法の廃止もしくは施行延期の措置を合法的に行う方法はまったくなかった。議会が再開される前に、何百組ものカップルが結婚式を行っていたが、しかし、必要な文書に記載することができなかったので、それらの婚姻は無効であり、二人の間に生まれた子どもたちは非嫡出子となった。再開後、議会の最初の行為は、この間に行われた婚姻の瑕疵を治癒し、救済するための遡及法を成立させることであった。

フラーによれば、ニューハンプシャー州最高裁判所は、これほど極端な事案ではなかったが、この種の救済的立法措置の憲法適合性を審査する必要に迫られた際、救済効果をもつ法律は、「極めて侵害的、強圧的、不公正」なものとは言えないと判断したのであった。[12]

以上、②③の原則に関して、フラーが取り上げた事例である。

(4) 順序は逆になったが、上記①の原則である「法律の一般性」とは、フラーによれば、人間の行動を諸々の準則の支配《ガヴァナンス・オヴ・ルールズ》に服せしむべく、法《ロー》が第一に要請するものである。[13] レックス王の寓話もまた、この「一般性」を具備した法の定立に関する失敗譚であったように思う。[14]

レックス王が王位に就き、既存の法をすべて破棄し、新たな法典編纂作業に着手しようとしたとき、最初に気づいたのは、「もっとも単純な類の一般化すら、朕は行い得ない」ということであった。具体的な紛争について、それを裁決する度胸に欠けるところはなかったが、しかし、どのような結論であれ、その理由を明快に表明することは、どんなに努力しても、この王の能力では手に負えないのであった。そこで、レックスは、具体的争訟事件を取り扱うなかで、徐々に、自らの潜在的な一般化能力を高め、法典のなかに組み込むことができるルールの体系(法)をつくり出そうとして、多くの裁判に積極的に取り組み、判決を下すことに熱中した。しかし、レックスも臣下も、それらの判決のうちに、なんら一定の定式を認めることはできず、判決は安定性を欠き、かえって、臣下を惑わす結果になってしまった。この大失敗後に、レックスは、これまでのやり方をご破算にして、「一般化」の練習帳を最初のページからやり始め、多くの時間と労力を費やして、失敗を重ねながら、やっと法典を完成するに至る。ところが、その法典も、完成にあまりにも時間がかかりすぎたことから、いざ適用してみようとすると、現実との乖離が甚だしく、具体的な紛争処理のルールとしてはまったく役に立たないものであることが明らかとなり、レックス王は失意のうちに急死する。

この寓話は、われわれに様々なことを教えてくれるが、ここでは、レックス王の悲劇は、「法」の特性である「一般性」をどこまでも追求しようとする余り、実際の「法律」には、上記の治癒的立法にみられるように、個別具体的な事案の事後救済を内容とするものもまた、当然に有り得ることが看過されたからではないか。「法律の一般性」といっても、その「一般性」は、「私法律」や「個別法律」に見られるように、いわば伸縮自在であり、立法者の活動が「恣意的」であってはならぬということ以上の意味は、ほとんどないものと思われる。(15)

二　立法権の主権的「性質」と政治的「特性」

(1)　立法上の主要準則とされるものは、立法という「ゲーム」の基本ルールである。それは、囲碁・将棋などのルールと同じで、そもそも、その「ルール」を知らなければ、立法を行うことはできない。しかし、実際の立法は、そのルールの枠内で、囲碁・将棋における実際のさし手と同じように、幾通りもの政治的ないし政策的判断がありうるのである。[16]すなわち、立法という権力作用も、囲碁・将棋のさし手と同様、立法の基本「ルール」に基づいて、状況に応じた多様な内容の政治的決断ないし決定が行われ、「法律」の形式をとって遂行せられうる状態に置かれるのである。とはいえ、権力作用としての「立法」については、「法」と「政治」に関連して、その本来的な性質を改めて確認しておく必要がある。

(2)　では、立法もしくは立法権の「本来」の性質とは何か。それは、ジャン・ボーダンが、『国家論六篇』(一五七六年)において、「主権」の第一指標として「立法権」の観念を特徴づけたものである。クヴァーリチュは、ボーダンの主権論の特色を、大要、次のように論じている。[17]

ボーダンは、『国家論六篇』において、主権原理を展開することで、自らの拠って立つ身分制的限界を乗り越えるのである。今や、立法権は、主権的君主の基点である。主権者は、自ら又はその前任者たちが定立した法律を変更ないし破棄することができるだけでなく、慣習法をも改廃することができる。すなわち、主権者が、立法のために、諸身分といった第三者の同意を必要としないということが、主権の絶対的前提条件である。立法権は、個々の具体的な事件に対する命令権と結びついたものである。「主権の第一の指標はすべての者に対して、一般的に法律を定めることであり、また、個々人に対して、特別にこれを定めることである」[18]。実際に通用している法について、当事者の同意なく「一方的に」これを処分することは、主権者の最も重要な権限であるだけでなく、それは、一般的な権限そのものでもある。けだし、主権者が保持する他のすべての権限(宣戦布告権、講和締結権、高級官吏の任免権、最高裁判権、恩赦権、忠節服従要求権、貨幣鋳造権および度量衡選定権、課税権)は、この一般的権限を構成する部分であり、この一般的権限から派生するものであるからだ。「法律を公布し、破棄するこの権限には、他のすべての主権の指標が包含されている」[19]。ボーダンは、これら主権の指標とされる諸々の権限について、すべて歴史的にのみその存在を確認している。しかし、この主権概念によって、一方的に法を定立する権限(立法権)は、もはや、それまでのように、事物的に限られた領域に限定されない。具体的な事物管轄に拘束されない「法律」という道具によって、主権者は、一般的代理権ないし代表権を手に入れたのである。

立法権は、皇帝や法皇さらに国王の権限に関する中世の理論にとっても周知のものであった。しかし、「力が法を作る」(potestas condendi leges)とする観念は、まだ、政治的支配に関する思考の中心には置かれていなかった。実際、新たな法は、常に、訴訟手続に類した、裁治による「法」発見になお囚われた君主と諸身分との間の合意手続のなかで確定された。ボーダンは、そうした従来の当事者主義的で、裁治権(iurisdictio)に依拠した権限から国家活動の基礎権力へと、立法権を自立化させるとともに、その立法権を用いて、いかようにでも、旧来の法を処分しうるものとした。「要するに、慣習法は、主権者がそれを許容する限りにおいて、通用するに過ぎない」[20]。「絶対的権力」とは、「専ら慣習法からの逸脱が容認されている」[21]ということに他ならないのである。

この理論によって、近代の法理論への道筋が最終的に拓かれた。法とその社会生活は、法の「改正」を通じて意識的に形成することが可能となった。法の意識的形成は、政治的支配を担う諸機関の任務とされ、政治的支配の最も重要な道具となった。ボーダンの『国家論六篇』は、近代法国家の下絵である。この国家は、すべての社会状態を、その規制権力のもとにおき、自らの正当性を、社会的秩序に関して最善の規制を立てることから手に入れるのである。

要するに、ボーダンにおける「立法権」の特徴は、実際に通用している法について、当事者の同意なしに、一方的に、これを改廃しうる権力である。こうして、従来、法発見者として自らを正当化しえた支配者は、「主権者」を名乗ることにより「法」の桎梏から自らを解き放ち、「法」の定立者となることで、近代立法国家への途を拓いたのである。ここから、「立法とは、国家による法定立であり、法律は、国家のひとつの意思行為である」とする理解に至る道のりは、さほど遠くはないのである。[22][23]

(3) ここで、「近代立法国家」とは、「議会主義原理」と行政・司法に対する「立法の論理的優位性」により、立法権を保持する議会が「国家の本質的機能」として位置づけられている国家という程度の意味である。それは、一九世紀西欧諸国の憲法ないし憲政が目指したところであるが、近代立法国家の衰退、行政国家化・司法国家化の進行が語られて久しい現在においても、立法議会が、国政上、その基軸となる地位にあるべきものとされることには変わりない。立法権ないし立法作用が、法的秩序を形成し、政治的・社会的な安定をもたらすうえで、最大・最強の武器に他ならないからであろう。この重要な立法権行使の過程、すなわち、立法活動は、しかし、現代の民主制のもとでは、国民の選挙によって選ばれた政治家の手に委ねられている。議会における法律案の審議・決定の場を支配するのは、「法的議論」(legal arguments) ではなく、主として「政治的論議」(political arguments) である。その場を支配するのは、「法の根底には、力がある。この力が働いて、法を作り、法を支え、場合によっては法を破る」と、尾高朝雄が喝破した「政治」の力である。[24][25][26]

(4) ところで、カール・シュミットは、周知のごとく、この「政治的なもの」の特性を、政治という公的な空間ないし関係において認められる「友と敵」の区分に求めた。この区分は、「結合ないし分離、連合ないし離反の、もっとも強度なばあいをあらわす」。「敵」とは、「他者、異質者にほかならず、その本質は、とくに強い意味で、存在的に、他者・異質者であるということだけで足りる」。したがって、極端な場合には、「敵」との衝突が起こりうるのであって、この衝突は、既存の一般的な規準に基づいて、「公平な」第三者が判定することで決着のつくものではなく、当事者間で決着をつけるほかないものとされる(27)。

ここでは、次の三つの点に留意しておきたい。まず第一に、シュミットにおいて、政治的な「敵」とは、「競争相手」とか「相手一般」ではなく、また、「反感をいだき、にくんでいる私的な相手」でもないということである。それは、「抗争している人間の集団」である。すなわち、こうした人間の集団、とりわけ、すべての国民に関係するものは「公的」であるがゆえに、「敵」は「公的な敵しか存在しない」ということである(28)。

留意すべき第二点は、シュミットは、当初、「政治的なもの」により特徴づけられる「政治的生活」を、美や道徳・経済などと同様、少なからず自律した圏域と解していたのであるが、レオ・シュトラウスの批判に接して、この「政治的なものの自律性」という理解に、一定の——重大な——修正を加えたことである。すなわち、シュトラウスは、『政治的なものの概念』のうわべだけを読む者にとって、「自由主義が美的なもの、道徳、学問、経済学などの自律性を認めたあとで、シュミットは、今や、自分自身としては自由主義に反対するにしても、自由主義的な自律化傾向が進行するなかで、政治的なものの自律性を承認しようとしているという印象を持つだろう」としたうえで、それが「シュミットの考えでないことは、彼が「人間生活の様々な領域の自律性」という表現のなかで「自律性」という言葉につけた引用符からはっきりと分かる」とし、「政治的なものの自律性」を認めることは、本来、克服すべき対象としたはずの「自由主義の平面」にとどまるものだ、と鋭利な批判を加えた(29)。この批判に接して、シュミットは、「政治的なもの」の特性を抗争・対立の「強さ」の問題にずらし、その抗争・対立がいかなるものであれ、それが十分に強いものであるならば、「政治的なもの」となりうるとしたのである。「政治的なものは、人間生活の実に様々な分野から、つまり宗教的・経済的・道徳的その他の諸対立から、その力をうけとることができる。それは、なんらそれ独自の領域をあらわすものでなく、ただ人間の連合または分離の強度をあらわすにすぎず、このばあい、その動機は、宗教的・人倫的もしくは文化的意味での国民的・経済的その他のものであってかまわないし、また、時代が異なるに応じて、さまざまな結合・分離を生じさせるものなのである」と。[30]

留意すべき第三点は、シュミットの「国家」とは、上述した「すべての対立を包みこむ政治的統一体[31]」を意味するものだ、ということである。すなわち、ある政治的統一体内部の対立・抗争は、内戦という形で「友・敵」区分が先鋭化する場合を除いて、通常、連帯感情を基盤とする国民の相対的な同質性と強制権力の国家的独占により保障された「平和的秩序」のもとで、緩やかな程度において「政治的なもの」であるにとどまる。そこでは、平和的共存の枠組みのなかで、討議手続にもとづいて、公開の討論と決定が繰り返されることで、二次的な諸々の内部的反目・緊張・対立・抗争が緩和され、解決せられるべきものとされる。[32]

三　立法における「政治」と「法」の交錯

(1)　通常、立法において問題とせられるべき「政治」とは、シュミットのいう「二次的」意味での紛争であり、その決着である。それは、ヴィルヘルム・ヘンケによれば、既存の秩序を根底から脅かす類の対立・抗争ではなく、一定の秩序の枠内で生起し、実定の制度・手続によって解決がはかられうるものである。[33]すなわち、それは、日々、新聞の政治欄を埋めているところのものと考えて大過ない。この政治的な争い・対決は、通俗的に見れば、「権力と利害」をめぐるものであるが、しかし、そこには、常に、論者の主観的な「是非」弁別の主張が含まれており、「一体、誰が正しいか」について、不確かな状態が認められるのである。[34]

政治の領域におけるのと同様に、法の領域でも、どちらの言い分が正しいかが常に争いとなるが、しかし、後者においては、この主観的な争いは、通常、客観的な法によって決着がつけられうるものだとされる。しかも、場合によっては、予め法律で、実際に争いが生じた場合、誰によって、どのような手続で、最終的に誰が正しいと決定すべきかを明らかにしている。法律以外にも、法廷等における弁論術や解釈技術などもまた、法的紛争の決定に資する。その限りで、政治は、実体的に何らの解決基準も存しない不確かな争いの領域、法は、実体的および形式的・手続的に予め想定された紛争の領域に帰属するものと言えよう。(35)

とはいえ、立法の主体たる政党・会派に帰属する議員が、議会において、緩やかな法的枠組みのなかで、実際に、具体的な対立・抗争する事案に関して、将来的に、どう解決すればよいかを論議し、確定しようとするとき、そこでの「政治」と「法」との間の関係はかなり曖昧である。もとより、当該事案の解決法について、それが実体的または形式的に憲法で規定されている場合には、法令審査権を保持する司法裁判所や憲法裁判所において最終的に取り上げられることになるであろう。しかし、そうでない限りは、議会審議を通じて、「政治から法が生じ」、また、「法律改正をめぐって、絶えず新たな〔政治的〕対立・抗争の生じうること」が議会に留保されているものと言えよう。ただ、議会においては、法的な争いも、憲法がどう定めているのか、一義的に明確でなく、疑わしい場合には、政治的色彩を帯び、他方、政治的な争いについて、憲法上の規定を根拠に、「法の問題」として争われることもありうる。「政治」と「法」の区別は、「政治」的決定の枠組みを規定し、また、その制約原則を明定する憲法「解釈の限界が必ずしも明確でないがゆえに、しばしば、疑わしいものである」(36)。

(2)　上に述べた政治の「領域」が、「政治的なもの」の性格上、決して静的《スタティック》・固定的なものでないことには注意を要する。アイゼンシュタットは、「民主政のパラドックス」について論じた著書のなかで、立憲民主政に特有の政治的対立・緊張関係は、①新たな政治的階級・階層の登場、②社会的な抗争の政治化、③中央を志向する反体制的社会運動に対して開かれた政治過程にあるとし、とくに②に関連して、「政治的なものの絶えざる再定義」という表現を用いて、政治の範囲の可動性について、大要、次のように論じている。[37]

社会的な抗争の政治化の傾向は、具体的な種々の争点をめぐる争い、個人や団体の個別的利害をめぐる抗争と、「共通意思(common will)、良き社会(the good society)とは何か」に関するビジョンの対立との間の絶えざる絡み合いのなかで表明される。そこでは、いわゆる合理的選択モデルは通用せず、政治的選択ないし支持の流動化は、個別的利害の集合を唯一の基礎とするものではない。その流動化の誘因は、多くの社会運動にあっては、政治的・社会的・民族的ないし性的アイデンティティを構成する諸々のシンボルや素朴な・神聖な文言で正当化される「共通善」(common good)に求められる。

要するに、具体的な利害・欲求と共通のアイデンティティ・公共善(public goods)との間の複雑な絡み合い、その密接な関係が、政治活動の適切な範囲と考えられる境界線、「政治的なもの」(the political)の絶えざる「再定義」(redefinition)をもたらすのである。そこでは、「政治」の活動領域を画する境界線の確定それ自体が、種々の社会運動に促されて、政治的アクターと結びつきながら、公然たる政治的抗争の主要な争点の一つともなりうるのである。

これは、シュミットの「全体国家」に関する言説、すなわち、「民主的に組織された共同社会においては、すべてこれまで国家的な問題であったものが、社会的なものとなり、逆に、すべてこれまでは「たんに」社会的な問題であったものが、国家的なものとなる。その場合、これまでの「中立的な」領域——宗教、文化、教養、経済——が、非国家的、非政治的という意味で「中立」であることをやめてしまう」とされたものに、ほぼ対応する言明である。[38]

(3) アダム・スミスは、『道徳感情論』のなかで、「正義の諸規則」を「文法の諸規則」に喩え、「その他の諸徳の諸規則」を「批評家たちが、構文において崇高優雅なものを達成するために定める諸規則」に喩えたうえで、次のように語る。[39]

前者〔正義・文法の諸規則〕は、正確、精密、不可欠である。後者〔他の諸徳・美文の諸規則〕は、緩慢、あいまい、不確定で、われわれにたいして、むしろ、われわれが目ざすべき完全性についての一般的観念を提示するのであり、それを獲得するための、なにかたしかでまちがいのない諸指示を、われわれに提供するものではない。

スミスが比喩的にその違いを指示した「正義」と「その他の徳」の区別は、フラーによって、彼の「義務の道徳」と「熱望の道徳」の類型的区別に援用される。

すなわち、「義務の道徳」とは、「それを欠いては秩序ある社会が成立しないような、もしくは、それを欠いては或る特定の目標をめざす秩序ある社会が目標達成に失敗せざるをえないような、そのような根本規則を定める」ことである。それは、十戒にみられるように、主として、「汝……すべからず」と命じる道徳である。この道徳は、「人々がその持てる能力を最大限に実現する機会を活用しなかったからといって非難することはない」。むしろ、それは、「社会生活にとっての根本的な要請を尊重しなかったとして、彼らをとがめる」のである。

これに対して、「熱望の道徳」とは、「『善き生活』、卓越、人間の諸能力の最大限の実現をめざす」ものである。それは、古代ギリシャ人の間に見いだされる「適切でふさわしい行動」、すなわち、「最善をつくして生きる人間にふさわしい行動」という考え方である。

こうして、フラーは、「熱望の道徳が人間によってなしとげられることがらの頂点から出発するのに対して、義務の道徳はその底部を出発点とする」。そして、道徳の問題は、「最底部は社会生活のためのもっとも明白な諸要求から始まり、そこから上の方へ、人間の熱望の最高の限界までのびてゆく一種のはしご、もしくはものさしのようなもの」だというのである(40)。これを「立法の問題」と置き換えれば、「法」と「政治」とが交錯する「立法」の領域もしくは立法者の活動範囲をほぼ的確に言い当てているものと言えよう。

四　立法判断の「合理性」確保の方途？——むすびに代えて

(1)　立法活動は、その手続と内容を規制する——憲法を基軸とする——法的規則によって規制される。この点で、立法者の地位は、裁判官や行政官のそれに類似している。しかし、法律を誠実に適用ないし執行すべき立場にある裁判官・行政官に比して、立法者は、自ら服するところの——憲法はともかくとして、それ以外の——法的規則を自らの手で制定・改廃しうる点で、ヨリ多くの自由を保持している。この自由な立法活動を行う立法者には、しかしながら、「知っていればまちがいなくわれわれは、あらゆるばあいに賢慮(prudence)をもって行為するように教えられうるというような、如何なる規則も存在しないのである」[41]。ただ、ヴィントゲンズが指摘するように、立法者は、その自由な判断に際して、自らの政治的洞察に基づいて法的規則へと転換する「法外のデータ」(extra-legal data)に依拠せざるを得ず、しかも、立法者の判断・活動が「合理的である」のは、こうした「自らの主観的な選り好みを表明するヨリ以上のもの」[42]を判断の根拠とするからである。

(2)　ここで、立法者の判断の「合理化」に資する「法外のデータ」とは、われわれが「立法事実」の概念のもとで理解してきた「法律を制定する場合の基礎を形成し、それを支えている——背景となる社会的・経済的——事実」[43]と同じものと考えて大過ない。グーシィは、この立法事実に着目した憲法裁判所の審査過程の分析を試みるなかで、立法者は、「最適の立法」のために、①事実確定、②比較衡量、③予測、④監視、⑤事後改善という四つの責務を負っているとし、各責務について、大要、次のように論じている[44]。

①　事実確定の責務(Pflicht zur Tatschenfeststellung)　立法とは、現実に対する働きかけを意図した社会形成作用である。それは、規制の必要性が存在する社会の現実を前提とする。社会の現実がそうした規制を必要とす

る場合であるかどうかは、しかし、自ずから明らかになるのではなく、その現実に関する多かれ少なかれ立ち入った調査が要請される。そして、立法者が、その時々の規制対象とする立法事実について、その調査を尽くしたと語りうるためには、関係者・専門家からの聴聞や資料・統計の調査などの手続を経ていることが条件とされるのである。

② 比較衡量の責務(Abwägungspflicht)　議会が収集した「立法事実」それ自体は、複雑・多様で、まったく取り留めのないものであって、それらは相互に矛盾するものですらある。そうした事実に基づいて、そこから一定の法的規制の必要性を引き出すには、関連する諸々の事実の比較衡量が要請される。すなわち、立法者は、単に事実を集積するのではなく、これらの諸事実について、自らの活動を動機づける一定の観点(「立法目的」)から、それを選択的に評価もしくは判定することが求められるのである。すなわち、既存の事実的素材から、そもそも規制を要しないとの選択肢を含む、潜在的に可能なすべての規制措置が抽出され、それらの措置の優劣の比較のなかから、「最適の選択肢」が突きとめられる。一定の時点において収集された事実的素材からして、それを上回るいかなる可能性もありえないと判定されたとき、その選択肢は「最適だ」と評されるのである(憲法訴訟において、裁判所が「立法事実」として認定すべきは、この立法の「最適」評価の根拠をなすところの事実であろう)。

③ 予測の責務(Prognosepflicht)　法律は、通常、遡及的効果を禁じられながら、未来に向けて効力を発し、現実を形成してゆく。「立法事実」の解明とその比較衡量もまた、この「未来」の形成と結びつくものでなくてはならない。しかし、未だ現実とはなりえていない「未来」は、過去・現在の事実に関する知見を踏まえ、もっぱら「予測」しうるに過ぎない。その予測がヨリ一般的で、期間が短ければ短いほど、予測した事態が生起する蓋然性の数値(Wahrscheinlichkeitswert)は高くなる。逆に、予測がヨリ具体的で、その期間が長くなればなるほど、

蓋然性の数値は低くなる。立法者には、制定・公布しようとしている法律が、実際、どのような効果を及ぼすのかについて、周到な予測判断が求められるのである。

④ 監視の責務(Beobachtungspflicht)　法律の公布・施行によって、立法手続は終了する。予測された法律の効果が実際に現れるどうか、どの程度(完全に、または部分的に)、その効果が現れるか、立法者の事実確定、比較衡量そして予測が、法律の執行・適用過程で試されることになる。とりわけ、現代のような目まぐるしく変化する社会にあっては、時間の進展にともなって、立法事実に著しい変化が生じ、当初の予測の修正が必要とされ、その修正は、法律改正を不可避もしくは望ましいものとする。したがって、立法の手続は、法律の公布・施行により単純に終了してしまうのではなく、潜在的には、その後も、無限に継続するのである。かくして、より良い法律を求める立法者にとっては、事後的に生起した新たな立法事実の解明、その絶えざる比較衡量、そこから帰結する当初予測の修正作業が求められるのである。

⑤ 事後改善の責務(Nachbesserungspflicht)　かくして、立法者は、自ら定立した法律が形成した現実、その新たな現実が生みだした「立法事実」に直面することになる。立法者は、改めて①〜③の手続・責務を尽くすことで、この変化した「立法事実」に対応することになる。立法者は、法律の改廃によって、自ら定立したものを時代の推移・要請にあわせることが求められるのである。

この「法」と「事実」と弁証法的関係は、社会に対して開かれた組織としての立法府に固有のものであり、立法者の上記の無限循環的活動は、その不可避的な帰結である。[45] そして、上記の立法者に対する指針は、もとより、憲法が命じたものではないが、しかし、立法の合理性を確保するために、政治に対して、立法の作法として求められるものであろう。[46]

(3) Prudentia とは、あるとき、人が偶然、直面する具体的な状況のなかで、危険ないし課題を察知し、その解決に向けた方途を見いだす能力である。すなわち、それは、目前の不確実な問題状況の克服に向け、直観的に決せられる目標を達成する方法を予知する力(providentia)である。したがって、それは、古来、永遠のイデアそのものの洞察に向けられた第一級の知の働きからすると第二級のそれにとどまるものである[47]。とはいえ、政治や社会の生活世界に憂き身をやつす政治家や法律家は、日々、生起する諸問題のなかで、この Prudentia に磨きをかけなければならぬのである。Scientia としての法学の役割は、そうした Prudentia を対象とし、そのあり方に反省を加え、その働きを少なからず可視化することにある。本章は、この意味における *Legis*prudence の成立可能性を求めて暗中模索を試みたものである。

(1) L. L. Fuller, *The Morality of Law*, rev. ed., Yale U. P., 1969, p. 33f. なお、一九六四年初版本からの稲垣良典訳『法と道徳』有斐閣、一九六八年、四二頁以下参照。

(2) 稲垣良典「フラー」矢崎光圀編『現代法思想の潮流』法律文化社、一九六七年、二二八頁。

(3) L. L. Fuller, “The Implicit Laws of Lawmaking”, in: *The Principles of Social Order*, Duke U. P., 1981, p. 159f.

(4) Fuller, *supra* note 3 at 159. なお、訳文中の傍点は、原文イタリック。

(5) Fuller, *supra* note 1 at 35. 稲垣訳・前出注(1)四四頁。

(6) この小咄は、ヴィトゲンシュタインの創った挿話から採録されたものである。L. Wittgenstein (hrsg. v. J. Schulte), *Philosophische Untersuchungen*, Suhrkamp, 2003, S. 60. なお、黒崎宏訳『『哲学的探究』第一部・読解』産業図書、一九九四年、六〇頁参照。

(7) Fuller, *supra* note 3 at 161.

(8) Fuller, *supra* note 3 at 161.

(9) Gesetz über Maßnahmen der Staatsnotwehr v. 3. Juli 1934, *RGBl*, I S. 529.

(10) G. Radbruch, *Rechtsphilosophie*, R. Dreier und S. L. Paulson (hrsg.), Studienausgabe, C. F. Müller, Juristischer Verlag, 1999, S. 195.

(11) Fuller, *supra* note 3 at 161f.

(12) Fuller, *supra* note 3 at 162. なお、遡及適用の法律がニューハンプシャー憲法二三条の禁止規定に触れないとする州裁判所の判例について、*cf. New Hampshire Revised Statutes Annotated 1955* (1988 Replacement ed.), Constitutions Title 1, Pt. 1, Art. 23 Constitution of New Hampshire, 1988, p. 117.

(13) Fuller, *supra* note 1 at 46. 稲垣訳・前出注(1)五九頁。

(14) Fuller, *supra* note 1 at 33-38. 稲垣訳・前出注(1)四二―四九頁。

(15) 高見「唯一の立法機関――法律の「一般性」とその「変容」の帰結」『法学教室』二四六号、二〇〇一年、五〇頁以下参照。

(16) A・D・リンゼイ、中村正雄訳『二つの倫理』弘文堂、一九五九年、二頁参照。

(17) H. Quaritsch, *Souveränität――Entstehung und Entwicklung des Begriffs in Frankreich und Deutschland vom 13.Jh. bis 1806*, Duncker & Humblot, 1986, S. 46f.

(18) Jean Bodin, *Les Six Livres de la République* I 10[t. 1, Fayard, 1986, p. 306].

(19) Bodin, *supra* note 18. I 10 at 309.

(20) Bodin, *supra* note 18. I 10 at 308.

(21) Bodin, *supra* note 18. I 8 at 193.

(22) H. Spruyt, *The Soverign State and Its Competitors――An Analysis of Systems Change*, Princeton U. P., 1994, p. 103.

(23) ヴィルヘルム・エーベル、西川洋一訳『ドイツ立法史』東京大学出版会、一九八五年、一頁。

(24) 芦部信喜『憲法と議会政』東京大学出版会、一九七一年、一五一頁参照。

(25) K. Tuori, "Legislation between Politics and Law", in: L. J. Wintgens (ed.), *Legisprudence――A New Theoretical Approach to Legislation*, Hart, 2002, p. 100.

(26) 尾高朝雄『法の窮極にあるものについての再論』勁草書房、一九四九年、五頁。

(27) C. Schmitt, *Der Begriff des Politischen――Text von 1932 mit einem Vorwort und deri Corollarien*, S. 26f. [3 Auflage der Ausgabe von 1963, Duncker & Humblot, 1991]田中浩他訳『政治的なものの概念』未来社、一九七〇年、一五―一六頁。

(28) Schmitt, *supra* note 27 at 29. 田中他訳・前出注(27)一八―一九頁。

(29) L. Strauss, “Anmerkungen zu Carl Schmitt, Begriff des Politischen”, in: H. Meier, *Carl Schmitt, Leo Strauss und 》Der Begriff des Politischen《 —— Zu einem Dialog unter Abuesenden*, J.B. Metzler, 1988, S.102f. 栗原隆他訳『シュミットとシュトラウス』法政大学出版局、一九九三年、一二九頁以下。*cf.* J.-W. Müller, *A Dangerous Mind —— Carl Schmitt in Post-War European Thought*, Yale U.P., 2003, p.31f.

(30) Schmitt, *supra* note 27 at 38f. 田中他訳・前出注(27)三五―三六頁。

(31) Schmitt, *supra* note 27 at 30. 田中他訳・前出注(27)二一頁。

(32) Schmitt, *supra* note 27 at 30f. 田中他訳・前出注(27)二一頁以下。なお、*cf.* Böckenförde, “The Concept of the Political —— A Key to Understanding Carl Schmitt’s Constitutional Theory”, in: D. Dyzenhaus (ed.), *Law as Politics*, Duke U.P., 1998, p.37f. もっとも、ヘルマン・ヘラーによれば、「議会主義の精神史的基礎は、現実には、かかる「公開の討論」に対する信頼ではなく、討論に関する共通の基盤の存在と、むき出しの暴力を排除する条件のもとで合意に達しようとする敵対者との公正な競争に対する信頼のうちにある」。それゆえ、「ある一定程度の社会的同質性は、民主的統一体の構成にとって必要だとしても、そのことは、必然的に生起する社会的な相克を排斥することを決して意味するものではない」。一個の統一的な道徳原理にもとづいて、こうした対立を除去しようとする試みは、いかなるものであれ、抑圧と不正義に導くに違いないとして、ヘラーは、シュミットの考え方を基本的に受容しつつも、それを批判的に変容する。H. Heller, “Politische Demokratie und soziale Homogenität”, in: Chr. Müller (hrsg.), *Gesammelte Schriften* Bd.2, A.W. Sijthoff, 1971, S.427f.

(33) W. Henke, “Staatsrecht, Politik und verfassunggebende Gewalt”, in: *Ausgewählte Aufsätze*, Mohr, 1994, S.148.

(34) Henke, *supra* note 33 at 149.

(35) Henke, *supra* note 33 at 149f.

(36) Henke, *supra* note 33 at 150.

(37) S.N. Eisenstadt, *Paradoxes of Democracy —— Fragility, Continuity, and Change*, Woodrow Wilson Center Press, 1999, p.45f.

(38) Schmitt, *supra* note 27 at 24. 田中他訳・前出注(27)一〇頁。

(39) A. Smith, *The Theory of Moral Sentiments* [reprint of the new ed. Published in 1853], p.250 [A.M. Kelley, 1996]. 水田洋訳『道徳感情論(上)』岩波文庫、二〇〇三年、三七二頁。

(40) Fuller, *supra* note 1 at 5f and 9f. 稲垣訳・前出注(1)三―四頁および八頁。

(41) Smith, *supra* note 39 at 251. 水田訳・前出注(39)三七二頁。

(42) L. J. Wintgens, "Legislation as an Object of Study of Legal Theory——Legisprudence", in: L. J. Wintgens (ed.), *Legisprudence——A New Theoretical Approach to Legislation*, Hart, 2002, p. 30.

(43) 芦部信喜「合憲性推定の原則と立法事実の司法審査」同『憲法訴訟の理論』有斐閣、一九七三年、一五二頁。

(44) Chr. Gusy, "Das Grundgesetz als normative Gesetzgebungslehre?", ***ZRP*** 1985, Heft 11, S. 292f.

(45) Gusy, *supra* note 44 at 294.

(46) Gusy, *supra* note 44 at 299.

(47) K. Held, "Civic Prudence in Machiavelli——Toward the Paradigm Transformation in Philosophy in the Transition to Modernity", in: R. Lilly (ed.), *The Ancients and the Moderns*, Indiana U. P., 1996, p. 118f.

11　立法の公共性と政治倫理

はじめに

(1)「立法」という公共空間と「私的なるもの」の滲入

まず表題の「立法の公共性」について一言、付言しておく。立法(Gesetzgebung)とは「公共」的性格のものであると同時に「公」的なるものであること、否むしろ「公」そのものであること、すなわち「行政」「司法」と対置される公権力作用そのものであるということである。したがって、「立法」が「公」ないし「公共的」なるものであることについて、改めて語るべきことは何もない。問題は、この立法という公的作用ないし過程、公共的な討議・決定の空間が、いかに、私的なるものによって不透明なもの、歪んだものにされやすいか、私的利害の滲入を招きやすいか、という点にある。それは、議員という様々な出自・背景をもつ生身の人間が立法の担い手、アクターである以上、構造的・宿命的ですらあるのではないか、ということである。

(2) 立法の成果物たる「法律」と立法過程の「公共性」の維持・演出

そもそも、「立法」の成果物である「法律」(Gesetz)は、国民を直接・間接に拘束する強制力・命令力をもつものである。それゆえ、「立法」の現場が、公衆(Publikum)に対する開放性(Publizität)という意味での「公共性」(Öffentlichkeit)を維持・演出しえない限り、すなわち、特定個人の露骨な私的利害が立法過程を歪め、個人の利権・利得が法律の中味を構成するようでは、国民の信頼を繋ぎ止めることはできない。「司法」を担う裁判官にとって、「公正らしさ」がその生命線とされるのと同様、立法にとって、その過程と成果物の双方において、上記の意味における「公共性」を演じきることが求められるのである。

(3) 立法のアクターである議員の「公」「私」区分の難しさ

二〇〇二年四月、永田町の一角にある職場(国立国会図書館)に身をおいて、いきなりぶつかったのが「政治と金」をめぐる問題での一連の議員辞職や離党であった。これは、「立法」の主体《アクター》ないし担い手《トレーガー》である国会議員の「公・私」のけじめにかかわる問題であり、「立法の公共性」、立法における「公共らしさ」を維持することの難しさというものを考えるうえで、一つの手がかりにはなると思われるので、この点を念頭に置きながら、若干の問題提起を試みてみたい。

ただ、この問題を扱うまえに、前提的な問題として、近年、話題になっている「討議民主主義」とか「熟議民主主義」とかいわれるものについて、国会の審議状況を身近に観察する機会を得た者として、一言、感想めいたことをお話することから始めたい。

一 「討議民主主義」と国会における「質疑・討論」との落差

(1) いわゆる「討議民主主義」論

近年、民主主義論のなかで、「討議(熟議)民主主義」《デリバレイティヴ・デモクラシー》という言葉が飛びかっている。それも、ネイション・ステートの枠組みを前提に、従来の代表民主制の活性化をめざすものから、グローバル化のなかで、既存の制度を乗り越えようとするラジカルなものまで、最近では、多様な展開を示しつつあるが、ここでは、ひとまず、わが公法学者の間で流布しているものを紹介しておこう。

それは、社会という公共空間(圏)で交わされる理性的討議《ディスコース》とそこから生まれる「公論」が、国政選挙やマスコミ等を通じて、議会の立法審議に反映し、国民を拘束する法律の制定を導くと同時に、議会での国政審議が議会内の対立会派というよりも、むしろ、議会の外の「公論」を意識し、そうした公論を形成する市民に向けられることで、議会における公開の討議と決定もまた、議会を超えた広い空間のなかで、じっくりと時間をかけた討議《デリバレイティヴ》の積み重ねのなかから生まれるというものである。つまり、議会の審議・決定から生まれる道理にかなった《ラショナル》立法は、市民の公共空間における理性的討議から生まれるというわけである。

(2) 談論風発の「ディスコース」と議会「討議」(質疑・討論)の違い

この民主政モデルについては、すでに様々な疑問ないし批判が投げかけられているが、いま、その詳細に立ち入る余裕はない。このモデルで支持できる点があるとすれば、それは、公論と議会の審議・決定との間の相関関係の指摘であるが、しかし、それは、昔から語られていることで、このモデルで初めて提示されたわけではない((8)で扱う)。

筆者が、ここで問題にしたいのは、同じ「討議」といっても、社会の公共空間で行われる自由奔放でいつ果てるとも知れない際限のない「談論風発」を通じて、より一層、相互に理解を深め、人格的に高め合う(höherstufige Intersubjektivität)といった意味での「ディスコース」と、憲法上、立法権をはじめとする種々の重要な権限を保持する議会が、法律の定立、予算や条約の承認、内閣の形成や行政各部の監視・監督といった公権力の行使の一環として、フォーマルな議事手続上の約束事に基づいて、賛否の表決を繰り返しながら、その意思決定に向けて粛々と進行するなかで行われる「質疑・討論」とでは、同じ「討議」といった言葉で括りきれないほどの重大な違いがあるのではないか、ということである。

日本でも、ネルソン・ポルスビーのアリーナ型議会、変換型議会の二類型がしばしば、議会というものの理念型を語る場合に使用される。その場合に、前者、すなわち、議会を闘技場《アリーナ》のように理解し、そこで演じられる議員の弁論が立法審議の中心になっているタイプの議会を想定した場合、たしかに、「討議」民主主義は、このアリーナ型議会にマッチするものであると言える。他方で、後者、すなわち、議会というものは、そこに持ち込まれる様々な問題を法律という形式に変換して送り出す変換器《スイッチ》とも言え、この実務的に粛々と立法作業につとめる変換型の議会理解と、大向こうを相手にした華やかな「討議」民主主義とは、はなはだミス・マッチな関係にある。日本の国会は、一般に、このアリーナ型と変換型の折衷型と評されるが、しかし、その立法過程に着目する限り、そもそも、アリーナ型ではありえず、さりとて、ただ単に粛々と法律をしあげてゆくだけの作業型・変換型でもない。その現状は、むしろ、「国対政治」という言葉に示されるように、政治的パワー・ゲームとしての色彩が強い「戦略的行為」型とでも称すべきものである。

(3) 日本における立法審議の特徴

日本の立法審議(本会議)ないし立法審査(委員会)で特徴的なことは、提案者(内閣提出法案の数が圧倒的に多いことからして、主任の大臣等ということになろう)に対する一問一答形式の「質疑」が中心で、「討論」は、提案(原案)に対する賛否の意見表明であって、「ディスコース」とは、ほど遠いことである。二〇〇一年一一月の「衆議院改革に関する調査会答申」が指摘するように、「国会の現状は、事実上結論が出てしまっている問題を、厳しい党議拘束の下、与党が野党の抵抗を排しながら如何に「出口」に辿り着くかというスケジュール闘争の場」に過ぎず、「実質的な議論や利害調整は、いわゆる政党の部会などにおける事前審査、政府と与党の予算折衝、政府と業界との調整という、一般国民の目の届きにくい所で行われている」。この点に着目するならば、それは、「戦略的行為」型というよりも、むしろ、Anteroom(控えの間)型とでも評すべきものであろう。

国会において、「ディスコース」ないし「談論風発」に当たるような議員の気軽で軽妙な「論議」の場をもとめるとすると、それは、国会発足当初、GHQの肝いりで実施された「自由討議」(モデルは、合衆国議会のワンミニッツ・ディベート)であったろう。しかし、それも、実際には、議員の間の自由な意見交換というよりも、むしろ、雄弁大会に近いものであったことは、当時の議事録からも明々白々である。また、国政審議の活性化のために、イギリスのクエスチョン・タイムを模して始められた「党首討論」にしても、「対論」というよりは、経済国会といわれた第一五五回国会(会期二〇〇二年一〇月一八日―二〇〇三年一月一九日)での党首討論を見聞する限りは、予算委員会における首相に対する一般質疑に近い。また、数分間しか出番のない野党党首にとっては、首相との「討論」の機会は、テレビ・カメラの向こう側の「国民」を少なからず意識した「発言」の舞台でしかありようがない。

(4) 立法の審議ないし審査の特質

議会における立法の審議とは、そもそも「ディスコース」とは無縁な、立法権力という公権力そのものの発動にかかわる形式ないし手続上のものである。その特質は、法案等に含まれた①一定の政策目的の当否、②当該目的達成の手段・方法の妥当性、③当該目的と手段・方法との関連性、必要性等について、国内外の政治的情勢や憲法上の制約(とくに、当該手段・方法により制限を受ける国民の権利・自由の態様)を踏まえた精査にある。また、その活動は、予め定められたタイムスケジュール(議事日程、時間割り当て)のなかで、議事の進行(それは、すべて、動議motionによって行われる)に応じて次々と繰り出される「議題」に対して、賛否の態度ないし決定を表明し、結論(終結)に向かって突き進んで行くことにある。そこでは、議員は、つねに、待ったなしの決断を迫られるということである。そこで、議員が働かせる「知」(Wissen)とは、ゲーテが描いたファウスト博士のような、「悪魔に自分の魂を売り渡してでも、この世の奥の奥を支配しているものを「知」りたい」(樋口陽一)といった知的衝動ではなくて、議員にとって「まったなし」の全人格的な決断、直感的な決定、その判断の結果責任が、後で、有無を言わせず問われることになる、そうした政治家としての決断・決定を行ううえで、どうしても「知」っておかねばならないという衝動から発するものである。それは、「熟議」といった言葉とは無縁な、決断の連続である。

(5) ‘**parliament**’の語とその制度の由来

議会の「議論」との関係で語られる「討議民主主義」とか「熟議民主主義」とかには、‘**parliament**’という言葉、その語源であるフランス語の‘**parler**’ないし中世ラテン語の‘**parliamentum**’に対する過剰な思い入れ、入れ込みがあるのではないか。ラテン語の‘**parliamentum**’という言葉は、そもそも、修道院の回廊中庭で、修道士たちが催した正餐のあとの会話について用いられたものである。そして、一三世紀の修道院規則は、この会話を「はしたないものだ」として非難している。この語は、当時、フランス国王ルイ九世とローマ教皇インノケンチウス四世との間で行われた宗教会談(一二四五年)、スコットランドのアレキサンダーとリチャード(イングランド王ジョンの第二子)との外交交渉(一二四四年)にも使用される。セント・オールバンズのパリスは、‘**parliament**’の語を、一二三九年の聖職者、伯爵および封建家臣(貴族)からなる諸侯大会議に初めて用いた。この時から、この言葉は、漸次、この会議体に使用されるようになる。しかし、その言葉は、騎士身分や都市市民層(庶民《コモンズ》)の代表の出席を必ずしも含むものではなかった。当初、会話そのものを指示していたこの言葉は、徐々に、会議のために集合した人々の団体に転用されるようになる。そして、エドワード一世統治(一二三九―一三〇七年)の時代から、それは、地方や都市の有力者(代表)をも集めた会議体を指示するものとして一般に使用されるようになる。[1]

この言葉の沿革からして、**parliament**とは、相互に話し合うために会議・会談を催すことである。主催者は、その時々の国王である。国王は、彼の王国の構成員と話し合おうとした。そのために、国王は、議会(a parliament)を召集する。**The parliament**ではなく、**a parliament**である。国王は、特定の日、特定の場所(それは、つねに同一の場所ではなく、あるときはヨークで、また、あるときはウェストミンスター等々、国内各地で開かれた)へ、王国の有力者(伯爵・封建貴族、高位聖職者)を、そして、後には、庶民《コモンズ》の代表を呼び集めた。国王は、彼らから「助言と援助」を得るためであった。それは、つねに、緊急の場合であった。援助は、とくに、特別の課税に対する同意、そして、また、出兵のための兵士と軍備品の調達でもあった。次のことは、注意しておかねばならぬ。当時においては、王国全域にわたる恒久的な課税制度というものは知られていなかったということ、すなわち、税は、つねに例外的な手段であったということである。国王は、王国全体のために必要な緊急の経費を捻出するためには、「王国の同意」を必要としたのである。この同意を取りつけるために、本人(貴族・聖職者の場合)または、「全権」を保持した代表者(庶民の場合)が呼び集められたのである。(なお、代表者たちは、金銭の供出と引き替えに、国政に関する種々の苦情を国王に請願の形で申し立てるが、近代的な立法は、この請願《ペティション》の個別的な処理(それは煩瑣であった)が、包括的な法案《ビル》の方式に代えられ、一般的・公共的利害にかかわる苦情の申立・請願《コモン・ペティション》が公法案《パブリック・ビル》として優先的に処理されるようになったなかから生じてきたものである。)

(6) 人民全体の「同意」の技法としての「全権委任」

この「全権」を帯びた代表者が国王の指定した場所に集うということは、大変に重要な意味をもつものであった。というのは、「主権」という「国家の永続的にして最高の権力」の概念が構成され、その「公的なるもの」の冒頭に立法権、すなわち、「他のいかなる者の同意もなく、すべての人ないし個人に法律を与える権力」(ボーダン)が挙げられ、法律が主権的意思の表明、主権者の命令であるとの観念(そこでは「同意」は必要とされない!)が登場する以前にあっては、この「全権委任」の方式こそが、すべての者の「同意」を取りつけうる唯一の方式であったからである。

つとにイェリネクが明らかにしているごとく、代表者の「同意」を代表されるもの全体(全員)の「同意」と見なす法技術とは、ヨーロッパ後期中世において身分制議会が登場してきたときに、「国王が訓令に基づく代表者からなる議会活動の不便さを考慮して、はやくから議会の招集状のなかで代表者に対して全権(plena potestas)を付与するよう求めていた」定式である。この定式によって、代表者と国王との協議・決定が、あたかも、その協議・決定に全員がその場に居合わせたかのごとく、執り行われ、全員を拘束するものと擬制されたのである。

全権委任の定式は、当時の教会法の訴訟手続から借用されたものである。そこでは、本人から全権委任を受けた訴訟代理人が、法廷において、原告または被告の代理として、「あたかも本人がそこに居合わせるかのように活動し、本人からの特別の委任をうけず、すべてのことに対処することができた」(G・ポースト)のである。この定式は、一三世紀中葉には、訴訟手続を超えて、広く商取引、外交関係にも利用されるようになり、議会の招集に際しても用いられるようになる。一八世紀末のフランス市民革命期には、それは、憲法上、全国民の代表たる議員に対する「自由委任」もしくは「命令委任の禁止」として明定され、議員に特定の選挙民や団体との特約によって特殊な利益、私的利害を議会の場に持ち込ませないためのマグナ・カルタとして語られるようになるが(全権委任の定式に盛られた「個人として、または代表者を通じて」との文言のうち、「個人として」の文言は、直接、国民が自ら立法の決定に参加する直接民主政の文脈で理解され、語られるようになる)、それは、ボーダン以来の主権ないし立法概念が普及した大陸諸国では、もはや、全員の「同意」を取り付ける法形式としての「全権委任」の定式(領域を支配する「主権的」権力者から一任を取り付ける方式)を必要とはしなくなったことによるものである。それに代わって、「全国民の代表」「自由委任」ないし「命令委任の禁止」という定式から、この「主権的」代表者による決定は、主権者たる国民が自ら決定したものとして、国民自らを拘束する、との命題が引き出されることになるのである。

(7) 議会における立法の審議・審査と決定形式としての多数決原則

議会の立法審議・審査もまた、旧くは、こうした全権委任(代表)の観念に支えられて、また、近代以降は、「全国民の代表」という観念のもとに、国民の代表者による審議・決定を経ることで、国民的同意を取り付ける手続である。とくに近代議会については、討議民主主義で語られる「理性的討議」を経ることで、法律案の内容は一般性・抽象性を獲得し、すべての国民をわけへだてなく規律ないし拘束しうる理にかなった一般法律に仕立て上げられるとされる。しかし、それは、議会における「理性的」な討議という、討議の帰結を先取りした前提から論理必然的に導かれるトリッキーなものであって、およそリアリティに欠けるものである。

「理性的」という形容詞を取り払った議会について考えると、そこでの審議・決定が、そこで必要とされる手順を踏んだということだけであって、そうした手順を踏んだというだけでは、そこから、論理必然的に国民を拘束するリーズナブルな法律が生まれ出るはずのものではない。そもそも、知識人の間で交わされるような「ディスコース」が、議会の審議過程で展開されるわけではないのである。そこでは、なにはともあれ、最後に、多数決という手順を踏むことで、議会のみならず、議会が代表する国民全体の「同意」のあったものと見なされ、実際に、国民を拘束する法律が作られるのである。

⑻　世論と議会立法の関係

もちろん、討議民主主義論が指摘するように、社会のなかで様々な形で形成される「公論」が議会の立法に大きな影響を与えることは、社会に対して開かれた議会の性格からして当然のことである。それは、ダイシーがすでに、一九世紀のイギリスについて「世論」と「議会立法」との間の密接な関係を克明に検証したところからも明らかである。

ただ、ここでも留意しておきたい点は、議員の国民や世論に対する応答は、両者の間のフラットなコミュニケーション云々を問題にする以前に、そもそも国会議員が、立法という公権力行使に携わる、国民から受託された「公職」の保持者として、議会における自己の行動ないし決定について、信託者たる国民に対する責任(responsibility)、とくに、その説明責任(accountability)、その果たすべき説明義務を尽くさなくてはならない、というコンテキストで理解すべきことである。

二　議員における「公」と「私」のケジメ

(1)「八百屋で魚」の名(迷)言とわが国の政治倫理法制の枠組み

かつて、田中角栄のロッキード疑獄事件が浮上した折、警察庁出身の国会議員で、法務大臣を務めた秦野章が、「政治家に古典的倫理の正直や清潔などという徳目を求めるのは、八百屋で魚をくれというのに等しい」との名(迷?)言を吐いて話題を呼んだが、この事件が契機となって、日本でも、政治倫理確立のための方策が検討され、一九八五年の国会法改正により、「政治倫理」の章が新設され、各議院の議決する「政治倫理綱領」および「行為規範」を遵守する義務が定められた。そして、「倫理綱領」を具体化した「行為規範」に違反し、政治的・道義的に責任があると認められる議員の事案について審査し、一定の勧告を行う機関として、各議院に政治倫理審査会が設置されることになった(2)。

一九九六年の加藤紘一議員から二〇〇六年の伊藤公介議員まで、衆議院でこれまで、八名の議員について審査会が開かれている。審査会規程によれば、審査の結果、「行為規範」に違反し、政治的・道義的に責任があると認めたときは、当該議員に対し、①行為規範の遵守の勧告、②一定期間の登院自粛の勧告、または③役員もしくは特別委員長の辞任の勧告を行う、とされているが、勧告は過半数ではなくて、出席議員の三分の二で決するとされていることもあり、これまで、一度も勧告が行われたことはない(3)。審査会は「疑惑を受けた議員の駆け込み寺」だと、揶揄されるゆえんである。

とはいえ、議院(員)が、自ら、あるべき議員像を示した「政治倫理綱領」において、「われわれは、主権者たる国民から国政を信託された代表であることを自覚し、政治家の良心と責任感をもって政治活動を行い、いやしくも国民の信頼にもとることがないよう努めなくてはならない」とし、「政治不信を招く公私混淆を断ち、清廉を持し、かりそめにも国民の非難を受けないよう」にしなければならぬ、としたうえで、「全国民の代表者として、全体の利益の実現をめざして行動することを本旨とし、特定の利益の実現を求めて公共の利益をそこなうことがないよう努めなければならない」と明言している。ここには、国政にかかわる公職者として、「公私」混同を自戒し、そもそも国民代表者として、特定利益の実現をもとめて「公共の利益」を損なうようなことがあってはならないとするノブレス・オブリジュが熱っぽく語られている。しかし、現状は、これとはほど遠く、「国民全体の利益(公共利益)でなく、私的利益を求めているのではないかとの疑念が拭い去れないような場合もまま見受けられる」(「衆議院改革に関する調査会答申(二〇〇一年一一月一九日)」)のである。

(2)　イギリスの「下院議員行為典範」の仕掛け

この点で、議院における法案審査・討議等の公的手続ないし空間において、議員個人の金銭的利害(私益)の混入を出来るだけ排除しようとする一九九六年のイギリス「下院議員行為典範」の仕掛けが注目に値する。それは、次のようなものである。

議員は、まず何よりも、公衆から信託を受けた者として、国民全体および自らの選挙区の利益(公益)のために行為する義務を負い(これは、個々の議員が、自己の選挙区の利益を弁護するということは、長い目で見たとき、結局のところ、国民全体の一般的利益をもたらすものだとする論理である。また、その背後にあるのは、天下国家や人類全体といった高邁な目的ないし高貴な利益に仕えるために、自らの選挙区の利益を常に犠牲にすべきだという議員は、実際には、当該議員に託した選挙民ないし国民の信託を裏切るものだという考えである)、ただ、議員の私的利益と公共利益とが衝突する場合、常に、後者の公益の側に立ってこれを解決すべきものとされる。すなわち、議員は、議会の廉潔性に対する公衆の信託・信任を維持し、高めるよう、常に行為するものとし、下院またはその議員一般の不名誉となるような行為(dishonourable conduct)を行ってはならないものとされる[4]。そして、この行為規範は、議員が議題とされた法案等に利害関係を有する場合には、事前に、これを開示する制度(フローの登録。一九七二年のポールソン事件(建設業者が受注に際して、議員や公務員に賄賂を贈った事件)を機に一九七四年に下院議員収益関係登録制度を導入)と結びつけて、その実効化がはかられている。下院では、次のような手続がとられている。

討議の際、ある議員(a Member)が、その討議に関連する金銭上の利害を有するとき、――利害の性質およびその直接性・間接性の如何を問わず――それらをすべて表明しなければならない。金銭上の利益が表明を要するほどに議題と十分な関連性を有しているかどうかの判定は、下院構成員(the Member)の責務である。関連性の有無は、他者の目からして、件の金銭上の利害が当該議員の発言に影響を与えるものと見るのが妥当か否かによって判断される。議題との間に顕著な関連性があると判断した場合、議員は、発言の冒頭で、その利害を表明すべきである。また、議員が、利害関係簿に、当該利害をすでに登録してある場合には、単に、その点に注意を喚起するか、もしくは、その場で、より完全な開示を行うかは、自らの判断で決める事柄である。ただ、開示表明は、その聴き手が、当該議員の金銭上の利害の性質を理解することができる程度に十分な情報を提供するものでなければならない。この開示表明に関するルールは、下院本会議の議事だけでなく、議員が発言する機会を有する委員会等のすべての手続に適用される[5]。

(3) 議員をとりまく環境の激変

イギリスで、一九九〇年代の半ば過ぎ、こうした仕組みが作られることになった直接の契機は、保守党政権末期、保守党議員が、議会で質問を行う見返りとして、業者から賄賂を受け取っているとのマスコミ報道(一九九四年七月の『サンデー・タイムズ』)であるが、その後、同じ保守党議員のなかから、議員の利害登録義務違反やエジプト国籍の資産家・某氏(その息子はダイアナ皇太子妃と交通事故で死亡)のイギリス国籍の取得について議会での質問の見返りに賄賂を受け取るといったスキャンダルが、相次いで発覚したことである。しかも、それは、七〇、八〇年代から徐々に進行していた、従来、イギリス社会の諸々の意見・要求・利害等を集約し、議会に媒介してきた政党システムが動揺し、議員個人の役割、個々の議員の政治的影響力が増大した結果、アメリカと同様、業界等のロビイング活動が活発になり、特定議員の「不名誉な行為」となって浮上したものである。

すなわち、①八〇年代に、サッチャー政権の下で行政改革が進行し、企業など利益集団の行政に対するアクセスが困難になるとともに、政策の焦点が分配から再分配に移行していったこと、②広告会社などを中心にロビイング会社が増大し、ロビイストが一つの職業として定着していったこと、③一九七九年の省庁別特別委員会の設置により議会で企業など利益集団が意見を表明する機会が増大するとともに、一九八〇年代における議会審議のテレビ中継解禁によって議会で論議の対象となった問題が世論の注目を集めるようになったこと、④議員個々人の政党の指示に反した造反投票が増大するなど、議員の議会での活動範囲と影響力が拡大していったこと、⑤歳費と職務手当が極めて低い水準に抑制されているなかで議員の専業化が進行し、政策調査費あるいは生活費として企業などが提供する資金や人員が重要な意味を有するようになったことなど、[6]政党と議員をとりまく環境が大きく変化したことによるものである。

(4)　パブリック・トラストとしての議員職

議会というシステム、立法というプロセスを論ずる場合、政党を抜きにした議論は、おおよそリアリティを欠く非現実的なものだとするのが、従来の憲法学、憲法科学(社会科学)の常識であった。しかし、ここに来て、改めて、議会を構成する議員そのもの、立法の基本的アクターとしての個々の議員に着目すべきだとの見解がかなり強くなってきているように思う。その背景には、先に述べたような時代の変化があるのであろう。

ここでは、「議員」という職(office)の意味ないし意義について、常識的ではあるが、改めて、その意義を確認しておこう。

「議員」ないし「代議士」と呼ばれる議会の構成員とは、通常、国民のなかから選挙で選ばれ、議会に付与された立法権(国家権力・公権力)の行使に参画することを負託された者である。この意味において、議員とは、単純に、決断ないし決定をなす「主体」ではない。この議員という「職」は、国民から「トラスト」すなわち、「信託」された権力、国民から負託された「職務」であり、それは、公益ないし公共目的の実現をめざして行動することが期待されている「高貴な職責」「公職」である。この「公職」の観念は、古代ローマ法に由来するものであるが、中世カソリック教会の制度を通じて、近代国家に伝えられ、「公」行政を担う「官職」のモデルとなったものであり、それは、同時に、近代の代議制、議会民主政を担う「議員職」のモデルをなすものでもある。フランス革命後の大陸諸国の議会制民主主義論は、通常、国民主権とか国民意思・議会意思といった「意思」概念に基づいて立てられ、展開されるが、しかし、アングロサクソン諸国では、行政および司法の官職をも含め、公権力の保持者は、基本的に、国民から「トラスト」をうけたものとして観念されているように思う。日本国憲法も、この観念の影響を強く受けており、それは、前文の「そもそも国政は、国民の厳粛な信託によるものであつて、……」の文言からも読みとることができる。これは、バークが語る次のような思想に裏打ちされたものであろう。「権力の一部であっても、それを保持する者(公職者)は、すべて、トラストに基づいて活動するという観念を、当然のことながら肝に深く銘じなくてはならぬ。すなわち、彼らは、社会の偉大なる主人公、作り手、創設者に対するかのトラストに応え(account)なくてはならないのだ」。

(5) 民主政のもとでの立法者倫理

これは、そもそも国民から託された、自立性・独立性の強い議員職の保持者には、その職務を誠実に履行し、おおよそ国民の信任を欺くようなことはあってはならぬという、個人倫理を超える「公共倫理」が伴うとする考え方である。

議会民主政のもとで、「公共倫理」に関わって、議員に求められる道義ないし議員に課せられる義務には、（上述の秦野のように、「八百屋で魚を求めるようなものだ」と割り切るならばともかく、そうでない場合には、少なくとも）三つのものがある。その第一は、立法部の自律性（autonomy）にかかわるものであり、議員は不適切な影響力から自由な立場で、議論に参加し、決定を行わなくてはならないというものである。多くの国の議員倫理規定に見られる、私的な利害ないし動機に基づく影響力の行使を禁ずる準則の定立が、その例である。議員の第二の義務は、国民ないし選挙民に対する説明責任（accountability）にかかわるものである。議員が議会の場で、どのような発言をし、どのような決定・判断をしたかについて、国民ないし選挙民（Öffentlichkeit als Publikum）は、十分にその内容を知る必要がある（会議公開・会議録公表等の徹底）。この場合、問題は、議会という公開の場（Öffentlichkeit als Publizität）ではなく、政党本部や密室会でなされる議員の立法活動にかかる発言ないし決定をどうやって、国民ないし選挙民が知り、また、議員が説明責任を果たすかという点にあろう。議員の第三の義務は、議会という会議体・構成体に対する責任（responsibility）にかかわるものである。議員は、単に、自らの議会活動について、国民・選挙民に対して責任を負うだけではなくて、彼らが活動する舞台である議会そのものに対しても責任を負うのである（欠席常習者の公表と制裁）。

このように整理すると、議員個人の金銭的利害にかかわる政治倫理規定に関する問題は、とくに第一の議会ないし議院の自律権の問題であることがわかる。それは、裁判所に丸投げしてはならない性質の問題である。金銭的スキャンダルで議員職に対する国民の「トラスト」の失墜を招くことは、議会制民主主義はもとより、立憲民主国家そのものの正当性の喪失に導くことになりかねない。われわれの拠って立つ議会民主政や立憲民主政は、個々の具体的な、相互に対立しあう諸利害を調整し、「立法」の形式で、「公的なるもの」へと仕立て上げるシステムである。この濾過過程において、「公共性」、すなわち、議会における審議過程の開放性（Publizität）と公衆（Publikum）による監視こそが何よりも要請されるのである。

（1）N. Wilding & P. Laundy, *An Encyclopaedia of Parliament*, 3rd ed., Cassell, 1968, p. 509f.

（2）衆議院・参議院編『議会制度百年史　議会制度編』大蔵省印刷局、一九九〇年、二一〇頁。

（3）前田英昭「国会議員の倫理と懲罰」『議会政治研究』六三号、二〇〇二年、一八頁。とはいえ、必ずしも無傷ではなく、その後、議員辞職を余儀なくされたり、次の選挙で出馬を断念したり、落選したりした者も少なくない。

（4）The Code of Conduct for Members of Prepared Pursuant to the Resolution of the House of 19th July 1996.

（5）*Erskine May's Treatise on the Law, Privileges, Proceedings and Usage of Parliament*, 22th ed., Butterworths, 1997, p. 421.

（6）大曲薫「ブレア政権とイギリス型議会制民主主義の変容」『レファレンス』六二一号、二〇〇二年、一七頁。

補論Ⅳ　「より良き立法」に向けた法案審査の課題

1　「目的－手段」と「要件－効果」の関係

「現代日本社会における法の支配」を統一テーマとして開催された二〇〇五年一一月の日本法哲学会学術大会において、高橋和之は、政治的思考と法的思考の違いを「目的－手段」思考、すなわち、「一定の目標を設定しその実現を目指す」政治活動と、「要件－効果」に還元される法律論理によって特徴づけ、「政治を法により枠づけるという法の支配の要請は、一定の目的を追求する政治に対し、少なくともその活動が国民に対する強制力の行使となる場合には、それを「要件－効果」の構造に翻訳・規定して行うことを求めることになる」と説く。(1) この高橋の言明を踏まえ、立法学が政治や行政の具体的な政策を「良き法律」に仕立て、法によって政治を規整する実践の学たろうとするためには、立案の現場で、いかなる法律要件を設け、それにどのような法律効果を与えれば、法的枠組みのなかで、政治家や行政官(さらにはＮＧＯ等の市民団体)の目指す政策目的の実現に資するか、との課題に応えうるものでなければならない。これには、まずなによりも、われわれが、法案の立案作業を通じて蓄積された法制官僚のノウハウの吸収から始めるべきであろうし、法制官僚もまた、「良き立法」の実現のために、そのノウハウを惜しみなくわれわれに提供すべきであろう。

ただ、先の高橋の言明で気になるのは、「目的‐手段」を政治的思考、「要件‐効果」を法的思考と割り切っている点である。政治的な政策の立法化（法案の起草）に際しても、「目的」が起点になることは、立法学の草分けとも言える小林直樹の「目的はまさに立法の根本の核である」[2]との言説や、法制官僚トップを務めた高辻正巳の「立法作業を進めるにあたつて第一に問題となる点は、いうまでもなく、立法の目的（原文では「内容」とあるが、高辻は「内容」は「目的」によって決まると考えるので、ここでは「目的」を第一義とする）をいかに定めるかということである」[3]の言説からも明らかである。立法目的が定まらなければ、それを実現するための法的手段も立たないことは立法現場のイロハであろう[4]。法案の立案にあたっても、「目的‐手段」の「目的」は踏襲されるのであり、その実現「手段」が「要件‐効果」で示される法的鋳型に嵌め込まれるのである。

2 「立法目的」の明確化と「立法事実」の解明

法律の立案に当たっては、まず、当該法律的規制が必要とされる社会・経済・文化的な一般事実、いわゆる立法事実を明らかにし、整理することが求められる。しかし、ここでも、まず、当該立法が何を目的とするのか、すなわち、その焦点が定まらなければ、こうした有象無象の一般事実のうち、何が立法にとってレレヴァントで、何がレレヴァントでないか、実際には何も見えてこない。この意味で、立法事実を見出し、それを整理するためには、まずもって、政治家・行政官等の政策担当者と立案担当の法律専門家との間で、明確な形で「立法目的」が共有されていなければならないのである。

「より良き立法」の実現という視点からは、立案段階（これは、現状では与党・政調と霞ヶ関官僚の独壇場に近い）だけではなく、野党がある程度、主導権を発揮しうる国会両院の法案審査においても、当該法案の立法事実を踏まえた審査手法の開発が求められる。とくに、二〇〇七年七月の通常選挙で与野党逆転した参議院では、憲法六二条の国政調査権をフルに活用しうるようになったことから、政府提出各法案の立法事実にかかる資料・データで表に出していないものも積極的に入手し、法案審査の活性化につなぐこともできるであろう。しかし、この際、国政調査権について、現在の予備的審査制度のような中途半端なものではなく、少数会派の権限として発動しうる形に改めるべきであろう。(5)

ところで、ネット検索が可能となった国会議事録を改めて調べてみると、一〇年ほど前から、法案審査の場面で、当該法案の「立法事実」に言及する議員や政府参考人等が増えてきたことがわかる。「立法事実」という言葉は、一九七〇、八〇年代に税制改正(北野弘久)、国籍法改正(田中宏)、指紋押捺問題(萩野芳夫)等の審議の際、参考人が国会に持ち込んだものであるが、九〇年代に入ると、弁護士資格をもつ若手野党議員の間で使用されるようになり、九〇年代末から衆参の法務委員会を中心にうなぎ登りにその使用例が増大し、今日に至っている。ただ、初期の頃は、「立法事実」を「立法の事実」と理解し、国内外の立法の存否(有無)を問うたり、「法律事実」と解し、議題となっている法律要件を構成する事実に該当するものを問題にするほか、「立法意思」「立法目的」「慣習法」など、その用法も一定していなかったが、現在では、主として弁護士出身の野党議員が、あたかも法廷における事実の存否をめぐる審理手続のごとく、議題となっている政府提出法案の立法事実の存否を問題にし、これに政府参考人や大臣・副大臣が応答する形で使用され、法案審査に生かされるようになってきている。

3 「事実」に基づく「将来的事実」の精査

国会審議の場で、野党議員が議題となっている法案の「立法事実は何か」を問い、これに、政府参考人等が「かくかくしかじかの立法事実を踏まえております」と応じたことが議事録に残されるようになってきたことは、「より良き立法」という視点からは一歩前進である。しかし、法案提出者が提示した単なる事件や事態、統計や資料等の「事実」をもって、当該法案を支える「立法事実」が明らかにされたとは言えない。先に指摘した「立法目的」との関係で、そうした「事実」がどのような意味を持つか、すなわち、当該法的規制によって、将来、そのような「事実」にどれだけの変化が「予測」され、その際、誰が、どれくらいの期間、また、どの程度、負担を負い、あるいは負担を軽減されるのか、さらには、当該法規はその受範者の行態を意図したとおりに変更しうるのか、そして、執行に伴う経費と得られる便益の間に釣り合いがとれるのかなど、提示された「事実」が当該立法措置によってどう変わるか、の解明が求められているのである。この立法による現状の変化をさきの事件や統計資料等の「既存の事実」に対して「将来的事実」と呼ぶならば、そこで問われるべきは、まさに、法案立案者が、「既存の事実」を踏まえて当該立法措置によりこれから達成せられるべき「将来的事実」(将来の状態ないし帰結)をどう捉えているのか、その達成可能性は合理的根拠に裏付けられたものか、ということでなければならないはずである。そうでなければ、「既存の事実」に対して何らかの手当、改善を施そうとする新規立法もしくは改正立法に対する十分な審査とはならないからである。

国会における「立法事実」の有無をめぐる法案審査の問答に物足りなさを感ずるのは、法案の提案者と質疑者がともに、提示された「立法事実」をどう評価しているのかが見えてこないことである。これでは、折角、両者が立法の基礎となり、前提となる「事実」を共有しながらも、それを「立法の改善」につなげてゆくということには必ずしも結びついていかない。法案の、そして、より一般的には、すでに公布され解釈・運用されている法律それ自体の「評価」をどのようにして行うのか、その手法の開発が、いま求められているように思われる。

4 法案の事前審査システムのあり方

法案の内容は、立法事実を底辺、ベースとし（厳密には、既存の事実とその内容の実定化によってもたらされうる架空の将来的事実の二重底）、立法目的を頂点として、当該目的を達成する手段が両者を結ぶことで立体的に構成される。その際、いずれにしろ、もっともなものとして語られる「目的」はともかくとして、目的達成の「手段」は憲法の規定、とりわけ権利章典が保障する基本的人権に抵触ないし必要以上の負荷をかけるものであってはならず、法案審査も、通常、この点に細心の注意を払っていることは、「良き立法」の観点からして当然のことである。だが、しかし、法案の憲法適合性審査は、政府提出法案について内閣法制局、議員発議の法案について衆参各院法制局に丸投げされているのが実情である。有能な法制官僚の憲法解釈に委ねるのも、一つの考え方であろうが、憲法上、最高裁が終局の憲法解釈権を保持することとのバランスからして、法案段階における事前の憲法解釈については、「唯一の立法機関」として法案審査を行う国会が自らの責任において果たすべきとの考え方も成り立ちうるであろう。

実際、ヨーロッパ諸国、とりわけ北欧の議会には、法案の事前審査を行う憲法委員会が設置され、現職の議員が憲法の専門家の助言を得ながら、憲法上疑義のある法案について合憲性の判定を行っている。衆議院憲法調査会の海外調査団がフィンランド国会憲法委員会のメンバーから聴取した話では、①憲法委員会では表決が行われることは稀であること、②日常の政治の動きとは関係なく、超党派で行動するよう努めていること、③多くの憲法の専門家の意見を聴取し、意見が異なる場合にどうやって解決すべきかを考えること、④過去に憲法委員会が表明した意見との整合性を重視し、新たな見解が過去の意見と大きく食い違う場合には根拠を示さなければならないこと、要するに、憲法委員会での審議は、理屈を重視しており、政治的な立場の争いが持ち込まれることはない、ということであった(6)。

この点に関して、二〇〇七年五月に公布された憲法改正国民投票法に基づいて、第一六七回国会で衆参両院に憲法審査会が設置されたことに注目したい。(7) 同法によれば、憲法審査会は、憲法改正原案の作成・憲法改正の発議や憲法改正国民投票法等の審査だけでなく、憲法典に密接に関連する基本法制をも「広範かつ総合的に調査を行」うことをその任務とするからである。この基本法制の調査に際しては、憲法典である日本国憲法と「基本法制」を構成する法律ないし広く法令との整合性ないし適合性の有無も重要な一部を構成すること、そして、さらには、「基本法制」に当たるかどうか微妙な法律ないし法案であっても、当該法律(案)のなかに憲法上疑義ある条項が含まれているような場合には、その性質上、憲法審査会の「調査」ないし「審査」の対象とされてもおかしくはないからである。

ここでは、現在、法案に対する事前の憲法適合性審査の仕組みとして、従来どおり法制官僚に委ねておくべきか、それとも、憲法審査会の発足を機に、これを憲法委員会的なものに育てていくべきか、もしくは、憲法を語る口は一つあればよいのだから、あらゆる法案について独自に事前審査を行う権限を有する憲法委員会を国会そのもの(あるいは何らかの形で改組された参議院)に設置すべきか、または、カナダに見られるような最高裁の勧告意見といった方式を導入すべきかが、「より良き立法」のための事前審査の仕組みとして、改めて問われているのではなかろうか。

5 「目的－手段」審査における「改正経過」の意義

個々の法律の立法事実にかかる情報の詳細は、法律の施行を所管する省庁や法案の起案部局等が保持するが、国会も、憲法六二条の国政調査権はもとより、議事法上のテクニックや補佐機関等を有効にフル活用すれば、(官僚は出し惜しみするであろうが)そうした官庁情報にとどまらず、それ以外の周辺情報も入手できるはずである。国会が「より良き立法」のために、法案審査において当該法案の「立法事実」を明らかにし、その評価を行う必要があるのは、委員会等、公開の討議の場で、国民の各層、各地域を代表し、様々なキャリアをもつ議員が(もちろん、特定の官庁・部局や業界・組合等の利益のみを代弁する議員が存在するとしても)、「立法事実」について、多様な角度から種々の評価をなし、立法の公共性を高めうるからである。

立法は、所定の手続を踏んで成立した法律の公布によって、その過程を終結する。しかし、法律が公布されただけでは、未だ法として完成せず、関係機関による解釈適用をまって初めて実定法として通用すること、そして、当該適用法律の憲法適合性の有無は、裁判所、とりわけ、最高裁の終局審査に委ねられていることはいうまでもない。その際、裁判所は、通常、立法事実に依拠した審査方法、すなわち、当該立法の根拠となる事実をもとに、その目的の正当性・合理性、目的・手段の関連性の有無等について、立法時に行われたとほぼ同様の手順で審査を行うが、裁判所の場合、基本的に訴訟当事者が提出する資料に依拠せざるを得ず、立法事実に関する情報量の点では、とうてい国会や官庁のそれには及ばない。

ただ、そこで争訟事件となって事案に適用せられるべき、具体的なある法律のある特定の条項に関する「立法事実」ないし「目的－手段」の審査にかかる事実ということになると、裁判所の方が、大雑把な国会よりも、ピンポイントでのきめの細かい事実の検証は可能である。とくに、旧い法律で、これまでに幾度か改正を経たものについて、過去の改正経過まで辿らなければ、当該法律のある規定の立法事実が判然としないような場合、むしろ、裁判所が相当綿密に過去の立法事実を検証しなければ、当該規定の目的や目的と手段の関連性、必要性について判断することができない。その例として、ここでは、森林法一八六条の共有森林分割制限について、一九五一年法(現行法)一条が明定する「目的」ではなく、前身たる一九〇七(明治四〇)年法に遡及し、その目的を「森林経営の安定を図ること」に求め、そこから当該制限規定は「同条の立法目的を達成する規制手段として合理性に欠け、必要な限度を超えるもの」として違憲とした一九八七年四月二二日大法廷判決(民集四一巻三号四〇八頁)をあげておこう。これは、①明治維新の変革期に幕藩時代の山林管理策が崩壊し、それにかわるべき維新の管理策もたてられず、林野の荒廃が進行したことから、[8]明治政府が軌道に乗り始めた一八八〇年代に森林法草案が策定され、一八九七(明治三〇)年、ようやく、森林の保安機能に重点を置いた監督取締り法規(消極規制)としての性格をもつ第一次森林法が制定されたこと、②一〇年後の一九〇七年に、先に述べた産業助長法規(積極規制)としての性格をもつ第二次森林法に改定されたこと、そして、③四四年後の一九五一年には、さらに「森林の保続培養と森林生産力の増進とを図り、もつて国土の保全と国民経済の発展とに資することを目的とする」現行第三次森林法へと改定された経緯を踏まえた判断である。しかも、それは、〇七年法において「第一章総則」中の「第六条」として置かれていた共有森林分割制限規定が五一年法では、「第七章雑則」に移され、現行法の目的規定との「直接」の結び付きが断たれてしまったという経過を詳細に調べ上げたうえでなされた判断である。ここでも「目的」の認定が規制法規の性格を決定づけているが、こうしたある法律のある条項の改正経過にかかるミクロな事実の検証とその意味づけは、裁判所でなければよくなし得ないところである。

6 「より良き立法」への契機としての与野党衆参分割支配

二〇〇七年七月二九日実施の通常選挙の結果、政権与党の自民・公明両党が大敗、民主が大勝し、参議院において野党が過半数を制することとなった。これにより、わが国の議会政は、巨大与党が支配する衆議院と野党が主導権をもつ参議院とが対峙する、これまで経験したことのない未知の領域に入った。この衆参における与野党の「分割支配」(ねじれ)のもとで、従来の立法過程は大きく変化せざるを得ないであろう。しかも、この事態は、国会における従来の法案審査のあり方を見直すチャンスでもある。

ウィンターは、よき品質の法律を確保するための立法過程のモデルとして「フォーラム型」を提起している。(9) これは、一言でいえば、国民や専門家も参加しうる開かれた討議ないしコミュニケーションの場として法案審査を考えるものである。立法過程における法案の評価・修正に力点をおいたモデルであり、議会における合意形成を開かれたものに転換したうえで、国民に分かりやすいメリハリのある議会の決定に持ち込むというアリーナ型と変換型（第11章一(2)参照）の折衷ということになろうが、検討に値するものと思われる。

(1) 高橋和之「法の支配の分析視座――比較憲法学のための枠組設定」日本法哲学会編『現代日本社会における法の支配――理念・現実・展望』有斐閣、二〇〇六年、九九頁。
(2) 小林直樹『立法学研究　理論と動態』三省堂、一九八四年、一七頁。
(3) 高辻正巳『立法における常識』学陽書房、一九五四年、六三頁。
(4) このことは、もとより条例についても同様であり、「条例を制定しようとするとき、その内容としてどのようなことを規定するかについては、その立法によってどのような行政施策の実現を目的とするかにより定まるものである」とされる。小林明夫「立法検討過程の研究(三)――自治立法学への試論」『自治研究』八四巻二号、二〇〇八年、一〇一頁。
(5) もっとも、国政調査権の発動について、国会内では、依然として「全会一致の慣例」へのこだわりが強いようである。第一六八回国会参議院財政金融委員会における額賀福志郎財務相の証人喚問をめぐる一連の議事に関連する『朝日新聞』二〇〇七年一一月二八日、同月三〇日付参照。
(6) 『衆議院EU憲法及びスウェーデン・フィンランド憲法調査議員団報告書』二〇〇四年一二月、一四七頁。当時、国立国会図書館専門調査員の職にあった筆者も、この調査団に同行したが、聴取した憲法委員会室には、室内を取り囲むように、過去の意見集が製本され、年代順に配架されていた。政治家といえども、憲法解釈の場面では法律家とさほど変わらない行動パターンをとるようだということを知り、強烈な印象を受けた。
(7) 安倍首相の強引な政治手法で、国民投票法案の国会成立がはかられ、これに野党が強く反発したことから、二〇〇七年七月の通常選挙後も、そのしこりが残り、国会の内外で与野党間の調整がつかず、目下のところ、両院の議院運営委員会での憲法審査会規程の制定や委員の人選は先送りとなっている。
（8）筒井迪夫『森林法の軌跡』農林出版、一九七四年、五頁。
（9）H. B. Winter, "The Forum Model in Evaluation of Legislation", in: L. J. Wintgens (ed.), *Legisprudence*, Hart, 2002, p. 139f.

初出一覧

Ⅰ－1 「デモクラシーの諸形態」『岩波講座現代の法3　政治過程と法』(岩波書店、一九九七年七月)
－2 「岐路に立つデモクラシー」『ジュリスト』一〇八九号(有斐閣、一九九六年五月一－一五日)
－3 「国民内閣制論についての覚え書き」『ジュリスト』一一四五号(有斐閣、一九九八年一一月一五日)
Ⅱ－4 「衆・参両院議員選挙における並立制併存の意味と無意味」『ジュリスト』一一〇六号(有斐閣、一九九七年二月一五日)
－5 「国会改革の前提と課題」『ジュリスト』一一九二号(有斐閣、二〇〇一年一月一－一五日)
－6 「参議院のあり方・考」樋口陽一他『国家と自由――憲法学の可能性』(日本評論社、二〇〇四年五月)
Ⅲ－7 「政治の「大統領化」と二元的立法過程の「変容」？」『ジュリスト』一三一一号(有斐閣、二〇〇六年五月一－一五日)
－8 「小泉解散の憲法学的検討」日本選挙学会年報『選挙研究』二二号(木鐸社、二〇〇七年二月)
Ⅳ－9 「あるべき立法者像と立法のあり方――立法学研究への一視角」日本公法学会『公法研究』四七号(有斐閣、一九八五年一〇月)
－10 「立法の「合理性」もしくは‘Legisprudence’の可能性について」藤田宙靖他編『樋口陽一先生古稀記念　憲法論集』(創文社、二〇〇四年九月)
－11 「実務的観点からみた立法の公共性」長谷部恭男他編『公共哲学12　法律から考える公共性』(東京大学出版会、二〇〇四年八月)

あとがき

そもそも「ねじれ」という言葉は、棒状のものの両端をつかんで、互いに逆の方向にまわしたときに現れる変形を意味する(『広辞苑 第六版』参照)。したがって、「衆参のねじれ現象」と言う場合、本来、衆議院と参議院の間で与野党の勢力比が一致しているのが正常で、その逆転現象は正常でない事態だとの意味合いがそこには込められている。衆議院多数派によって組織された内閣であっても、同時に参議院において多数派を維持することができなければ、その施策を強力に推進できないとする多数派型デモクラシー論の視点からすれば、「ねじれ国会」は、可及的速やかに解消せられるべき異常な事態だということになる。二〇〇七年の通常選挙で与党の過半数割れが明らかになった直後から、大連立構想が浮上したのは、この多数派型の視点からのものである。そして、次の総選挙では、与野党逆転が喫緊の課題だとされるのも、また、この視点からするものであろう。

しかしながら他方で、合意型デモクラシーの視点からすると、第二院たる参議院が、直接、国民にその基盤をもち、その選挙により構成される以上、衆議院との間で与野党の勢力を異にすることは、当然、生じうる事態であり、もとより、憲法はそうした事態を想定し、両院間の意思調整に関する規定を置き、そして、調整がつかない場合に最終的に衆議院の議決が優位する仕組みを採用しているのだ、ということになる。たしかに、その場合でも、権力の力学からして、政府・与党による参議院での多数派工作が進められるであろうし、それによって、両院間のねじれが解消され、多数派型デモクラシーに移行することもありえよう。それゆえ、ねばり強い合意の形成が、両院の間において、また、政府・与党と野党間で、持続的になされなければならないのは、政権交代、もしくは、ねじれ解消をかけた国政選挙において、政権交代に至らず、依然として「民意」が、衆参における与野党多数派の棲み分けを良しとする判断を下す場合である。合意型デモクラシーが真剣に追求せられるべき環境が整ったと語りうるのは、まさに、このような場合である。そして、そこでの合意形成過程においてこそ、一方で政府・与党を率いる首相の指導力、そして他方で野党党首、とりわけ最大野党の党首の指導力がともに問われることになるのである。

二〇〇八年九月一日夜、福田康夫首相は首相官邸で緊急記者会見を行い、辞任の意向を表明した。一カ月前の八月二日、自民党役員の刷新と内閣改造を断行し、秋の臨時会(第一七〇回国会)に向けた態勢づくりを整え、「安心実現のための緊急総合対策」を決定し、提出法案や補正予算等の準備にかかったばかりであった。いかにも唐突であり、「無責任きわまりない」との識りを免れないであろう。昨年九月の安倍晋三前首相に次いで、二年連続二代にわたる政権の放擲である。これでは、自民党にはもはや政権を担当する能力はもとより、その意思すらないと、国民から見放されても致し方ないであろう。いずれの辞任も自ら「公約」として掲げた政策、もしくは首脳会談で国際間の「公約」とした政策が、「ねじれ国会」の状況では実現できないためだとするのが表向きの理由である。しかし、そもそも衆参両院の間で与野党の「ねじれ」が存在しなくとも、具体的な施策についてその実現を図ろうとすれば、それが現実的なものであればあるほど、国会の内外で強い反発ないしは反対論が高まるのは当然であり、そうした厳しい批判に正面から向き合い、反対論との真摯な対論(もちろん、それは議論のための議論ではなく、議論の集約、決定に向けた討議である)を通じてでなければ、当該施策の確かな根拠が示されたことにはならず、その実現に向け合意形成の手続が踏まれたことにならないはずである。加えて、安倍・福田の両政権の場合には、郵政民営化を「政権公約」の前面に打ち出した二〇〇五年八月の小泉解散・総選挙で獲得した――衆議院三分の二議席を超える与党会派の――「民意」の遺産に依拠し、その遺産を食い潰してきただけであって、組閣と同時に自ら解散・総選挙を断行し、自らの手で新たに実現しようとする「政権公約」について改めて国民の信任を取り付け、自前の政権を立ち上げ、その実現を図ろうとしたものでない。総裁選挙で党内の多数派さえ固めてしまえば、それで政権を手に入れ、自らの政策の実現が可能だとする最大与党内における政権のたらい回しこそが問題である。「ねじれ国会」を云々する以前の問題として、与野党を問わず政党内部はもとより政党間、衆参両院の間、さらには国会と国民の間における真剣な国政論議、熾烈な政策論争の欠如が、現代日本の議会政の混迷と貧困を招いているのではなかろうか。

福田首相の辞任表明により、自民党は九月二二日の総裁選挙に向けて走り出し、小沢一郎党首が無投票で三選されることとなった民主党も、同月二一日の臨時党大会での旗揚げに合わせた政権公約の作成を加速させている。他の与野党も一様に衆議院の解散・総選挙モードに入った。次の臨時会(九月二四日召集)では、茶番劇ともいえる自民党総裁選挙の「余勢」を駆って新政権が国会冒頭もしくは早期に解散に打って出るとの見方が最も有力である。他方、経済や社会の現況からして、補正予算を国会に提出するか与野党協議により国会で成立させるかしたうえで、一一月に解散・総選挙に持ち込む案も有力である。後者のいわゆる話し合い解散の場合でも、目前の総選挙をにらんだ激突型の国会運営となり、おおよそ与野党間の持続的な「合意形成」とは正反対の動きとなろう。わが国の議会政が、合意型として機能する方途に向かうか否かは、来るべき総選挙の結果とその後の与野党の動向如何によるものと思われる。

本書は、「はしがき」に述べたとおり、この一〇年余の間に書きとめた「議会政と憲法」に関する論文を集めたものである。いずれの論文も、葦の髄から現代日本の政治状況の局面を覗き見たに過ぎないものである。にもかかわらず、このような形で刊行してみようと思い立ったのは、二〇〇七年七月以来のねじれ国会のもとで、衆参両院の間や国会と内閣の関係で、合意形成に向けた新たな慣行ないしルールが芽生え、定着することになるならば、従来の多数派型とは異なる議会民主政の運用への方途が拓けるかも知れないとの一縷の望みを抱いたからに他ならない。こうした「望み」を「現実」と決して取り違えることはあってはならないが、日本国憲法の規定するデモクラシーが多数派型だけなく、合意型にも開かれたものであること、いや、その規範構造からすれば、多数派型よりも、むしろ合意型を企図したものであることを示しておきたかったからである。

本書の出版に際しては、岩波書店編集部の佐藤司・伊藤耕太郎の両氏に大変お世話になった。とりわけ、佐藤氏には、本書に収録する論文の選定からその配列、表記の統一、校正等に至るまで、すべてにわたって周到なご配慮を頂いた。また、本書への再録を快諾して下さった有斐閣、日本評論社、木鐸社、創文社、東京大学出版会に謝意を表しておきたい。

(二〇〇八年九月一〇日記)

索　引

あ 行

芦部信喜　13,43,217,219
アメリカ型　7,10,13
アリーナ型　262
イギリス型　7,10,13,28,178,188
一院制　17,25,149,151,196
一党優位制　23
ウェストミンスター型　17,96,149,157,174
穏健な多党制　30,38,43,61

か 行

カーボン・コピー　104,202
会期不継続の原則　142
解散権　9,193
解散権論争　9
解散理由　194
会派　111,175
——の機関承認　182
下院議員行為典範　269
カルテル政党　115
間接選挙　204
官僚　75
官僚統制　47,77
議院内閣制　5,6,57,156,159,163,164,201,202
——の運用　29
議会政　38,46,57
貴族院型　131,202
逆転現象　102
陸羯南　78
経済財政諮問会議　182
憲法委員会　279
憲法裁判所　86,222,229,249,252
憲法審査会　280
憲法問題調査委員会　5
小泉解散　193
合意型　16-18,20,21,28,39,42,48,85,95,104,149,150
——の要素　28
公職　70,71
公正　45
硬性憲法　19
拘束名簿式　101,133
候補者推薦制　101,105
合理的人間　218
国民内閣制(論)　14,16,28,30,43,53,54,72,98,121
55 年体制　27,37,178
55 年体制崩壊　111
国会　6,38,43,109
——内閣　117,121,124,127
小林直樹　217,223
混合型(制)　26,93

さ 行

再議決(権)　123,125,142,194,196-198
最高裁判所(最高裁)　86,218,281
再考の府　133
裁判　221
裁判官　222,238
参議院　28,95,99,121,153,155,187,200-204
——改革　124,141-143
——の政党化　100,101,122
——の存在理由　132,133
事前審査(制)　179,262
自治権　19
実在型　4
指導者選択　168
司法　219
司法審査権　18,26,28,98
司法審査制　19,25-27,98
自民党一党優位体制　27,37
自由委任　266
衆議院　9,95,97,182,187
——の優越(位)　28,99,123
首相公選論(制)　10,11,13,57
首相のリーダーシップ　181

シュミット　246,247,250
純粋合意型　26
少数代表制　93
小選挙区制　15,38,43,66,71
将来的事実　278
職能代表制　105
信託　70,272
信任　165
森林法　281
スウェーデン型　14
末弘厳太郎　217
請願　265
政権公約　61,64,67,68,163,187
政治　248
政治責任　71,75,174
政治の大統領化　167-171
政治プログラム　61,62
政治倫理審査会　268
政党　110,175
政党規律　174,177
政党国家　110
政党助成法　116
政府委員制度　75
責任　44,45,71
責任統治　70,72
説明責任　71,174,267,273
選挙　200
選挙制度　65
全権委任　265
全国区　137
全国区制　122,133
ソールズベリー慣行　202

た 行

大正デモクラシー　5,54
大臣責任　74
大統領制　7,57,163
代表民主政　16,57,70
大陸型議院内閣制　174
大連立　158,211
高野岩三郎　10
高橋和之　14,43,46,53,201,275
多極共存型　42
多数代表制　24,88,93
多数派型　16-18,20,21,24,25,28,39,43,48,85,95,103,145,149,150
多党制　23,40,41,45,87
地方区　137
地方自治制　28
重複立候補(制)　95,103
直接民主制(政)　12,13,56
強い両院制　97
停止的拒否権　143,204
デモクラシー　3,16,46,49,96,149
デュヴェルジェ　11,19,40,56,58
ドイツ型　8
同一性原理　70
党議拘束　180,183
討議民主主義　260,264
党首討論　263

な 行

内閣　5,40,43,71-74,117,165
　――中心構想　14,15
中曽根康弘　10,11
7条説　9,178
二院制　17,25,196
二元的権力構造　179
二大政党制　15,38,40,41,43,45
二党制　15,18,23,30,61
日本国憲法　4,7,15,16,27,97,101,117,160,289
日本の統治体制の改革(SWNCC-228)　5
ねじれ　28,119,123,124,145,208,282
ノール　220
野村淳治　10

は 行

媒介民主制(政)　12,13,56
バジョット　17,164,166
派閥　177
非拘束名簿式　101,133
非立憲　193
比例代表制　24,39,66,71,87,93
フォーラム型　283
不文憲法　25
フラー　238,240,242,251
ブライス　133,135
フランス型　178
併用制　94

並立制　15,28,37,48,94,103
変換型　262
包括政党　113
法的責任　72
法律　238,259
　——の一般性　239,242
　——の公布　239
　——不遡及の原則　239,241
法令審査(権)　231,237,249
ボーダン　244-246,266
ポツダム宣言　5
ポピュリスト政党　114

ま 行

マンデイト論　64
美濃部達吉　54
身分制議会　265
民意　73,203
民主的第二院　99,204
無党派層　111
命令委任の禁止　266
命令的委任　72
メディア選挙　170
目的達成(の)手段　230,279
問責決議　119

や 行

野党　74,171
予測　253
与党　77,171
予約政治　78
世論　74,225,267,271
弱い両院制　97

ら 行

ライプホルツ　59
理想型　4,15,16
立法　219,259
立法学　217,220
立法事実　220,222,252,276,280
立法者(像)　218,221,224,237,238
立法目的　226,276
理念型　4,17
理の府　133,136
両院協議会　123,196-198,203
両院制　149,150,155
両院制の存在理由　131
両院法規委員会　195,199
良識の府　141
緑風会　119,137,139,140
臨時法制調査会　133
レイプハルト　16,19,20,30,41,44,49,68,69,85,95,150,153
レファレンダム　18
連結型　94
連帯責任　78
連邦制(国)　18,86,88
連立内閣　18,41,45,54,56,87,158
69条説　9

■岩波オンデマンドブックス■

現代日本の議会政と憲法

2008年10月8日 第1刷発行
2015年6月10日 オンデマンド版発行

著 者 高見勝利《たかみかつとし》

発行者 岡本 厚

発行所 株式会社 岩波書店
〒101-8002 東京都千代田区一ツ橋2-5-5
電話案内 03-5210-4000
http://www.iwanami.co.jp/

印刷/製本・法令印刷

ISBN 978-4-00-730213-8 Printed in Japan